21世纪高校网络与新媒体专业系列教材

编 委 会

21世纪高校网络与新媒体专业系列教材

丛 书 主 编 石长顺
丛书副主编 郭　可　支庭荣

网络直播基础

周建青 著

北京大学出版社
PEKING UNIVERSITY PRESS

图书在版编目 (CIP) 数据

网络直播基础 / 周建青著 . —北京：北京大学出版社，2022.10
21 世纪高校网络与新媒体专业系列教材
ISBN 978-7-301-33347-1

Ⅰ . ①网… Ⅱ . ①周… Ⅲ . ①网络营销 – 高等学校 – 教材 Ⅳ . ① F713.365.2

中国版本图书馆 CIP 数据核字 (2022) 第 170109 号

书　　名	网络直播基础 WANGLUO ZHIBO JICHU
著作责任者	周建青　著
责任编辑	李淑方
标准书号	ISBN 978-7-301-33347-1
出版发行	北京大学出版社
地　　址	北京市海淀区成府路 205 号　100871
网　　址	http://www.pup.cn　　新浪微博：@ 北京大学出版社
微信公众号	通识书苑（微信号：sartspku）　科学元典（微信号：kexueyuandian）
电子邮箱	编辑部 jyzx@pup.cn　　总编室 zpup@pup.cn
电　　话	邮购部 010-62752015　发行部 010-62750672　编辑部 010-62767857
印 刷 者	河北滦县鑫华书刊印刷厂
经 销 者	新华书店 787 毫米 ×1092 毫米　16 开本　17.5 印张　336 千字 2022 年 10 月第 1 版　2024 年 5 月第 4 次印刷
定　　价	69.00 元

总　序

教育部在2012年公布的本科专业目录中，首次在新闻传播学学科中列入特设专业“网络与新媒体”，这是自1998年以来为适应社会发展需要，该学科新增的两个专业之一（另一个为数字出版专业）。实际上，早在1998年，华中科技大学就面对互联网新媒体的迅速崛起和新闻传播业界对网络新媒体人才的急迫需求，率先在全国开办了网络新闻专业（方向）。当时，该校新闻与信息传播学院在新闻学本科专业中采取“2＋2”方式，开办了一个网络新闻专业（方向）班，面向华中科技大学理工科招考二年级学生，然后在新闻与信息传播学院继续学习两年专业课程。首届毕业学生受到了业界的青睐。

在教育部新颁布《普通高等学校本科专业目录(2012)》之后，全国首次有28所高校申办了网络与新媒体专业并获得教育部批准，继而开始正式招生。招生学校涵盖“985”高校、“211”高校和省属高校、独立学院四个层次。这28所高校的网络与新媒体专业，不包括同期批准的45个相关专业——数字媒体艺术和此前全国高校业已存在的31个基本偏向网络新闻方向的传播学专业。2014年、2015年、2016年、2017年又先后批准了20、29、47和36所高校网络与新媒体专业招生，加上2011年和2012年批准的9所高校新媒体与信息网络专业招生，到2018年全国已有169所高校开设了网络与新媒体专业。

媒体已成为当代人们生活的一部分，并逐渐走向21世纪的商业和文化中心。数字化媒体不但改变了世界，改变了人们的通信手段和习惯，也改变了媒介传播生态，推动着基于网络与新媒体的新闻传播学教育改革与发展，成为当代社会与高等教育研究的重要领域。尼葛洛庞帝于《数字化生存》一书中提出的“数字化将决定我们的生存”的著名预言（1995年），在网络与新媒体的快速发展中得到应验。

据中国互联网络信息中心(CNNIC)2019年8月发布的第44次《中国互联网络发展状况统计报告》显示，截至2019年6月，我国网民规模已达8.54亿，较2018年年底增长2598万，互联网普及率达61.2%，较2018年年底提升1.6个百分点。互联网用户规模的迅速发展，标志着网络与新媒体技术正处在一个不断变化的流动状态，且其低门槛的进入使人与人之间的交往变得更为便捷，世界已从“地球村”走向了“小木屋”，时空概念的消解正在打破国家与跨地域之间的界限。加上我国手机网民数量持续增长，手机网民规模已达8.47亿，较2018年年底增长2984万，网民使用手机上网的比例达99.1%，较

2018年年底提升0.5个百分点。这是否更加证明移动互联网时代已经到来,“人人都是记者”已成为现实?

网络与新媒体的发展重新定义了新媒体形态。新媒体作为一个相对的概念,已从早期的广播与电视转向互联网。随着数字技术的发展,新媒体更新的速度与形态的变化时间越来越短(见图1)。当代新媒体的内涵与外延已从单一的互联网发展到网络广播电视、手机电视、微博、微信、互联网电视等。在网络环境下,一种新的媒体格局正在出现。

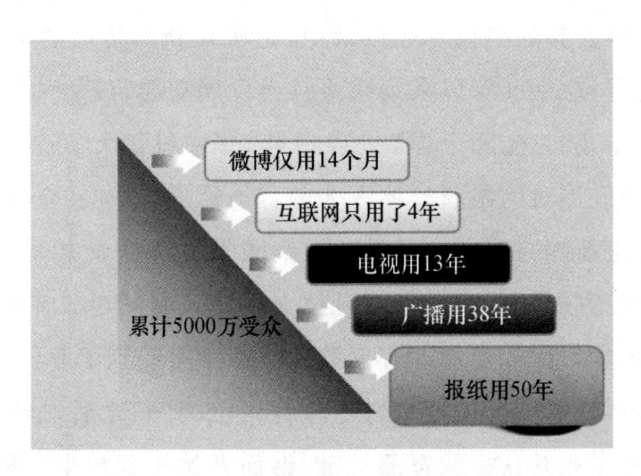

图1 各类媒体形成“规模”的标志时间

基于网络与新媒体的全媒体转型也正在迅速推行,并在四个方面改变着新闻业,即改变着新闻内容、改变着记者的工作方式、改变着新闻编辑室和新闻业的结构、改变着新闻机构与公众和政府之间的关系。相应地也改变着新闻和大众传播教育,包括新闻和大众传播教育的结构、教育者的工作方式和新闻传播学专业讲授的内容。

为使新设的“网络与新媒体”专业从一开始就走向规范化、科学化的发展建设之路,加强和完善课程体系建设,探索新专业人才培养模式,促进学界之间的教学交流,共同推进网络与新媒体专业教育,由华中科技大学广播电视与新媒体研究院及华中科技大学武昌分校(现更名为“武昌首义学院”)主办,北京大学出版社承办的“全国高校网络与新媒体专业学科建设”研讨会,于2013年5月25—26日在武汉举行。参加会议的70多名高校代表就网络与新媒体专业培养模式、网络与新媒体专业主干课程体系等议题展开了研讨,通过全国高校之间的学习对话,在网络与新媒体专业主干课和专业选修课的设置方面初步达成一致意见,形成了网络与新媒体专业新建课程体系。

网络与新媒体主干课程共14门:网络与新媒体(传播)概论、网络与新媒体发展史、网络与新媒体研究方法、网络与新媒体技术、网页设计与制作、网络与新媒体编辑、全媒体新闻采写、视听新媒体节目制作教程、融合新闻学、网络与新媒体运营与管理、网络与新媒体用户分析、网络与新媒体广告策划、网络法规与伦理、新媒体与社会等。

选修课程初定8门：西方网络与新媒体理论、网络与新媒体舆情监测、网络与新媒体经典案例、网络与新媒体文学、动画设计、数字出版、数据新闻挖掘与报道、网络媒介数据分析与应用等。

这些课程的设计是基于当时全国28所高校网络与新媒体专业申报目录、网络与新媒体专业的社会调查，以及长期相关教学研究的经验讨论而形成的，也算是首届会议的一大收获。新专业建设应教材先行，因此，在这次会议上应各高校的要求，组建了全国高校网络与新媒体专业"十二五"规划教材编写委员会[①]，全国参会的26所高校中有50多位学者申报参编教材。在北京大学出版社领导和李淑方编辑的大力支持下，经过个人申报、会议集体审议，初步确立了30余种教材编写计划。这套网络与新媒体专业"十二五"规划系列教材包括：

《网络与新媒体概论》《西方网络与新媒体理论》《新媒体研究方法》《融合新闻学》《网页设计与制作》《全媒体新闻采写》《网络与新媒体编辑》《网络与新媒体评论》《新媒体视听节目制作》《视听评论》《视听新媒体导论》《出镜记者案例分析》《网络与新媒体技术应用》《网络与新媒体经营》《网络与新媒体广告》《网络与新媒体用户分析》《网络法规与伦理》《新媒体与社会》《数字媒体导论》《数字出版导论》《网络与新媒体游戏导论》《网络媒体实务》《网络舆情监测与分析》《网络与新媒体经典案例评析》《网络媒介数据分析与应用》《网络播音主持》《网络与新媒体文学》《网络与新媒体营销传播》《网络与新媒体实验教学》《网络文化教程》《全媒体动画设计赏析》《突发新闻教程》《文化产业概论》等。

这套教材是我国高校新闻教育工作者探索"网络与新媒体"专业建设规范化的初步尝试，它将在网络与新媒体的高等教育中不断创新和实践，不断修订完善。希望广大师生、业界人士不吝赐教，以便这套教材更加符合网络与新媒体的发展规律和教学改革理念。

石长顺

2014年7月

2019年9月修改

（作者系华中科技大学广播电视与新媒体研究院院长、教授；

武昌首义学院副校长，兼任新闻与文法学院院长）

① 后更名为21世纪高校网络与新媒体专业系列教材。——编辑注

内容简介

随着5G时代的到来以及社会发展的需求，网络直播已经渗透到了各个行业。为了全面提升网络直播人员的综合素养、直播能力与直播效果，本书从网络直播概述、网络直播准备、网络主播与经纪公司、网络直播策划、网络直播文案写作、网络直播拍摄、网络直播技巧、网络直播的商业模式、粉丝的经营与管理、网络直播伦理与法规十个方面构建全书框架，突出网络直播基础理论与实战技巧。本书有五个特点：一是内容充实，观点新颖；二是精简易学，实用性强；三是读者明确，针对性强；四是图文并茂，可读性强；五是体系完整，材料丰富。

本书的出版，对于正在从事网络直播人员来说，有利于其进一步提升直播能力与素养；对于即将从事网络直播的人员来说，有助于其迅速入门并快速提高其直播能力；对于网络用户来说，有益于其做网络直播文明用户。本书的出版有助于提升大学生的网络直播能力与网络素养，同时，本书也可作为网络直播行业社会培训机构的教材，助推网络直播行业健康持续地发展。希望本书能够成为网络直播从业人员必读的专业书。

作者简介

周建青，湖南株洲人，华南理工大学公共管理学院和新闻与传播学院教授，博士研究生导师，教育部新世纪优秀人才，行政管理系主任，武汉大学传播学博士；曾任华南理工大学新闻与传播学院传播系主任。研究领域：网络空间治理、舆情治理、风险治理、网络与新媒体、组织传播与管理。

兼任国家社科基金项目通讯评审专家，教育部人文社科项目评审专家，教育部第四轮与第五轮学科评估专家，教育部学位中心论文评审专家，广东省网络舆情信息专家，广东网络视听节目内容审核专家，广东省广播影视奖评委，新华社国家高端智库瞭望智库专家，广州市重大决策社会稳定风险评估专家，国家智能社会治理实验基地（大连）研究员，广东省社科基地华南理工大学新时代网络文明中心研究员，多家学术期刊审稿专家。主持国家与省部级社科课题10多项；在《中国行政管理》《现代传播》等学术期刊上发表论文70余篇；多篇论文被《新华文摘》《新闻与传播》等刊物转载；出版著作7部。

前　言

本书所讲的网络直播是指网络视频直播。随着5G时代的到来以及社会发展的需求，网络直播已经渗透到了各个行业。据第49次《中国互联网络发展状况统计报告》显示，截至2021年12月，我国网络直播用户规模达7.03亿，其中电商直播用户规模达4.64亿，游戏直播用户规模达3.02亿，真人秀直播用户规模达1.94亿，演唱会直播用户规模达1.42亿，体育直播用户规模达2.84亿。① 网络直播的日益普及，使得直播平台成为用户消费、娱乐、营销、学习、传播与获取信息的重要渠道。与此同时，网络直播存在内容低俗、内容失实、隐私泄露、数据造假、侵犯版权、营销诈骗等问题，不容忽视。近年来，国家有关机构先后颁布并实施的《中华人民共和国电子商务法》《中华人民共和国个人信息保护法》《互联网直播服务管理规定》《关于加强网络直播规范管理工作的指导意见》《网络交易监督管理办法》《网络直播营销管理办法（试行）》等与网络直播相关的系列法规与部门规章，有力地促进了网络直播业的健康发展。

从直播内容角度来看，网络直播可分为电商直播、生活直播、娱乐直播、科教直播、事件直播、游戏直播六种类型。对于网络直播从业人员尤其是网络主播来说，只有掌握网络直播的基础知识、理论与实战技巧，才能把直播产业做大做强，确保直播不"翻车"。因此，本书从突出网络直播基础与提升网络直播人员综合素养、直播能力与直播效果角度，构思本书框架，主要解决以下问题。

1. 网络直播发展现状与前景如何？

2. 如何做好网络直播准备？

3. 如何提升网络主播素养与维护自身合法权益？

4. 如何策划网络直播？

5. 如何撰写网络直播文案？

6. 如何拍摄网络直播？

7. 网络直播需要掌握哪些实战技巧？

---

① 中国互联网络信息中心. 第49次《中国互联网络发展状况统计报告》[EB/OL].（2022－02－25）[2022－04－20]. http://www.cnnic.cn/hlwfzyj/hlwxzbg/hlwtjbg/202202/t20220225_71727.htm.

8. 网络直播有哪些商业模式?

9. 如何经营与管理粉丝?

10. 网络直播人员需要掌握哪些直播伦理与法规?

依据以上十个问题,全书分为十章,每章主要内容如下:

第一章　网络直播概述。主要阐述网络直播产生的背景与兴起的原因,网络直播特点与类型,网络直播现状与前景。

第二章　网络直播准备。重点介绍网络直播平台的选择与直播间的申请方法,直播设备的准备与直播间的布置,直播软件使用与效果测试。

第三章　网络主播与经纪公司。阐述了网络主播形象与素养,经纪公司的发展现状、发展趋势及发展策略,介绍了网络主播如何选择经纪公司并与之签订合同,网络主播如何维护自身合法权益。

第四章　网络直播策划。阐明了网络直播策划的要求与内容,策划的过程与方法。

第五章　网络直播文案写作。阐述了网络直播文案写作需要掌握的六个要点,并通过对电商直播文案与科教直播文案案例的分析,总结出了两种不同类型直播优秀文案的主要特点。

第六章　网络直播拍摄。从影像角度、运动摄像、画面构图、布光技巧、声音采录五个方面介绍了网络直播拍摄的基础知识,然后重点讲述了室内直播拍摄和室外直播拍摄的不同技巧。

第七章　网络直播技巧。从网络直播实战出发,分别讲述了电商直播技巧、游戏直播技巧、生活直播技巧、事件直播技巧、科教直播技巧、娱乐直播技巧,重点阐明了每种类型直播的十个技巧。

第八章　网络直播的商业模式。重点阐述了“直播＋电商”模式、“直播＋打赏”模式、“直播＋广告”模式、“直播＋游戏”模式、“直播＋会员”模式,同时简述了赛事竞猜模式、O2O 模式、付费内容模式。

第九章　粉丝的经营与管理。在阐释粉丝内涵、主播与粉丝关系之后,分析了粉丝的类型与特点;重点阐述了粉丝经营与维护的路径与方法;详细叙述了粉丝管理的五项原则与五个策略。

第十章　网络直播伦理与法规。分别详细介绍了网络直播伦理与法规的功能、类型与要点,重点阐述了网络直播问题表现、原因及其治理。

值得一提的是,随着电商直播产业的蓬勃发展,地方官员、企业领导、营销人员、娱乐明星、普通民众等越来越多的人加入了电商直播行列,有力地推动了地方经济与广大企业的发展,同时为大众创业、万众就业提供了许多机会。2021 年 10 月 15 日,人力资源社会和保障部、中央网信办、国家广播电视总局共同制定了互联网营销师国家职业技能标准。互联网营销师职业分为选品员、直播销售员、视频创推员、平台管理员四个工种。每个工种设置不同等级。可见，电商直播从业人员有了国家认可的正式岗位。电商直播的发展带动了整个直播行业的壮大。

网络直播已经渗透到了我们工作与生活的方方面面，无论你正在从事网络直播行业还是即将从事网络直播行业，无论你是网络主播还是直播用户，都需要学习网络直播基础知识，了解有关理论与技巧，提升网络直播素养。因此，本书的出版，对于正在从事网络直播人员来说，有利于其进一步提升直播能力与素养；对于即将从事网络直播的人员来说，有助于其迅速入门并快速提高其直播能力；对于网络直播用户来说，有益于其积极参与直播，做网络文明用户。

据了解，全国高校还没有开设网络直播基础课程，也没有此类著作，因此，本书的出版有助于提升大学生的网络直播能力与网络素养，希望高等院校重视开设此类课程，把“网络直播基础”课程纳入相关专业必修课之列，或作为大学公共选修课程。同时，本书也可作为网络直播行业社会培训机构的教材，助推网络直播行业健康持续地发展。

本书为华南理工大学中央高校基本科研业务费项目“网络直播基础研究”(CBZZ202206)成果；获公共管理学院出版基金资助。

目　　录

第一章　网络直播概述

学习目标

1. 理解网络直播的含义。
2. 了解网络直播兴起的原因。
3. 熟知网络直播的特点和类型。
4. 了解我国网络直播的发展现状与前景。

在互联网尤其是移动互联网的助推下，网络直播持续火爆，成为当下热门的信息传播模式。《2020年中国网络表演（直播）行业发展报告》显示，在主播群体方面，2020年度我国网络表演（直播）行业主播账号累计超1.3亿，其中日均新增主播峰值为4.3万人；直播用户方面，2020年网络直播用户规模达到6.17亿人，占中国网民整体的62.4%。[①] 迅速崛起的网络直播带来巨大“风口”，直播平台井喷式出现，主播数量爆发式增长，广大直播用户获得了前所未有的沉浸式互动体验。网络直播强大的视听感官冲击力为社会传播生态注入了新鲜的血液，其丰富的内容扩展创造了巨大的经济效益和社会效益。从传播符号运用的角度来看，网络直播可分为视频直播、音频直播、图文直播、文字直播，本书所讲网络直播主要指网络视频直播。

第一节　网络直播产生背景与兴起原因

网络直播产生于互联网的发展之中。随着互联网的移动化，网络直播的门槛不断降低，可展现的场景和内容持续扩展，深入了每个人的日常生活之中。在科技、经济、文化等多重因素的共同作用下，网络直播得以蓬勃兴起。

一、网络直播的产生背景

直播最早的形态是广播直播和电视直播。在广播和电视发明的初期，音像信息存

① 腾讯网.2020年中国网络表演（直播）行业发展报告[EB/OL].（2021－05－18）[2021－09－11].https://new.qq.com/rain/a/20210518A0FL1J00.

储和处理能力都比较低下,直播反而是最主要的播出方式。直到磁带、录像带等新存储介质的出现和无线电短波传输技术的提升,录播、转播等播出方式才得以实现。

何谓“直播”?《广播电视辞典》将直播定义为,“广播电视节目的后期合成、播出同时进行的播出方式”,[①]即不进行预先的录音和录像,直接在户外场地或室内演播室中完成节目的制作和播出,现场画面和播出画面同时且同步。广播直播和电视直播一般用于一些社会影响力大、民众关注度高的事件,比如国家重要政治活动、大型工程、重大节日庆典、体育比赛和文艺演出等。这类活动的特点是,具备一定的规模、流程安排可以提前预知、有明确限定的空间范围,直播所带来的良好现场感,对呈现这类仪式感较强的活动有着突出的优势。

互联网广泛普及后,成为社会生活中最主要的信息传播渠道,依托互联网的直播形态应运而生。借鉴广播直播和电视直播的定义,网络直播可以界定为,通过互联网平台,将某人、某物或某事件的现场状况进行即时采集并传输,供终端用户实时在线观看并可及时互动的信息传播活动。文字直播是网络直播最早的呈现形式,而后图文直播和语音直播相继出现。现在网络直播最主要的形式是视频直播,目前通常意义上的网络直播,主要就是指网络视频直播。

随着互联网走向移动化,网络直播的门槛不断降低,使用一台手机都能方便地开启直播,展现出了比广播直播和电视直播更宽泛的应用范畴。网络直播可展现的场景趋于生活化和平民化,承载的内容也不再限于特定的大型活动,而是拓展到了民众的日常生活之中。由直播所产生的各种热门话题和信息,与社会流行文化的生成和传播深度融合,奠定了网络直播长期生存和发展的根基。

二、网络直播的兴起原因

网络直播的兴起可以追溯到 2005 年,最初主要有“秀场”和“游戏”两大发展路线。秀场直播鼻祖“9158.com”于 2005 年上线,作为最早一批的网络视频平台,它带动了大量互联网网红由论坛向视频平台阵地的迁移。上线于 2008 年的“YY 语音”,原本只是一款供网络游戏玩家实时沟通的即时通信软件,由于一些玩家在游戏间隙还会通过唱歌和聊天来舒缓心情,“YY 语音”顺势推出了能提供高音质唱歌和聊天的房间,这成为后来“YY 直播”的前身。当时网络直播行业已初见端倪,对商业模式的建构也有一定的探索。到了被公认为“直播元年”的 2016 年,各类网络直播平台井喷式出现,各路人马纷纷入局,直播行业成为现象级的风口。网络直播的爆发有其必然之处,是科技普及、经济

① 赵玉明,王福顺.广播电视辞典[M].北京:中国传媒大学出版社,1999:25.

驱动、娱乐推动、用户需求等多方面共同作用的结果。

（一）信息技术的发展与普及为网络直播提供了技术支持

网络直播的发展始终离不开信息技术的支撑。首先，从最初PC场景下的网络直播平台到依托手机的各类移动直播APP，如“映客”“花椒”“淘宝直播”等，直播技术不断成熟，播放画质持续提升，使用户拥有更良好的视觉体验；直播平台功能日益丰富，主播能更充分地展现个人技艺，用户能更便捷地支持主播，为人们带来了多样的选择。其次，智能手机的全面普及为全民直播提供了多种渠道。随着智能手机、平板电脑等移动终端设备的大众化，人们通过下载各类移动直播APP，即可开启网络直播，这让直播摆脱了PC端固定场所的限制，大大拓展了直播的空间。直播不需要耗费大量人力、物力，普通网民都可以轻松参与到其中，全民直播的狂潮由此袭来。最后，网络直播以视频内容为主要传播形式，要有高效稳定的网络传输速率才能保证顺利进行。2021年7月，国家互联网信息办公室发布的《数字中国发展报告（2020年）》显示，我国建成全球规模最大的光纤网络和4G网络，固定宽带家庭普及率由2015年年底的52.6%提升到2020年年底的96%，移动宽带用户普及率由2015年年底的57.4%提升到2020年年底的108%，全国行政村、贫困村通光纤和通4G比例均超过98%。5G网络建设速度和规模位居全球第一，已建成5G基站达到71.8万个，5G终端连接数超过2亿。[①] 近年来，我国互联网基础设施建设不断加快，互联网基本实现了全社会的渗透，互联网接入带宽持续升级扩容，无线网络大规模推广覆盖，移动互联4G和5G网络协同快速发展，互联网传输速率得到空前提高，这些变化不仅保证视频内容的流畅传播，也为人们随时随地进行网络直播带来便利。

（二）多方的经济利益诉求助推了网络直播发展

直播行业腾飞的背后是网络直播平台的迅速壮大，这离不开资本力量的支持。直播平台的顺利运营要担负高额的产品研发成本、宽带成本和推广成本，为吸引用户往往还需要巨资引入人气主播，如果没有资本的长期投入，平台很难获得发展壮大的机会。随着互联网大众化，以及草根经济的崛起，信息传播即时、内容接地气且富有感官冲击力的网络直播商业潜力凸显，直播行业获得了不少投资机构、明星投资人和大体量企业的青睐。

除了资本助推，明星、企业为扩大宣传效果也纷纷涉足网络直播。2016年4月7日，在电视剧《欢乐颂》发布会上，演员刘涛通过“映客”进行直播，开播5分钟就造成直播

① 国家网信网.国家互联网信息办公室发布《数字中国发展报告（2020年）》[EB/OL].（2021－06－28）[2021－07－2].http://www.cac.gov.cn/2021－06/28/c_1626464503226700.htm.

平台瘫痪，粉丝同时在线人数破 17 万，此后，明星通过直播来聚拢粉丝日渐常态。2016 年 5 月 25 日，小米通过 20 余个直播平台，首次以纯线上直播的方式发布了新品——小米无人机，仅在小米直播平台上，总观看人数就超过百万。2020 年“新型冠状病毒肺炎疫情”期间，直播带货成为各行各业复工复产的重要手段，众多企业家亲自“披挂上阵”，携程董事局主席梁建章进行 8 场直播，总带货突破 2.5 亿元；三一重卡董事长梁林河直播 2 个小时共卖出 186 辆重型卡车；格力电器董事长董明珠多次现身各大直播平台，格力的直播销售额已占到其营收的三分之一左右。明星及知名企业的入局在提高网络直播关注度的同时，更是带来了强烈的跟风效应，吸引了越来越多人涌入直播行业淘金。

网络直播能给主播带来经济收益，月入十万的“传说”激发了众多主播的积极性。如果内容有特色、有吸引力，主播往往能获得粉丝们的打赏和价值不菲的“礼物”。主播也可以通过直播间广告植入、直播带货等方式赚取佣金。部分优秀主播还会得到直播平台的订阅量回馈、定向引流和专项扶持。这一套成熟的主播回报机制极大地鼓舞了主播的表演热情。另外，随着主播数量的增多，直播行业出现了专注于主播孵化和经纪运作的 MCN(Multi-Channel Network，多频道网络)机构。MCN 机构通过整合资本、品牌方和渠道资源，支持主播实现内容专业生产和流量稳定变现，体现了直播行业运营的专业化和分工的细分化。MCN 机构以规范化的人才培养，持续为直播行业输送合格人才，也意味着直播行业形成了完备的商业闭环。

(三) 泛娱乐化体验与表现欲满足提升了网络直播参与度

根据快手大数据研究院的统计，快手直播月活跃用户数已突破 1.7 亿，2020 年全年的直播场次超过 17 亿场。为什么大型直播平台能吸引到如此多的用户关注并参与？主要是因为它可以为用户提供娱乐体验和心理满足感。首先，直播平台已成为用户消遣娱乐的新“基地”。用户自由选择自己想看的内容，从而获得前所未有的娱乐体验。其次，网络直播进一步打破了传播壁垒，为每个人提供了自由展示的空间。进入信息碎片化时代，人们有更强烈的被关注欲望，而在网络直播平台上，只要经过简单的注册认证就可以开启直播之旅。主播在直播间中的展示，实质就是在寻求自我价值的实现。通过获得粉丝追捧和金钱打赏，可以极大地满足人的表现欲和虚荣心，这种自我认同需求的满足，会进一步提升主播的自信心。在“看”与“被看”之间，粉丝与主播实现了双赢。

(四) 网络直播天然的互动性对用户产生强大的吸引力

互动性是网络直播区别于传统电视直播的重要特性之一。目前，直播平台基本都具有实时弹幕功能，在年轻一代已经成为互联网主力军的背景下，配合弹幕的视频交互方式更能契合年轻一代的社交习惯，也赋予了用户极大的“面对面”参与感。用户在观看直播的过程中，既可以发出弹幕和评论，又可以给主播赠送礼物，能一定程度地还原出类似线下社交的现场感和真实感。这种互动性为主播和用户双方均带来了精神满足：主播通过直播平台展现自己的才华，以获取他人的赞美和肯定；用户则在实时互动中自由表达观点，在得到主播的回应或点名感谢时，获得心理慰藉，这种心灵体验是通过一般的网络视频节目所不能获得的。

此外，双向互动也满足了用户部分的情感需求。网络直播把主播的一举一动都实时展现于用户眼前，用户透过直播间能了解到主播最真实的一面，迎合了用户的猎奇心理和窥探欲，带来极大的新鲜感和刺激感。同时网络直播传递信息大多清晰而直白，用户认知负担较轻，适合用来打发一些无聊时间，加上"面对面"交流的方式，有助于满足一定的陪伴需求。用户对心目中的理想主播容易产生依赖感，进而形成持续观看、金钱打赏的行为习惯，这也是众多直播平台争抢人气主播的重要原因。

第二节 网络直播特点与类型

网络直播作为依托互联网而生的信息发布方式，相较于传统的广播直播和电视直播，其特点带有鲜明的互联网属性。基于互联网所延伸的应用场景和信息形态，网络直播在内容类别上可以划分为六大类型，拥有极高的内容创作自由度。

一、网络直播的特点

网络直播具有渠道多样化、操作简单化、内容多元化、信息生动化、互动直观化、平台社区化、主播明星化和用户均衡化等特点。

（一）渠道多样化

随着光纤宽带扩容提速，移动互联 4G 和 5G 网络大面积覆盖，以及家用和商业 Wi-Fi 推广，互联网的信息传输速度实现了质的飞跃。在保障网络直播流畅性的前提下，直播画质的清晰度得以提升。例如，虎牙直播目前最高支持"蓝光 20M"的超清画质，可以实现 20000 码率下的 1080p 高清分辨率和 60fps 高帧率播放。而且只要是有互联网络覆盖的地方，无论是使用手机、平板电脑、台式电脑或是笔记本，直播信息都能被及时推送给关注主播的用户，终端设备的丰富使网络直播的观看更具时空灵活性，其传播渠道大大拓宽。

（二）操作简单化

网络直播的设备技术门槛不高，哪怕是仅有一台普通的智能手机，只要安装了直播客户端，就能实现最低成本的开播。直播的机位架设一般来说简单且固定，灵活运用麦克风、外置声卡、监听耳麦、补光灯、支架等配件，还能使网络直播扩展出丰富多变的表现形式和视听效果。一段单机位且短时间的直播，一个主播就可以自主完成。随着各类直播平台的兴起，直播渠道的选择可谓丰富，账号的注册认证手续也不烦琐，以哔哩哔哩(Bilibili)为例，注册账户后绑定手机，并上传手持身份证以及身份证正反两面共三张照片进行实名认证，通过后便可进行直播。简单便捷的操作是掀起“全民直播”浪潮的重要原因之一。

（三）内容多元化

主播结合自己的长处、需求和目的灵活地选择直播内容，只要遵守相关法律和平台规则即可。由于内容选择的自由度很高，网络直播的内容愈发细分化。目前，不同的直播平台都形成了各具特色的内容分区，比如抖音直播分为购物、游戏、聊天、语音和音乐五大类，快手直播分为颜值、才艺、游戏、卖货、聊天室、情感和教学七大类。尤其是不少脱胎于视频平台的直播平台，原有用户所形成的兴趣圈子和社群氛围会对分区设置的取向有深刻影响。在趋势上，网络直播的内容类别仍在进一步细分，内容表达更富生活气息和娱乐性。

（四）信息生动化

信息获取是上网的最基本诉求。在信息爆炸的互联网时代，用户注意力属于稀缺资源，由于信息获取渠道多样，用户不缺乏选择，只有内容足够有趣，才会吸引到用户的兴趣。优秀的网络直播都在寻求一眼就吸引到用户，以获得用户的持续关注。另外，相较于文字和图片的形式，视频能容纳更多信息量。以视频为主要形式的网络直播，主播与用户、用户与用户之间的信息交互都是超高速的，其中所传递的信息必定要吸引人且容易理解。比如电商直播，主播在短时间内要尽可能多地介绍出商品的特征，主播的话语要简单生动，直抓重点。

（五）互动直观化

网络直播作为具有高互动性的信息发布方式，直观的多向互动是其显著优势。主播的直播间可以视为一个大型公共聊天室，主播一定程度上扮演着主持人的角色，用户通过发送弹幕、送礼物、打赏等多种方式进行实时互动。这种多向沟通的实时互动将处在不同空间的人连接到了一起，使用户能感受到零距离的亲近感，带来其他视频节目所不具备的视听感官冲击和沉浸体验，更容易获得广大用户尤其是年轻用户的青睐。主播在与用户互动的同时，不断地调整内容表述和个人状态，也体现了主播对用户充分的尊重和信任。

（六）平台社区化

实时弹幕功能目前已是直播平台的标配，在多向互动中，用户的身份实现了逆袭，用户不再是被动接受的普通观众，而是能影响到主播状态的重要力量。随着用户的不断聚集和长期互动，一个个开放的网络社群和网络社区逐步形成，“弹幕＋社区”的形态使直播平台兼具了社交平台的功能，网络直播演变为一种社交方式。基于弹幕而形成的互动虚拟社区，围观氛围浓厚，兴趣是社交的主要推动力，话题微观化、细节化，表达碎片化、感性化，讨论开放化、传播大众化。[①] 当然，不同平台间社区氛围和用户喜好存在显著差异，主播在选择直播平台时，需要有相应的考虑。

（七）主播明星化

尽管“全民直播”场面火爆，但主播想要获得稳定流量和用户黏性，终究需要优质内容作为支撑。按主播来源，网络直播可以分为专业生产内容（Professionally-generated Content，PGC）和用户生产内容（User-generated Content，UGC）两大类。由于多数UGC专业性欠缺，发展空间有限，目前直播平台大多采用PGC为主、UGC为辅的主播扶持模式，即大幅度倾斜优质资源给头部主播，设法增加腰部主播的数量，并积极挖掘有潜力的底部主播。在这种策略下，头部主播快速“明星化”，形成“寡头格局”，与底部主播稀少的观众数量相比，头部明星主播开播时的观众常常达数十万甚至数百万。如何提高直播内容的质量，更好地聚拢人气，是主播的重要课题之一。

（八）用户均衡化

根据独立第三方监测机构O’Ratings的数据，截至2020年中期，18～25岁年龄段用户在抖音直播、快手直播、淘宝直播中的占比分别为31.9％、25.1％和6.4％，没有一个平台超过或接近于50％；淘宝直播的核心用户群则集中于26～40岁，占比高达80.5％。[②] 尽管在大众印象中，网络直播是与“流行文化”和“年轻人”紧密捆绑的，但直播的吸引力早已破圈，直播用户在不同年龄段都有一定基数的分布，呈现出年轻且均衡的趋势。观看直播早已不是年轻人的专利，也不是一小群人的狂欢，它已成为我国当代社会大众的主要生活方式之一。

二、网络直播的类型

网络直播拥有丰富的应用场景和多元的信息形态，本身就是一个强大的内容创作工具。按内容类别划分，网络直播可以分为电商直播、生活直播、娱乐直播、科教直播、事件直播和游戏直播六大类型。

（一）电商直播

2016年3月，蘑菇街率先推出视频直播功能，开启了电商与直播的融合。同年5

① 曹开研．视频直播网站的兴起与发展前瞻[J]．青年记者，2016(13)：65－66．

② ZOL新闻中心．抖音、快手、淘宝，究竟是谁在看直播？O’Ratings监测发布三大直播平台用户画像[EB/OL]．(2020－08－17)[2021－02－07]．https://news.zol.com.cn/750/7505181.html．

月，淘宝直播上线，随后各类综合电商、跨境电商、母婴电商纷纷跟进，掀起了持续至今的电商直播热潮。作为互联网营销带货的新方式，电商直播具有成本低、形式灵活的特点，给用户带来专业导购体验的同时，还能提供给用户折扣不低的优惠，有强大的流量变现能力。很多时候，用户观看电商直播的本意仅是娱乐消遣，只为听听主播的话术和看看直播间的互动，但在轻松的氛围中，用户被劝服式解说和限时性优惠所感染，很容易进行冲动性消费。据尼尔森公司统计，我国电商直播的用户渗透率达到49%，仅次于电商零售（77%），并高于社交电商（40%），电商直播已成为主要的网络购物渠道之一。[①]

（二）生活直播

随着直播设备的移动化和去PC化，移动互联网下的网络直播已经摆脱直播室的固定场地，而延伸到了更广袤的日常生活场景中，大大扩充了主播的开播时间和展示空间。当越来越多的人愿意将自己的真实生活呈现于摄像头之前时，“分享与陪伴”就成为开启网络直播的一大动力。生活直播是直播场景生活化和平民化的生动体现，比如户外活动、美食烹饪、购物探店、展览参观、大型典礼等场景，很容易让观看的用户产生亲近感和代入感，与之相关的一些记忆点滴以及情绪共振会被调动起来，获得共情式情感体验。生活直播中，主播与用户的关系更像是朋友一般，直观展示和消遣闲聊是主要互动形式。

（三）娱乐直播

娱乐直播以唱歌、舞蹈等才艺展示为主，不少秀场直播就属于娱乐直播。娱乐主播的直播一般分为两大部分：一是个人才艺表演，二是连麦PK展示。娱乐直播的节目编排相对灵活，更多时候会根据用户的要求即时调整，主播通过调动和把握直播间气氛，推动直播的进行。目前主流的娱乐直播平台有花椒直播、映客直播、KK直播、NOW直播、一直播、YY直播、酷狗直播、小米直播等。娱乐直播为一些形象好且有才艺实力的素人提供了一个有效的成名渠道。当素人主播获取一定曝光度后，经直播平台助推和经纪公司进一步打造，优秀者有机会脱颖而出，完成“网红”向“明星”的蜕变。

（四）科教直播

科教直播的重点在于知识普及与科学宣传，对主播的科学素养要求较高，主播不仅需要充足的知识储备，还要能够准确地将专业表述进行通俗化讲解。相应地，科教直播对用户也有一定的理解门槛，在确保知识传播目的的前提下，又要保持内容的趣味性，必然离不开精心设计的内容编排。科教直播的范畴包括自然科学和人文社会科学的知

① 每日经济新闻网．尼尔森报告：网络直播用户渗透率达49%，仅次于电商零售[EB/OL]．（2020－11－04）[2021－06－19]．https://baijiahao.baidu.com/s?id=1682434816352974268&wfr=spider&for=pc.

识科普、数码类和汽车类产品评测、各类考试备考技巧和网络直播课程等。第十次中国公民科学素质抽样调查显示，我国公民每天通过互联网及移动互联网获取科技信息的比例高达 64.6%，互联网对公民科学素质提升发挥着越来越重要的作用。[①] 科教直播作为公民社会教育的重要补充，具有社会性、群众性和持续性的特点，发展空间广阔。

（五）事件直播

事件直播是对重要新闻事件和大型活动的直播，直播对象大多是社会热点事件，事件本身就具有较高的社会关注度和较强的影响力。由于话题性高，事件直播一般都有明确的传播目标，以实现一定的社会价值传递或政治意图表达。作为广播直播和电视直播的主要类型，大众对事件直播的内容呈现和意义传达方式已经相当熟稔，只不过在互联网时代，事件直播有了更好的呈现效果：日渐丰富的科技手段能令用户多角度地了解事件现场的情况；实时互动对直播的传播目标达成也有促进作用。比如 2020 年年初武汉抗击“新型冠状病毒肺炎疫情”期间，“央视频”平台通过 5G＋千兆光纤和两个 4K 高清摄像头，对火神山医院施工现场进行 24 小时不间断的云直播，实时展示医院的建设进度。直播上线三天累计页面访问量就超过两亿人次，极大地凝聚了全国人民抗疫的决心和对“中国速度”的情感共鸣。

（六）游戏直播

游戏直播是指主播进行或解说电子游戏及电竞比赛的直播。《2020 年中国游戏产业报告》显示，截至 2020 年，中国游戏用户规模为 6.65 亿人，群众基础非常雄厚；游戏市场实际销售收入达 2786.87 亿元，消费需求保持旺盛。[②] 随着国产游戏开发实现进一步精品化和全球化，玩游戏和看直播成为疫情时代的一大休闲娱乐方式，游戏直播有望保持繁荣。游戏直播行业目前呈现出“两超多强”格局，斗鱼和虎牙先后敲钟上市；哔哩哔哩、快手、西瓜视频等平台将游戏直播确立为主要业务；酷狗直播、NOW 直播、爱奇艺等泛娱乐平台则把游戏直播作为多元化内容生态的补充，后续竞争依旧激烈。MOBA 类游戏如王者荣耀、英雄联盟等和射击类游戏如绝地求生、穿越火线等，仍然是热门和主流的游戏类型，也集中了大量游戏主播。[③] 其中，技术流主播更受观众欢迎，加上众多高人气职业电竞选手退役后纷纷投身直播行业，用户的观看需求得到充分满足。

---

① 中国文明网.第十次中国公民科学素质调查结果公布[EB/OL].（2018－09－20）[2021－06－19].http://www.wenming.cn/bwzx/dt/201809/t20180920_4838028.shtml.

② GPC.2020 年中国游戏产业报告[EB/OL].（2021－02－28）[2021－03－13].http://www.199it.com/archives/1208945.html.

③ 艾瑞咨询.2020 年中国游戏直播行业研究报告[EB/OL].（2021－02－18）[2021－07－11].https://pdf.dfcfw.com/pdf/H3_AP202008041396357706_1.pdf? 1596563736000.pdf.

第三节 网络直播现状与前景

网络直播发展到现在，已经进入了成熟期，各方面都出现了明显的分化现象，行业内的深度洗牌持续加剧。在未来，随着监管体系的完善、新型技术的应用、产业融合的推进和社会价值的显现，网络直播的发展依旧值得期待。

一、网络直播的现状

目前，网络直播行业已经进入了发展成熟期，信息渠道全面走向移动化，直播内容更加专业化、垂直化、个性化，直播平台、主播、MCN 机构（Multi-Channel Network）等直播产业中的各个主体都进入了分化阶段，直播行业内的存量竞争越发激烈。

（一）网络直播行业历经四个阶段，进入发展成熟期

中国网络直播行业的发展主要经历了四个阶段。2005 年，以“9158.com”、六间房为代表的秀场直播平台开启了 PC 秀场时代，用户主要通过电脑进行直播的收听、观看和互动。直到 2014 年，随着游戏市场规模快速扩张、电子竞技产业渐成气候，游戏直播时代来临，促进了斗鱼、虎牙等游戏直播平台的高速发展。随着移动通信设备的普及，大众在 2016 年迎来了移动直播时代，激增的移动互联网用户为游戏、体育、社交、音乐等垂直内容的演化提供了广阔的市场空间。2019 年后，“直播＋”时代到来，“直播＋电商”“直播＋文旅”“直播＋演出”“直播＋教培”“直播＋本地生活”等直播创新层出不穷，直播开始与传统行业全面融合，因新型冠状病毒肺炎疫情带来的“宅经济”继续刺激着直播行业的增长。第 49 次《中国互联网络发展状况统计报告》显示，截至 2021 年 12 月，我国网络直播用户规模为 7.03 亿，同比增长 8652 万，占网民整体的 68.2%，用户规模继续保持增长，直播行业的竞争步入下半场。①

（二）网络直播全面走向移动化，呈现“百花齐放”的局面

从网络直播的发展历程看，国内最早的一批直播平台“9158.com”、六间房等均未产生轰动效应，主要原因是当时的网络直播受到 PC 场景的限制，无法随时随地进行。现在通过智能手机、平板电脑等移动通信终端，人们可以轻松地“漫游”网络世界，随时观看并开启网络直播，PC 场景的限制被打破。因此，映客和花椒等移动直播 APP 一经出现就迅速占领市场：映客半年内完成三轮融资，一年累积 2000 万用户并实现盈利。抖音、

---

① 中国互联网络信息中心. 第 49 次《中国互联网络发展状况统计报告》[EB/OL]. (2022－02－23)[2022－04－20]. http://www.cnnic.cn/hlwfzyj/hlwxzbg/hlwtjbg/202202/t20220225_71727.htm.

快手等移动短视频平台上线直播功能后，同样获得巨大的流量，抖音官方数据显示，仅2020年2月，抖音公共媒体与服务直播的用户观看次数就高达1.59亿次。目前依托移动端的手机直播模式已成为网络直播的主流应用形态，直播平台的形态也随之生变。在网络直播全面走向移动化的同时，直播平台呈现“百花齐放”的局面，出现了游戏类、娱乐类、电商类、综合类等不同属性的平台，产生了一部分拥有优势地位的头部平台，形成多维发展、多强并行的格局。

（三）直播内容专业化、垂直化、个性化，满足用户多样化需求

网络直播发展早期，以UGC为主的内容生产存在着主题散漫、同质化严重的问题，难以满足用户多样化和个性化的需求。正所谓“内容为王”，直播平台唯有加大内容建设方面的投入，做出专业化、垂直化、个性化的战略调整，才能在领域交叉化和内容细分化的竞争中抢占先机。第一，发力专业化内容生产，消除用户对同质化UGC内容的审美疲劳。PGC的精良制作能极大吸引用户眼球，越来越多的直播平台推出自制综艺节目以获得更多流动用户，如虎牙推出《酒后探真言》、*God Lie*，斗鱼推出《饭局的诱惑》《真相研究所》，KK直播推出《开杠啦》《闯关大作战》等。第二，专注于垂直化内容定位赢得发展机会。在直播市场愈加饱和的今天，垂直化和注重内容深度的策略是中小直播平台留住用户的关键，比如专注于知识分享的得到、荔枝微课等。第三，致力于满足用户的个性化需求拓宽市场空间。用户对个性化内容的追求越发强烈，根据“长尾效应”，小众化和个性化的内容同样具有可观的市场，现在直播平台都通过算法对用户画像进行描绘，将用户标签化智能分类后，再分发相应的直播内容，以更好地满足用户的多样化需求。

（四）主播间差异显著，MCN机构成为直播产业链的重要力量

网络主播间“二八效应”显著，如今网络流量进入存量时代，依靠“砸钱＋推网红”的主播蛮力生长模式已经结束，在基于算法的平台流量分配规则下，新人主播一夜爆红的难度越来越大。而头部主播在享受平台巨大流量倾斜的同时，纷纷积极开拓着新的商业领域，比如有些“火到出圈”的淘宝头部主播已经跨界拍电影、演小品、上MV，并在多个娱乐节目中露面，坐拥着明星般的超高人气。由于头部主播的流量价值和粉丝号召力巨大，主播违约跳槽和平台不正当挖角的现象屡见不鲜。针对这种情况，司法机构已经陆续出台了审判意见指引，加上“嗨氏”“韦神”等高额赔偿违约案件判决的落地，相信有助于平台间的主播竞争逐步回归理性化。随着直播运营更加规范化，产业链分工更加明晰，MCN机构近年来得以迅速发展，成为直播平台重要的主播来源及内容来源，业务范围也开始往行业上下游渗透。以游戏直播MCN伐木累为例，其目前是虎牙直播广告业务的核心代理商，广告业务覆盖国内头部电竞媒体及电竞赛事，签约有超过5000名电竞主播和退役职业选手，与国内外多家电竞俱乐部建立了长期战略合作，并通过打通

整个游戏行业上下游，深入挖掘电竞流量的商业化变现模式。

二、网络直播的前景

随着监管体系的日趋完善，新技术的持续应用，产业融合的不断推进，以及社会价值的进一步显现，网络直播在未来依然大有可为。

（一）监管渐趋完善，平台运营日益成熟

首先，政府相关职能部门的监管力度会不断收紧，积极推动有关法律法规与制度出台。网络直播中长期存在着打“擦边球”的现象，由于直播存量市场的流量争夺激烈，部分直播平台不惜顶着行政处罚和约谈的压力，对低俗违规内容采取高举轻放、外紧内松的态度，这对直播内容生态的长期健康发展显然不利。2020 年 6 月，国家互联网信息办公室会同相关部门，对 31 家主要网络直播平台的内容生态进行全面巡查，视违规情节对相关平台采取停止主要频道内容更新、暂停新用户注册、限期整改等处置措施。8 月，网络直播行业专项整治和规范管理工作再部署，着力于提升直播平台文化品位，引导用户合理打赏，规范主播带货行为。2021 年 5 月 25 日起施行的《网络直播营销管理办法（试行）》，由国家互联网信息办公室、公安部、商务部、文化和旅游部、国家税务总局、国家市场监督管理总局、国家广播电视总局七部门联合发布，旨在规范网络市场秩序，促进新业态健康有序发展，营造清朗网络空间。可以预见，“强管理”将是未来监管的主基调。

其次，行业内部会加强自律，做好自我规范。早在 2016 年 4 月，北京市网络文化协会就携同百度、新浪、搜狐、爱奇艺、优酷、六间房、映客、花椒等 20 余家从事网络表演（直播）的企业共同发布了《北京网络直播行业自律公约》，对主播实名制、内容审核、监管处罚措施等作了具体规定。“宅经济”带动电商类直播大火后，中国广告协会于 2020 年 6 月发布了《网络直播营销行为规范》，引导网络直播营销活动更加规范，促进网络直播营销业态的健康发展。

最后，在经历了争抢主播和用户的“烧钱大战”后，直播竞争进入下半场，部分平台已经掉队并退场，平台运营将逐步回归理性。通过内容创新和技术创新不断满足用户需求，将是直播行业长期发展的根本。

（二）VR、AR、裸眼 3D 等新技术应用释放网络直播的发展潜力

借助虚拟现实（Virtul Reality，VR）和增强现实（Augumented Reality，AR）技术，网络直播能为用户提供更具参与感、沉浸感的体验。当前主流的网络直播，主播与观众的互动还局限于二维空间的虚拟道具交流和实时弹幕，而如果用户能使用 VR 设备观看直播，就能产生身临其境之感，仿佛置身于直播现场。2016 年 4 月 14 日，虚拟现实公司 NextVR 就利用 VR 技术全程直播了科比职业生涯的最后一场 NBA 比赛，比赛中科比

50投22中狂砍60分,率领湖人逆转对手,VR技术让不能亲临现场的球迷也能实时感受到场馆中海啸般的欢呼呐喊声,见证科比退役的那一瞬间。AR技术则能把虚拟物体和真实世界融合到一起,打破印象中的观感壁垒。在2017年英雄联盟S7全球总决赛的开幕式上,游戏中的标志生物——远古巨龙在鸟巢体育馆上空盘旋并降临场内,瞬间点燃了全场的气氛。VR、AR、裸眼3D技术营造出的时空穿越感和环境真实感,不仅会增强用户的参与感和临场感,也给整个直播行业带来了前所未有的颠覆和发展契机。未来随着科技的进步,用户体验会得到有效提升,网络直播的发展潜力也将持续释放。

(三)"直播+"赋能传统产业,直播应用空间进一步扩展

目前,秀场表演、游戏电竞等泛娱乐化内容依然占据着网络直播的大部分流量,娱乐固然是生活的调味剂,但不是生活的全部。随着网络直播的普及应用与监管不断规范,网络直播的应用空间将进一步拓展。一方面,"直播+"模式赋能传统产业,各行各业都能借助网络直播提升自身影响力与赢利能力。企业直播已经崛起为一大市场,在IT、传媒、汽车、金融等行业得到广泛应用,企业的发布会、新品体验、产品推荐等营销宣传活动均可以通过直播进行,加上后续的流量运营与持续追踪等配套服务,更容易建立起消费者的信任链条,在重构传统场景和创新商业模式下,实现传统产业的转型。另一方面,直播在解决一些社会基础问题上,发挥着越来越重要的作用。对于教育问题,面向公立学校和各类教育培训机构,网络直播及相应的配套资源可以满足多学科、多模式的多人线上教学需求。对于社会医疗问题,面向公私立医疗机构、医疗器械厂商、医师协会,网络直播能提供医学知识科普、专业医师培训、手术动态直播、远程问诊等在线实时医疗服务。

(四)网络直播的社会价值更加显现,成为社会主流声音传播的渠道

观看直播已不再是年轻人的专利,网络直播在各年龄段都有了一定的渗透。直播平台以自身的流量优势,在深挖经济潜力的同时,其社会价值日益彰显。在抗击新型冠状病毒肺炎疫情期间,各直播平台与传统媒体合作,及时传播最新资讯,助力抗疫救援,取得了非常好的传播效果。比如,从2020年2月1日起,《新闻联播》开始每日固定在抖音直播,2月1日当天央视新闻抖音号《共同战役》栏目不间断直播观看次数超过140万,央视网抖音号的《黄冈大别山区域医疗中心》观看次数也突破130万。直播平台将不仅是娱乐内容传播的平台,也会成为社会主流资讯内容传播的重要渠道。此外,在助力公益、助农扶贫上,也不失网络直播的身影。在疫情期间,抖音直播开辟了"云游博物馆"公益主题直播,中国国家博物馆的"征古泽今——甲骨文文化展"、辽宁省博物馆的"又见大唐"、广东省博物馆的"臻于至美"等,都获得了用户的追捧。同时,各级政府官员纷纷加入直播带货行列,形成了"地方官员+直播+助农"的脱贫促产与乡村振兴新模式。在

未来，网络直播会渗透到社会的各个领域，助力国家繁荣昌盛。

本章小结

网络直播是通过互联网平台，将某人、某物或某事件的现场状况进行即时采集并传输，供终端用户实时在线观看并可及时互动的信息传播活动。网络直播伴随着信息技术的发展与普及应用而生，具有渠道多样化、操作简单化、内容多元化、信息生动化、互动直观化、平台社区化、主播明星化、用户均衡化的特点。按内容类别划分，网络直播可以分为电商直播、生活直播、娱乐直播、科教直播、事件直播和游戏直播六大类型。网络直播行业历经四个阶段后，目前已经进入了发展成熟期，信息的分发渠道全面走向移动化，直播内容专业化、垂直化、个性化，直播平台呈现“百花齐放”的局面，主播间的分化加剧，MCN 机构成为直播产业链的重要力量。在未来，对网络直播的监管会日趋完善，直播平台的运营会日益成熟；各项新技术的应用会持续释放网络直播的发展潜力；“直播＋”赋能下的产业融合会进一步扩展直播的应用空间；网络直播的社会价值也有望更加显现，成为社会主流声音传播的渠道。

思考与练习

1. 什么是网络直播？
2. 网络直播兴起的原因有哪些？
3. 网络直播有哪些特点和类型？
4. 如何看待网络直播的发展现状和前景？

第二章　网络直播准备

学习目标

1. 掌握选择网络直播平台的方法。
2. 了解直播间的申请程序和申请要求。
3. 掌握网络直播设备的准备和布置直播间的方法。
4. 了解第三方直播软件 OBS Studio 的使用。
5. 熟悉网络直播效果测试的内容。

从事网络直播，需要做大量的准备工作，主要包括直播平台的选择、直播设备的准备、直播场地的选择与布置、直播团队的建设、直播内容的设计等方面。本章重点介绍的主要准备工作有：直播平台的选择、直播间的布置、直播设备的准备、直播软件的使用与直播效果的测试等内容。

第一节　网络直播平台的选择与直播间的申请

一、如何选择网络直播平台

网络直播平台可以分为综合类平台、电商类平台、游戏类平台、秀场类平台、科教类平台、生活类平台等不同类型。目前主流的网络直播平台有：斗鱼直播（www.douyu.com）、虎牙直播（www.huya.com）、B站直播（live.bilibili.com）、淘宝直播（淘宝主播APP）、拼多多直播（拼多多 APP）、抖音（抖音 APP）、快手（live.kuaishou.com）、网易 CC 直播（cc.163.com）、京东直播、腾讯直播、微博直播、西瓜视频直播、小红书直播、蘑菇街直播、知乎直播。

不同直播平台有各自的特点，对主播而言，选择合适的直播平台很重要。主播在选择网络直播平台时，可从下面三个方面考虑。

首先，从直播平台用户体量方面考虑。虎牙、斗鱼、淘宝、拼多多、抖音、快手是当下较为热门的直播平台，拥有大量的签约主播与稳定的观众基数。主播选择这样的平台进行直播，不仅自身权益相对更有保障，还容易获得更多的粉丝和关注。相反地，主播选择体量相对较小的直播平台则可能更容易在起步阶段获得平台的帮助和扶持，也能够避免大平台中激烈的竞争，更容易脱颖而出。

其次，从直播平台的内容特点与用户群体特点方面考虑。直播平台侧重的内容不同，从而导致了用户群体的不同。比如，对观众而言，观看游戏类直播时，更多人会使用虎牙、斗鱼、bilibili、企鹅电竞等侧重游戏直播的平台；而观看电商类直播时，则会使用淘宝、拼多多、抖音、快手的平台。特定观众的聚集性也间接影响了主播对直播平台的选择。对主播而言，很多主播会选择虎牙、斗鱼、抖音、快手等直播平台进行户外生活类直播，而选择 bilibili 等直播平台进行科教学习类的直播。当然，这并非说明只能选择特定的直播平台直播特定的内容，因为除了电商直播外，大部分直播平台没有规定直播的内容范围。在主播进行直播平台的选择时，推荐进入直播平台对应专区，了解该平台这类直播内容的热度、观众数量、内容同质化程度等因素后再做决策。

最后，从直播平台的结算模式与管理方式方面考虑。不同直播平台有不同的结算模式、主播的运营管理方式、薪资结构等，这些也是影响主播选择直播平台的重要因素。

二、如何申请网络直播间

在不同的直播平台上，直播间的申请要求、方式方法不同，下面介绍当前主流网络直播平台直播间申请的方式方法。

（一）申请斗鱼直播间

在斗鱼直播平台主页顶栏选择“开播”后，根据电脑直播和手机直播两种类型，下载对应的直播工具，在直播工具内完成实名认证后即可获得个人直播间进行直播，如图2-1所示。

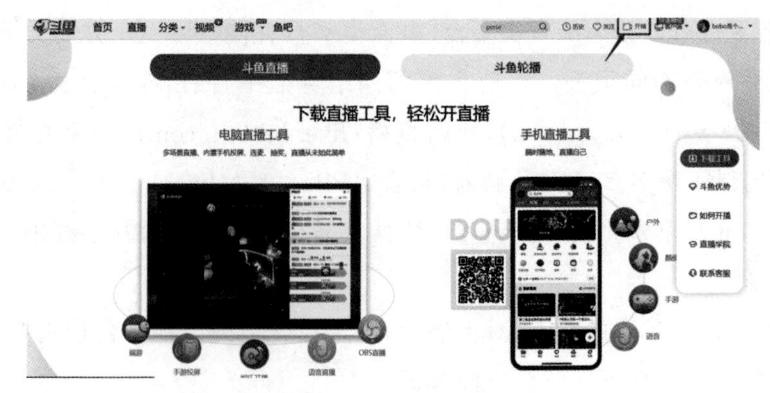

图 2-1　申请斗鱼直播间

（二）申请虎牙直播间

与斗鱼平台类似，在虎牙直播平台主页顶栏选择“开播”后，根据电脑直播和手机直播两种类型，下载对应的直播工具，在直播工具内完成实名认证审核后即可获得个人直播间的直播权。

（三）申请 bilibili 直播间

在 bilibili 直播主页侧边栏选择“我要直播”，完成账号的实名认证审核后，即可获得个人直播间进行直播。

（四）申请淘宝直播间

淘宝直播目前并非完全向公众开放申请，现阶段暂时只对淘宝商家和淘宝达人开放，并且有一定的申请要求。申请淘宝直播间需要下载淘宝主播 APP，用淘宝账号登陆 APP，点击“立即入驻”，选择入驻身份并提交申请，如图 2-2 所示。淘宝商家申请直播，其店铺需要达到一定的资质要求，比如店铺至少需要达到一钻级别，并且主营类目上架商品数目大于 5 个。达人主播申请直播，则需要在 APP 内完成实名认证。在审核通过后，即获得直播间权限，就可以通过淘宝主播 APP 或淘宝直播 PC 中控台开启直播。

图 2-2　申请淘宝直播间

淘宝直播除了面向商家和达人开放直播权限外，也面向主播经纪公司和内容制作方开放合作和入驻方式。这类特殊的直播间需要通过其他渠道申请，详情可以参考淘宝直播官方的招募说明。

（五）申请拼多多直播间

在拼多多 APP 主页进入“个人中心”，点击头像，下滑找到“多多直播”，点击“开始直播”，完成实名认证后即可进行直播。

图 2-3　申请拼多多直播间

（六）申请抖音直播间

打开抖音 APP 后，点击下方“＋号”，选择“开直播”进入直播模式，完成实名认证审核后即可开始直播。抖音直播间有四种直播模式，分别是手机视频直播，语音电台直播，手机录屏直播以及电脑端使用抖音直播伴侣进行直播，如图 2-4 所示。不同直播模式有不同直播要求，且直播权限要求经常会变动，需以 APP 内的指引为准。

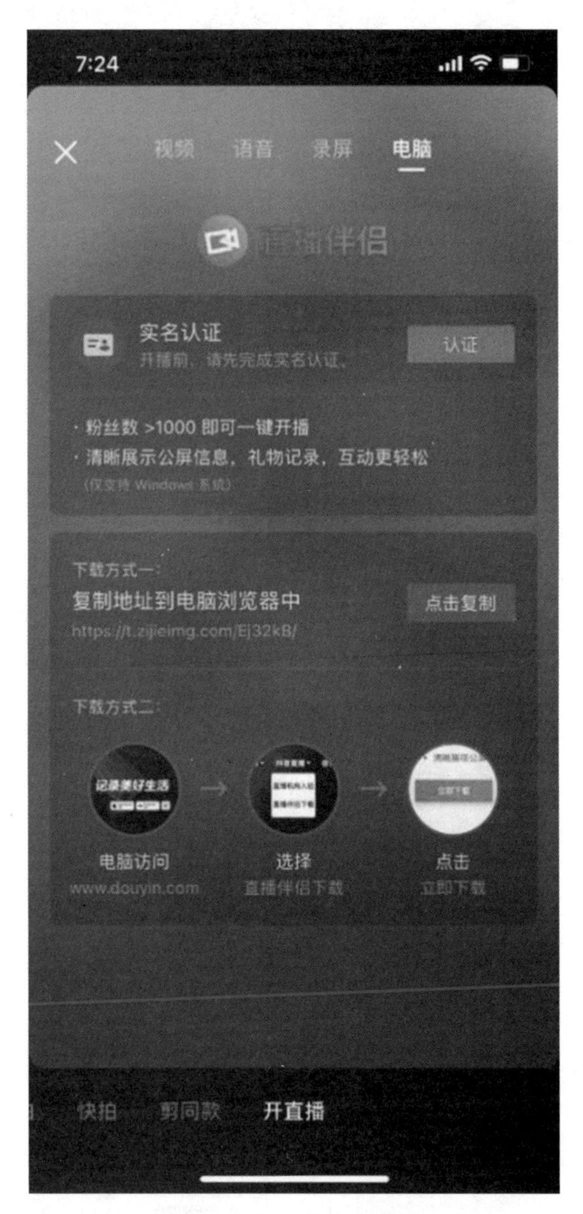

图 2-4 申请抖音直播间

（七）申请快手直播间

在快手 APP 主页左上角点击“菜单一设置一开通直播”，在完成页面内的绑定手机、实名认证等要求后，提交申请审核，审核通过后即可进行直播，如图 2-5 所示。快手与抖音类似，均可通过 APP 与电脑端的直播伴侣进行直播。

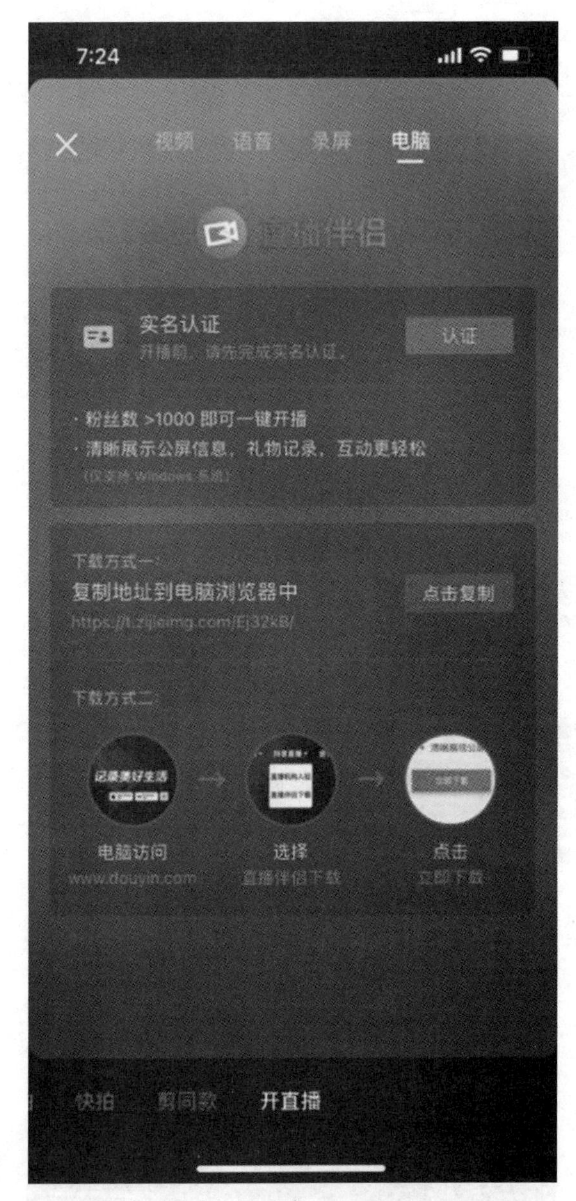

图 2-5　申请快手直播间

（八）申请企鹅电竞直播间

在企鹅电竞直播平台主页侧边栏点击“开播”，账号完成绑定手机、实名认证审核后即可获得直播间。

（九）申请网易 CC 直播间

流程上类似企鹅电竞，在网易 CC 直播平台主页顶栏点击“开播”，账号完成绑定手机、实名认证审核后即可获得直播间。

第二节 直播设备的准备与直播间的布置

开展直播工作，直播设备的准备和直播间的布置是不可或缺的工作，下面主要介绍日常普通直播所要购买的直播设备以及直播间布置要点。

一、直播设备的准备

根据直播类型的不同，直播需要的设备也不相同。下面简单介绍不同直播情景下需要的基本设备及要求。

（一）电脑

用于直播的电脑，推荐CPU至少使用Intel i5或AMD R5，内存至少8GB，配备独立显卡和固态硬盘。如果直播游戏建议使用Intel i7或AMD R7以上的CPU，内存拓展到16GB，独立显卡使用英伟达RTX 2060以上，配备使用NVMe协议的高速固态硬盘。根据推流码率的实际需要，配置相应的光纤网络，一般直播要求有不低于1MBs^{-1}的网络上传速率。

（二）手机

用于直播的手机，推荐摄像头自带防抖功能、录音清晰、性能强大的智能手机。作为参考，可以购买价格在2000元以上使用安卓系统和鸿蒙系统的机型，或者iPhone近三代的产品。

（三）摄像头或单反相机

摄像头是绝大部分直播场景下都需要的设备，购买时注意选择1080P分辨率以上的超清摄像头。

一般来说，小型普通直播不需要专业的单反相机。如果直播宣传中需要高清照片或者需要录制视频并剪辑制作短视频进行再宣传，就需要专业的单反相机。

（四）补光灯

主播在直播时，难免会遇到光线不足的情况，因此，补光灯是绝大部分室内直播需要的设备，尤其是在电商直播这类需要充足照明的场景中，好的灯光能够提供更舒适清晰的观看体验。建议主播选用支持冷光与暖光两用类型的灯，以获得良好补光效果。这里的补光灯并非指专业灯光，其补光效果限于1米左右的范围，大型直播还需要使用专业的补光设备。

（五）麦克风

麦克风用于声音的采集。根据室内直播的需要，可以购入一块声卡用于声音的优化。户外直播中为了提升收音效果,可以选择蓝牙耳机无线收音,也可以采用外接线缆收音,确保声音质量。

(六) 平板或显示器

主播购买一个平板或外接一个显示器,可以用于查看弹幕,发布和处理直播间消息,以及参与直播平台的活动。

(七) 视频采集卡

视频采集卡可以用于直播主机游戏,或者双电脑直播电脑游戏。使用采集卡能将游戏画面输出至另一台电脑,并在另一台电脑上完成录制或直播推流到服务器的过程,从而减轻游戏电脑的性能负荷。

(八) 直播支架

直播支架有两种类型,分别是固定机位直播支架和移动机位防抖直播支架。以手机直播为例,室内直播大多采用固定机位直播支架,包括单台手机和多台手机固定机位支架。单台手机直播可采用三脚架、懒人手机支架,多台手机直播可使用多平台直播支架,有的支架已经可以支持 4 台以上手机同时直播。而户外移动直播,为了解决拍摄画面晃动抖动的问题,可以采用支持三轴防抖的手持防抖云台,能大大提高拍摄画面的清晰度。

此外,直播还要准备移动电源、无线网络、提词器、直播道具等设备。大型专业直播则需要准备高清或超高清摄像机、三脚架、专业拍摄灯具、专业话筒、轨道、切换台、监视器等设备,由于本章所介绍的直播准备主要指向小型普通直播,因此,对大型专业直播所需的设备不作详细介绍。

二、直播间的设计与布置

室内直播时除了设计直播界面布局外,主播所在的房间也需要精心地设计和布置。一般来说,令人印象深刻的直播房间大多是光线明亮充足并且相对整洁有序的。相反,光线昏暗、杂乱无章的直播间会让观看体验大打折扣,降低观众的留存率和转化率。

首先,要收拾直播间内的杂物,使得直播画面内的空间保持整洁。实在无法改动的话,可以使用浅色的背景布遮挡。画面内的空白处可以根据主播喜好设计一些装饰,或者摆放一些有代表性和纪念意义的摆件。在特殊节日来临时,可以依据节日氛围进行相应的布置。

除了要清理直播间内的杂物外,当直播间内设备器材数量增加时,无序的放置会影响主播的操作,也会影响观众的注意力。合理地摆放显示器、麦克风、摄像头、音响设备、补光灯、采集卡等电子设备就显得十分重要。同时，大量的电源线材和输入输出的线路也需要设计走线，使用魔术贴或者固定夹使线路隐蔽在桌子背面或桌子底部，并应用线束尽量将不同的线路收纳在一起。如图 2-6，国外游戏主播 Shroud 直播房间的布局明显经过了精心设计，各类设备摆放井然有序，给人产生视觉上的整洁之感。

图 2-6 国外游戏主播 Shroud 直播房间布局

其次，室内布光需要讲究光线柔和均衡。如果房间本身照明不足，应尽量增加柔光而非直射光，通过漫反射均匀地照亮整个房间。购买光源设备时，尽量选择与环境相统一的灯光颜色，如图 2-7 所示，游戏主播超级小桀直播间的暖色光与桌子、木地板、饮料瓶的颜色协调一致，抓人眼球又不失和谐。

图 2-7 游戏主播超级小桀直播间设计

布置好直播间后，可以设置一个机位来拍摄直播间的全景，在展示直播间设计的同时，也能显现个人风格，有助于从众多直播间中脱颖而出。

第三节　直播软件使用与效果测试

如今几乎所有直播平台都推出了专属的直播软件,但是殊途同归,原理都是使用软件采集本地画面,对内容编码,上传到服务器进行内容分发,终端设备解码播放。不同的直播设备,对直播软件的选择也有所不同。在直播的硬件与软件准备齐全之后,还要进行直播效果的测试,确保直播时万无一失。

一、直播软件的选择与使用

使用手机直播推流,一般不会有太多复杂的功能,只需根据 APP 的引导设计直播界面,一键开始和关闭直播即可。

使用电脑直播,则需要选择和学习直播软件。现阶段部分直播平台如淘宝直播、抖音直播只支持自家开发的直播软件,而其他绝大部分直播平台都完美支持免费且开源的第三方直播软件开源录屏软件(Open Broadcaster Software. OBS) Studio。事实上,大部分直播平台的专属直播软件都是基于 OBS Studio 开发的,所以这些软件的使用方法基本一致,只是专属的直播软件会帮助平台主播省略一些推流步骤,抽象并集成一些平台功能。

由于 OBS Studio 拥有海量的用户、大量的使用经验教程和丰富的插件生态,这里只介绍使用 OBS Studio 开启直播的方法,各直播平台专属直播软件的使用可以参考进行。

(一)打开 https://obsproject.com 下载安装 OBS Studio,如图 2-8 所示

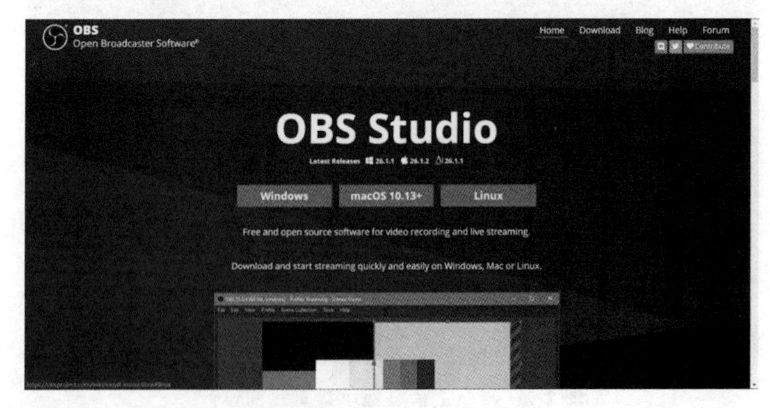

图 2-8　OBS Studio 下载界面

（二）打开 OBS Studio，如图 2-9 所示

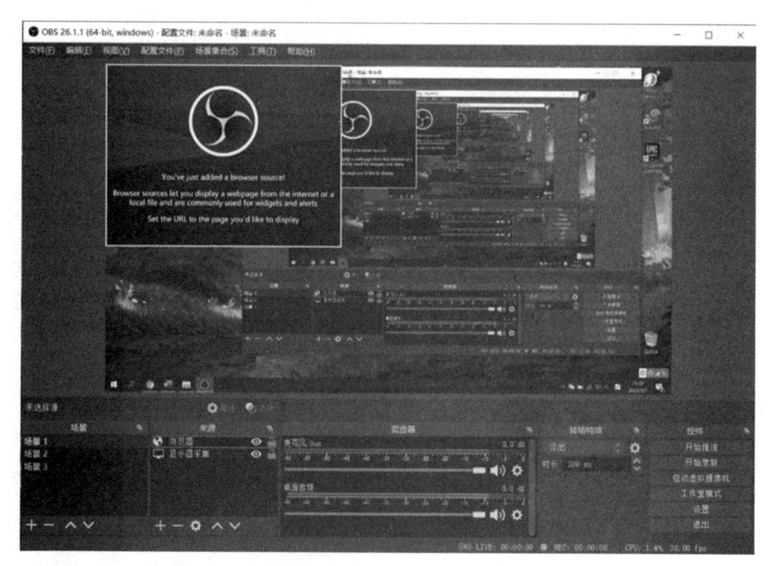

图 2-9 OBS Studio 界面

（三）切换场景与转场特效，如图 2-10 所示

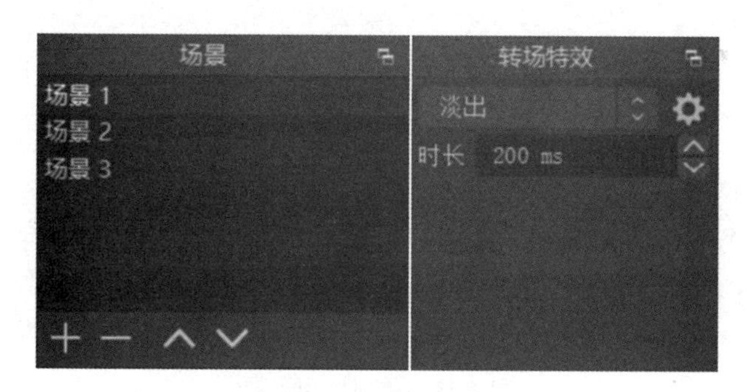

图 2-10 场景与转场特效

OBS Studio 主界面左下角是【场景】栏，用于切换不同的直播场景，可以理解为电视节目中的编导切换画面。单击场景名称会切换画面中的内容，并会播放可自定义的【转场特效】。一个场景中可包含若干画面来源。

当需要不同的直播场景时，可以提前设置好以备切换。比如游戏直播的中场休息，这时候不需要展示游戏画面，大多主播会将摄像头放大置于画面中间，一边观看弹幕，一边与观众聊天，这个场景中的画面内容和布局与直播游戏时完全不一样，对此可以新建一个这样的场景，并把画面内容添加设计好，待到需要切换时，点击该场景即可完成切换。再比如电商直播中，主播需要从主播台走到房间另一处，切换使用另一个全景摄像头进行全身展示时，如果提前创建添加了全景摄像头采集画面的场景，只需要点击场景名切换即可完成优雅的展示。

OBS Studio 支持添加无限个场景，只需要点击场景框底部的符号即可完成创建、删除和排列自定义场景。值得注意的是，主播可以创建一个不包含任何内容的黑屏场景，方便在输入账号密码时快速进行遮挡。

（四）添加画面来源，如图 2-11 所示

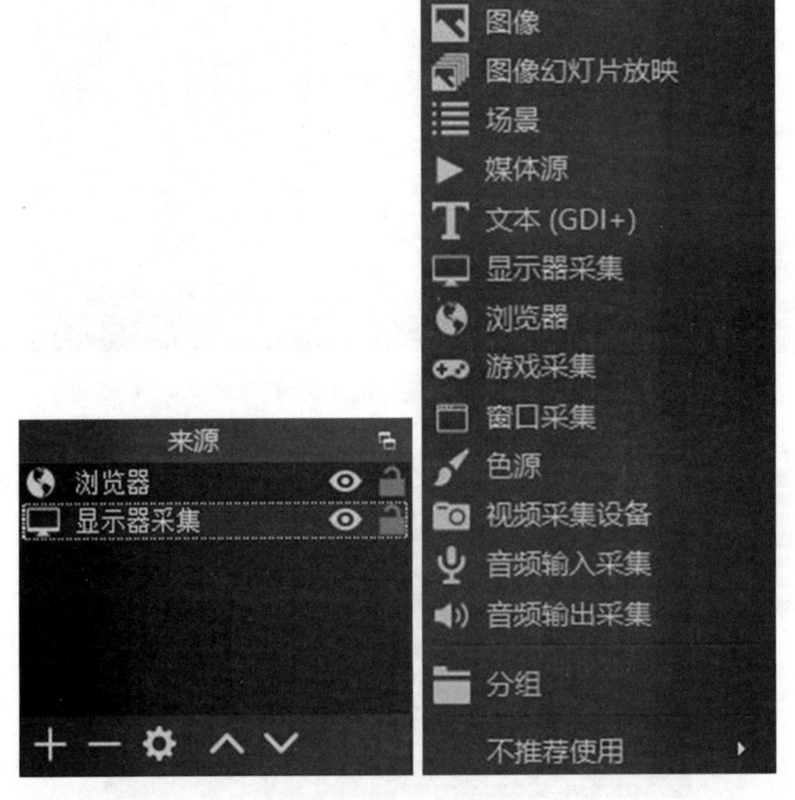

图 2-11　添加画面来源

画面来源是构成整个直播画面的内容。点击“＋”“－”号分别添加和删除画面来源。上下箭头则用于排列画面前后层级。需要注意的是，层级位于上面的画面内容会遮挡下面的内容。右侧眼睛状的按钮是用来快捷显示/隐藏该画面来源。当选定了一个来源之后，就能在画面预览窗口看到红色边框，拖动即可调整内容的位置和大小。

点击“＋”号添加画面来源后（如图 2-12 所示），就能查看到所有构成画面内容的元素。下面简单介绍画面来源的用法。

【图像】：静态的图片资源（包括 gif 动图），可用于展示一些介绍、活动以及推广的图片，或者临时需要的遮挡图片。

【图像幻灯片放映】：滚动播放的图像幻灯片，可以自行控制播放速率和动画。

【场景】：设置内嵌的场景画面。

【媒体源】:播放视频等多媒体内容。

【文本】:静态文本,可以调整各种样式。

【显示器采集】:采集特定一个显示器显示的内容,可以添加多个显示器的画面。

【浏览器】:展示访问一个网址或本地 HTML 文件返回的内容。诸多依赖云端功能的插件,样式繁多的内容插件,以及具有实时更新性质的插件都依赖该功能。

【游戏采集】:展示游戏输出的画面。

【窗口采集】:捕捉某个特定窗口的画面内容,如果捕获全屏游戏画面,则需要在游戏内设置无边框,或者窗口化全屏。

【色源】:显示一个纯色的色块。

【视频采集设备】:捕捉摄像头或者视频采集卡输出的画面。

【音频输入采集】以及【音频输出采集】:播放一个额外的音频输入输出设备捕获到的内容。

(五)调整混音器,如图 2-12 所示

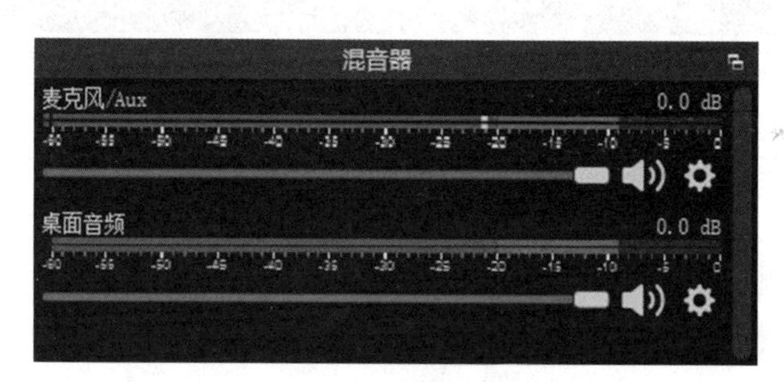

图 2-12　混音器界面

混音器用于混合多个音频输入输出设备的内容并推流到服务器。在混音器中,可以单独开启/关闭某个设备的音频,或者调整其混合前的大小。

(六)设置分辨率、帧率和码率,如图 2-13 所示

图 2-13　在"设置"—"视频"中修改分辨率和帧率

基础分辨率一般和显示器屏幕的分辨率一致；输出分辨率是推流到服务器的直播画面分辨率；帧率是每秒推流画面的帧数，影响画面的流畅程度。如果是游戏直播，建议帧率提高到 60，其他情况下一般 30 即可。提高帧率会极大增大 CPU 负荷，建议直播前进行推流测试，并在 OBS Studio 主界面底部栏观察 CPU 的负荷情况，根据实际情况确定适合的推流码率，如图 2-14 所示。

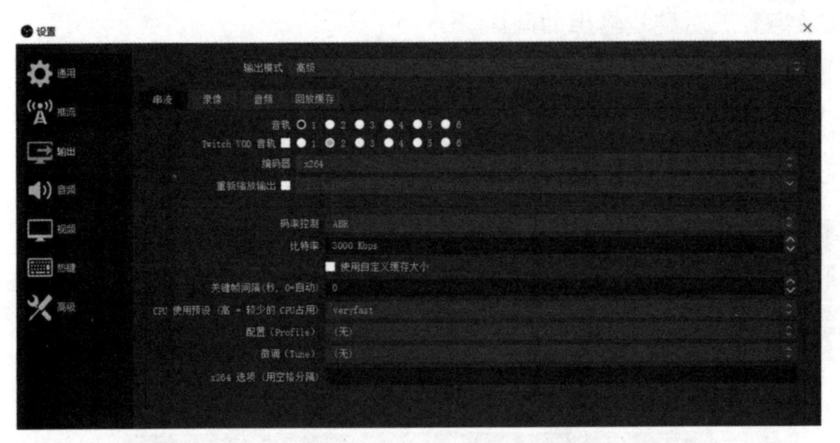

图 2-14　在“设置”—“输出”中修改推流码率

图中的【比特率】即推流码率，其代表着每秒上传直播服务器的视频大小体积，主要由每帧分辨率大小、帧率和视频编码决定。此外，网络上传速率也会对推流码率的大小产生限制，从而影响直播的实际画质。

【码率控制】推荐选择 ABR 平均码率控制，其属于 CBR 恒定码率控制和 VBR 可变码率控制的折中方案，更适合网络直播场景。

需要注意的是，直播平台对不同分区的直播内容有不同的最大码率限制。超过平台限制的码率是没有意义的，只会给直播设备增加多余的性能开销，而且过高的码率也会导致网速不佳的用户经常出现卡顿缓冲。

在当前的网络技术条件下，网络直播的码率通常设置在 1500～8000Kbps 的范围内。在直播一些高动态内容时，比如激烈变化的游戏画面，如果码率受限，可以考虑适当降低分辨率来提高观看质量，比如从 1920×1080 降低到 1600×900。因为在码率一定的情况下，分辨率越高，画面越模糊。推流码率的具体设置，应该综合考虑直播的分辨率和帧率，网络上传速率以及直播平台的限制等多重因素。

下面介绍一个根据网络上传速率计算最大码率的公式，供设置时参考。

(1)打开 https://www.speedtest.cn 或其他测速网站，测试网络上行速率，单位为 Mbps(如图 2-15 所示)。

图 2-15　网络测速界面

(2)考虑到游戏、语音等应用程序也需要上行网络带宽，因此，不能将全部上行带宽都用来直播推流，预留 75%用于直播即可。

(3)最大码率设置(Kbps) = 网络上行速率(Mbps)×1000×75%。

(七) 设置推流服务器和密钥，如图 2-16 所示

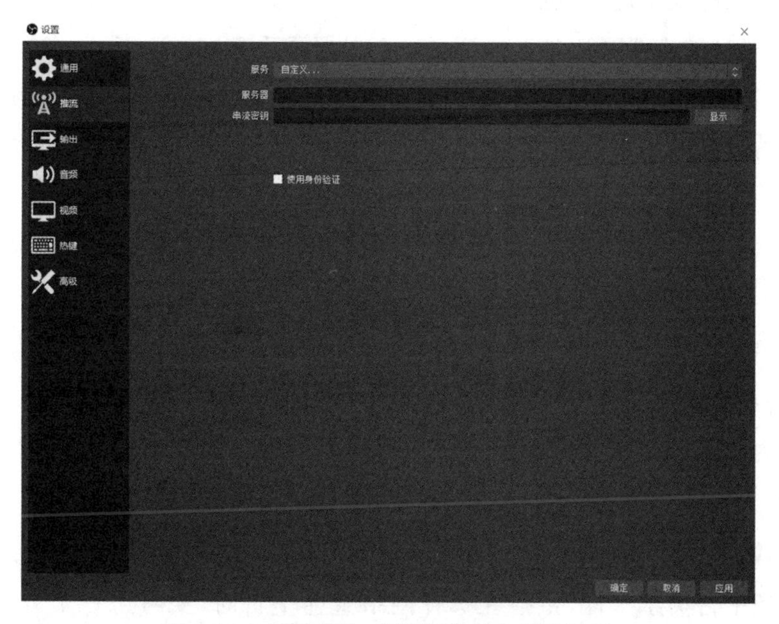

图 2-16　在“设置”—“推流”中填入推流设置

如果直播平台支持 OBS Studio 这类第三方直播软件，在平台网页或 APP 中点击开始直播后，就可以获得直播推流码。打开 OBS Studio 的“设置”—“推流”，【服务】一栏选择自定义，将推流地址(服务器地址)填入 OBS 推流设置中的【服务器】一栏，将推流码填入【串流密钥】一栏，就可登录连接上直播服务器了。设置完成后，点击 OBS Studio 主界面右下角的【开始推流】，即可开始直播。

直播软件的测试主要由两部分组成：第一是主播视角，熟悉直播开始按钮、镜头切换方法、声音调整方法等操作；第二是观众视角，主播的团队需要以个人身份注册直播

账号，进入直播间观看，从普通观众的角度观察直播界面的呈现，如果发现问题需要及时调整。

二、直播效果的测试

在正式开始直播之前，建议开启试播并用不同的终端观看，进行简单的直播前测试，及时发现问题并加以解决。直播前测试既要从直播方的角度测试，也要从用户方的角度测试，测试内容主要包括以下五个方面。

其一，需要测试捕获画面是否正常，比如是否正常捕获到了游戏或摄像头画面，尤其是切换窗口时直播画面的展示，要多进行预览调试。

其二，需要测试直播设备是否正常运转，比如是否因为性能不足、设置不当引起卡顿，导致直播画面不流畅。如果存在这个问题，应当考虑适当降低推流分辨率或帧率，或者使用更高性能的设备进行直播。

其三，需要测试直播画质是否达到要求。根据画质和流畅程度，适当提升推流码率，或者在码率一定的情况下，适当降低分辨率来提升画面流畅度。大部分直播平台对不同直播内容有不同的码率限制，这个可以询问直播平台相关工作人员，并按照推荐码率进行设置。

其四，需要测试收音与发弹幕效果。如果发现音量大小不合适，就要及时调整麦克风距离以及麦克风输出的音量大小。

其五，需要测试直播插件是否正常工作，同时观察直播画面是否整洁，画面构图是否合适，直播界面布局是否需要调整等。

在以上内容测试完成后，就可以正式开始直播了。

本章小结

网络直播平台类型多样，主播在选择网络直播平台时，要考虑三个方面：直播平台用户体量、直播平台的内容特点与用户群体特点、直播平台的结算模式与管理方式。在不同的直播平台上，直播间的申请要求、程序和方式方法不同。小型普通直播所需的设备包括电脑、手机、摄像头或单反相机、补光灯、麦克风、平板或显示器、视频采集卡、直播支架等。直播间的设计与布置要注重布局简洁，特色鲜明，直播间内的杂物要合理收纳，室内布光要讲究光线柔和均衡。直播软件的选择与使用中，重点介绍了第三方直播软件 OBS Studio 的使用方法。直播效果的测试主要涉及捕获画面是否正常、直播设备是否正常运转、直播画质是否达到要求、收音与发弹幕效果、直播插件是否正常工作等内容。

思考与练习

1. 如何选择网络直播平台？
2. 小型网络直播需要购买哪些设备？
3. 如何设计与布置好直播间？
4. 如何选择直播软件和测试直播效果？
5. 选择两个主流直播平台，开启两次网络直播实践，撰写一份直播总结。

第三章　网络主播与经纪公司

学习目标

1. 了解网络主播职业的基本特征。
2. 掌握网络主播需要具备的形象和素养。
3. 了解网络主播经纪公司的发展现状、发展趋势和发展策略。
4. 掌握与经纪公司签订合同的技巧以及维护自身合法权益的方法。

在网络直播中，网络主播承担着内容策划、出镜主持、与观众互动等一系列相关工作，地位相当重要。与传统的广播电视节目主持人不同，网络主播这一职业带有鲜明的互联网属性，主播应当在充分认识自身职业特性的基础上进行职业形象管理，培养良好的业务能力素养和职业道德素养。在直播行业发展的早期，主播之间综合素质差异巨大，主播的形象管理、技能提升和素养培育都依赖于主播的个人意愿。随着网络直播走向产业化，专注于直播专业化运营的主播经纪公司应运而生，其对内签约主播，提升主播的综合素质和商业价值；对外与平台和品牌方合作，争取直播权益。主播可以根据经纪公司的运营风格和管理能力，结合自身职业发展规划，寻求适配的经纪公司。在签订合作协议时，主播要留意经纪合同的细节，当自身合法权益受到侵害时，采取正确的方式积极维权。

第一节　网络主播形象与素养

作为一个新兴职业，网络主播和传统的广播电视节目主持人有一定的相似度，也存在着显著的差异，两者的培养路径显然有本质上的不同。网络直播基于互联网而生，决定了网络主播的职业特征具有鲜明的互联网属性。网络主播应当从自身的职业特征出发，进行相应的形象管理和素养培育。

一、网络主播职业特征

什么是网络主播？从网络直播的分工上看，网络主播是指在网络直播节目或活动中，负责出镜主持和互动，并一定程度地参与主题策划、内容编辑、影像制作、粉丝运营等一系列工作的职业，是一个既处在前台位置，又参与幕后工作的角色。从关系、平台和市场这三个互联网的本质属性出发，可以概括网络主播三个基本的职业特征——用户导向、高垂直度和商业化运作。①

（一）用户导向

互联网最基本的功能和价值在于连接，点对点和端对端的连接。在网络直播中，主播的直播间作为一个线上关系的聚合点，将网络主播与用户连接了起来，构建了主播与用户之间的多向关系。主播借助这种关系连接，通过直播的内容输出拥有了影响力，同时主播也对用户产生了深深的依赖。随着主播影响力的提升，用户的需求逐渐成为主播行动的重要指挥棒，主播的任何行动都要不同程度地兼顾用户的想法。

用户导向是网络主播的基本职业特征。主播与用户在网络空间中的关系连接缺乏强制性，非常容易发生变动。由于不具有绝对强势的地位，主播为了能够长期维持与用户的连接，会愿意付出更多的关注成本，高度重视用户的需求和反馈，不断地调整个人人设、表演风格和内容设置，以满足用户快速变化的需求。

在主播与用户的关系中，最重要的部分是主播与一部分强亲密度用户之间的关系，即与粉丝之间的关系。与粉丝之间的关系运营是主播赖以生存的核心资源，也是主播能否实现长久发展的关键。主播积极响应粉丝的诉求，顺应粉丝的喜好，对直播活动进行相应的优化，就是用户导向的鲜明体现。

（二）高垂直度

与传统媒体的受众被动接收信息不同，互联网用户是主动且直接地接收信息。互联网用户对信息拥有更多的自主选择权，就会坚持关注自己喜欢的领域，为了适应互联网用户这一特点，网络直播在实际发展中，内容越来越垂直深化细分。加上互联网流量被大量集聚在各类开放的内容平台之中，平台的广度决定了内容垂直细分的重要性，内容的高垂直度有助于吸引流量，客观上也让更多的小众文化走上了直播的舞台。

高垂直度是网络主播的首要职业特征。垂直细分，即直播内容上要有固定的类型、领域和模式等，保持一个相对固定的内容主线。就好比一个主播不可能又做游戏，又做美妆，既然选定做游戏主播，就要专注于做游戏相关内容，在某一特定领域达到高度专业化，不要随意地改动，如果随意改变直播内容，那变成了让用户被动接收信息。用户关注主播的原因之一就是能够在直播内容中找到吸引自己的“亮点”，如果主播随意改变

---

① 霍学文·零壹财经.互联网的三个本质属性：关系、平台与市场[EB/OL].(2015－07－14)[2021－08－31].https://www.01caijing.com/article/982.htm.

视频内容，游戏一下子变成了美妆，必然会流失大部分的用户。可以说，直播内容决定了用户类型，用户类型又反过来决定了直播内容的垂直性。

主播在确定内容主线之后，就要确保直播的其他要素都与内容主线相关，不断地进行细化，才能找到最精确、最适合自己的定位。相应地，高垂直度也有利于生产优质内容和进行精细化的粉丝运营，打造属于主播自身的独有 IP 和核心竞争力。

（三）商业化运作

用户的聚集为平台带来了巨大的流量，而内容的持续生产使流量增长得以不断维持，平台所能承载的功能由此扩张。当平台累积的功能足够多时，功能之间相互沟通逐渐活跃，就会产生交易产品、获取服务与信息的需求。网络直播平台的商业化运作就是将直播相关的产品、服务和信息市场化，将其变成可交易的要素。网络主播、直播用户、直播平台、MCN 机构、品牌方等主体形成一系列商业关系，直播电商、粉丝打赏、游戏联运、广告推广、内容付费等多种商业变现形式形成一套商业模式，特定的商业关系和商业模式就构成了支撑直播行业的基石。

商业化运作是网络主播的重要职业特征，围绕主播的商业闭环使主播职业化成为现实。网络直播是一项带有明确商业目的的活动，直播商业目的不一定是显性的，很多时候是隐性的，比如助农的公益直播，主播和平台未必有直接的经济收益，其收益主要体现在助力农产品销售和乡村旅游推广等脱贫增收工作上。通过直播寻求商业价值的变现和转化，是直播永恒的潜在目的。

主播的成长不在于一朝一夕，任何速成的想法都是不现实的。哪怕主播一时火爆，如果缺乏扎实的能力，依然很难留住用户。主播要想长期保持自身的商业价值，就需要不断地提升直播水平，持续提供优质的直播内容。

二、网络主播形象

网络主播形象强调的是主播的外在表现，主播可以从衣着形象、妆容形象和礼仪形象三方面进行自身的形象管理。优秀的网络主播会在满足基本形象要求的基础上，结合个人特点与其他主播形成差异，进而在用户心中留下记忆点，打造独特的直播风格。

（一）衣着形象

穿衣搭配得当能够很好地提升主播的上镜效果，干净、整洁且落落大方是主播着装的基本要求，同时要注意避开任何裸露身体和低俗暴露的着装元素。色彩上，黑色与白色是能与其他任何颜色搭配的万能色，搭配时需要注意各颜色所占的比例，尽可能选择与自身肤色、风格以及直播间背景相匹配的色系。主播可以采取同色系的搭配策略，比如胭脂红和火焰红、油菜黄和浅橙黄；也可以采取对比色系的搭配策略，以便突出主播的个性特征。在实际的直播活动中，不同类型主播之间的衣着显然存在着明显的差异，比如游戏主播的衣着精致度大多不如娱乐主播高，女性主播一般会比男性主播有更多的衣着搭配巧思等。

（二）妆容形象

化妆能够修饰主播面部的瑕疵，良好的面部状态能充分体现主播对观众的尊重。直播的上镜妆与生活的日常妆是有差别的，上镜妆更加强调妆面的立体感，着重于通过高光和阴影的修饰，在展示自身五官优点的同时，巧妙地规避上镜容易出现瑕疵的部分。主播的妆容应该与其衣着风格和直播内容相匹配，有时候配合调整妆容的风格，能给用户带来不一样的体验，制造新鲜感。化妆不是女性主播的专利，男性主播也可以适当化妆，展现自己的颜值和精神活力。

（三）礼仪形象

主播对自身职业需要有准确的定位，在礼仪方面要做到不卑不亢，具体表现为对待观众彬彬有礼，既不牺牲尊严要求观众打赏，也不因为没有获得打赏而产生负面情绪。在一场直播中，主播的礼仪要贯穿始终，直播开始时要主动对观众表示欢迎；有粉丝赠送礼物时要真挚地表示感谢；下播前还应该问候一下坚持陪伴的观众，并预告下一次直播时间。主播保持不卑不亢的礼仪形象有助于维持与观众之间的良好关系。

总结来说，网络主播的形象管理一定要符合自身的基础条件，过度使用美颜、变声等技术手段塑造虚假形象，实际上是对观众的欺骗，一旦被戳穿，主播的职业生涯很可能就会因此终止。曾经引发网络上“萝莉变大妈”热议的某女主播就是其中的鲜明例子。该女主播在直播时一直使用卡通图像遮脸，只通过甜美的声音和观众聊天，但在某次直播途中，因遮脸的卡通图像掉落，她的真实相貌曝光，呈现出的形象与她日常所营造的美女形象大相径庭。斗鱼直播平台经调查核实后，认定该事件系该女主播自主策划的恶意炒作，决定给予永久封禁的惩罚，随后该女主播也被其他各大直播平台列入直播黑名单。

三、网络主播素养

网络主播素养强调的是主播的内在，主要涉及主播的业务能力、职业道德和法律意识，这部分素养是通过长期的学习和实践所获得的。在直播行业里，网络主播仅仅拥有一个良好的形象是远远不够的，主播开展商务营销和粉丝经营等活动，都要求主播具备相应的业务能力素养、职业道德素养和法律法规素养。

（一）业务能力素养

所谓“业务能力”，指的是处理各项职业事务的能力，业务能力越强，职业发展前景就越好。不同职业的业务能力具体内涵是有差别的，网络主播的业务能力要服务于直播活动，主播可以从直播策划能力、语言表达能力、逻辑思维能力和临场应变能力等方面提升自己的业务能力素养。

1. 直播策划能力

一场好的直播必定是有章法，而不是无规划地进行的。直播前需要确定直播的目标，同时展开相应的市场调研，决定直播的具体内容，提前进行直播物料、现场布置和人员调度等方面的准备；直播需要将多个节目内容有序编排，做好节目与节目之间的衔接、展开和结束等环节的工作；直播后需要对直播效果进行评估，确定日后改进的方向和措施，这一系列的工作都需要有具体的直播策划案进行统筹安排。直播策划是一项系统性工作，主播作为直播活动的具体执行者，不应该是一个“提线木偶”的身份，理应参与到直播策划之中。直播策划考验的是主播对完成一场直播是否有清晰且深入的认识，以及对直播各环节控制和把握的能力。

如何提升直播策划能力？主播可以采取模仿他人和自我改进相兼备的策略。一方面，向同类型的优秀主播学习，通过观摩优秀主播的直播，观察他们直播主题的选择规律，如何进行直播的节目编排，提前安排了哪些物料，从中吸取自己可以模仿和参照改进的点。另一方面，直播策划作为直播的前期工作，策划案的可行性和可操作性都需要在实际直播中加以检验，才能发现不足和漏洞。主播通过多场直播积累经验，寻找适合自己的直播内容和直播节奏，进而使直播策划与自身直播风格相匹配。

2. 语言表达能力

在直播中，网络主播与观众之间的沟通是双向的，如果主播词不达意，会直接影响直播效果。主播只有拥有良好的语言表达能力，有效地使用口头语言，并辅以恰当的体态语言，才能与观众展开有效的交流。

主播的口头语言强调简洁性和流畅性。啰嗦唠叨的重复话语和卡顿频繁的断续语言不仅会暴露主播的紧张感，还容易令观众产生厌烦的情绪。主播在直播中，一方面需要使用简洁的语言，清晰地表达自己的观点，并积极寻找新话题，当遇到一些不熟悉的话题时，能及时过渡到新话题上；另一方面需要保持合理的语速，在确保口头表达流利顺畅的同时，留下一定的思考时间和应变空间。主播可以阅读理论书籍，观看优秀演讲类视频，学习如何即时地组织口头语言，来提升自己的口头语言表达能力。

体态语言包括面部表情、手势、身体姿态和空间距离等，主播的体态语言强调自然和随性。自然是指主播随直播内容的展开，使用恰当的体态语言将自身的情感传递给观众，进而带动起直播间的气氛。随性就是不迎合，不造作，不刻意模仿其他主播的风格，主播应该用真情实感去感染和影响观众。如果主播的体态过于刻意表现，就容易使表情和动作僵化。

3. 逻辑思维能力

网络主播要实现与观众的有效沟通，不仅要在表达上流利顺畅且富有情感，还要在内容上言之有序和言之有理。主播要使节目编排得有根据，内容表达得有条理，就必须遵照一定的逻辑。

对于直播策划而言，严密而有逻辑的节目编排能使一场直播变得顺畅而紧凑。直播策划的节目编排既需要突出表现主要内容，也需要合理展示一些次要内容；既需要有准备好的桥段，也需要留下一些可供自由发挥的空间；既需要兼顾主播的表演能力，也需要考虑观众的接受程度和实际观感。节目编排的逻辑性表现在直播策划时，节目的先后设置和时长安排要使直播内容生成基本的逻辑主线，兼顾到方方面面。

对于实时直播而言，主播的语言表达逻辑越强，就能越深入地阐述相关的内容，有逻辑感的语言表达可以尽可能地突出有价值的信息。在一场持续几个小时的直播中，不是所有的信息都是有用的信息，逻辑思维能力强的主播会清晰地知道重点内容范围和表述方式，由浅入深，由此及彼。比如电商主播在讲解商品信息时，不会直接地进行夸赞，而是会以挖掘需求痛点、讲述研发工艺和比较同类产品等方式，来突出商品的独特优势，将对观众有价值的信息——产品的亮点通过一套逻辑严密的表述体现出来。

4. 临场应变能力

由于直播具有实时性特点，直播的局面往往瞬息万变，实际情况大多与直播策划中预设的情况有着较大的差异。在面对不同的直播局面时，主播如何灵活应变，通过适度的调整达到直播目的，同样是一项重要的能力。

在直播中，用户关注、用户互动和用户打赏等用户行动都离不开主播的主动引导。尽管主播的引导有相对固定的话术，以及早已规划好的流程，但是直播的实际情况不会是完美的理想状态，比如直播间的气氛过于沉闷，主播可能先需要活跃一下直播间气氛，再引导用户关注和打赏；如果直播间里的互动讨论超出了主播掌控的范围，主播需要及时改变话题方向。也就是说，主播在平时培训中所学到的话术，不能简单地照搬到实际的直播中，而是需要判断具体应该使用哪些话术，如何恰到好处地调整话术，最终使直播效果显得自然、不生硬。另外，主播的临场应变能力越强，在遇到网络中断、操作失误、被黑粉辱骂等一系列突发情况时，也会有更充足的底气进行应对。

主播要积极学习直播技巧，多思考遇到不同局面时的做法，并在直播时学以致用，努力做到遇到任何情况都能自信且不慌乱，保证直播顺畅地进行。

（二）职业道德素养

“职业道德”指的是从业人员在职业活动中需要遵循的基本行为规范，这也是社会道德体系的重要组成部分。随着直播行业的兴盛，网络主播群体的舆论影响力不断扩大，成为引导社会公众思想的一大力量，这对主播的职业道德素质提出了很高的要求。因此，网络主播需要爱岗敬业，传递正确的价值观，遵守伦理道德规范，并承担起相应的社会责任。

1. 坚持直播正确导向

处在聚光灯下的网络主播，在获得大量关注度的同时，其一言一行都会对观众产生一定的影响。主播应当培养自身正确的世界观、人生观和价值观，在直播中强化导向意识，尤其要注重正面引导粉丝群体，扩大优质内容的生产和供给，大力弘扬社会主义核心价值观，帮助培育积极健康、向上向善的网络文化。同时，主播要有正确、坚定且鲜明的政治立场。发布于2019年的《网络直播新兴青年群体特征洞察及风险分析报告》指出，网络主播尽管整体意识形态积极向上，但普遍来说，政策理论水平偏低，政治敏感性弱，易引发网络舆论。[①] 一旦主播越过舆论风险边界或者公然挑战舆论安全，所造成的影响都不会局限在私人领域范畴，而是会演变为公众性的舆论事件。主播要培养关注国家最新方针政策的习惯，主动了解国内外的时政大事，提高自身的思想政治觉悟。

2. 遵守直播伦理

网络直播伦理的内涵非常丰富，包括直播内容伦理、知识产权伦理、弹幕评论伦理、隐私安全伦理、平台竞争伦理、信息数据伦理和网络营销伦理等。网络直播伦理尽管不具备强制性，但是对主播的长期发展有重要的影响。如果主播罔顾伦理道德，以低俗化或有悖伦理道德的行为博取关注度，比如蹭热点消费他人苦难、去有争议的地点拍照打卡、在严肃场合做出不合时宜的行动等行为，哪怕能在短时间内获得巨大的流量，也是“杀鸡取卵”的行为，不仅自身的发展前景堪忧，还会对网络直播的健康内容生态带来冲击。主播应该具备基本的同理心和同情心，理性地开展各项直播活动。

3. 加强直播社会责任感

从本质上说，网络主播的商业化运营核心在于流量变现。由于主播所获取的流量与自身的舆论影响力深度绑定，主播在进行流量变现时，实际上是以自身的舆论影响力和信誉作为担保的。主播要想得到长期的发展，就不能把重心只放在追求流量上，而应当不断加强自身的社会责任感，坚持流量变现时社会效益和经济效益的统一，在满足自身需求的同时，积极回馈社会，将为国家和社会做更多贡献作为终身追求的目标。毕竟，

① 微信公众号：零点有数科技.网络直播新兴青年群体画像及风控说明书[EB/OL].(2019－07－18)[2021－08－31].https://mp.weixin.qq.com/s/Mra9sJMatsIIeCQSFcx1rQ.

主播的流量是观众所赋予的，主播从流量中获益，就要承担所对应的责任。尤其是直播观众中有大量的青少年，主播有责任做好表率，以实际行动维护良好的网络生态，维护国家利益和公共利益，为广大网民特别是青少年成长营造风清气正的网络空间。

（三）法律法规素养

所谓“法律意识”，是人们关于法的思想、观点、理论和心理的统称。虽然网络直播兴起时间短，发展速度快，相关的法律法规仍然处在不断完善的过程中，但是有不少主播的法治素养显然没有及时跟上网络直播领域法治建设的步伐，法律意识淡薄，使一些直播乱象屡禁不止，不仅带来了恶劣的社会影响，还断送了自己的直播生涯。主播对法律法规要有敬畏之心，必须清楚地认识到法律法规是底线，不能越雷池一步，否则就要受到惩罚。

1. 遵守直播内容生产的法律法规

遵守直播内容生产的法律法规，首先要确保直播内容真实。网络直播间是一个公开的信息空间，网络主播的直播可以被任何直播用户观看，直播的内容也可能会被记录和传播。在互联网平台上，信息的传播速度快，传播范围广，如果主播传播了不实消息，无论主观上是否故意，其辟谣难度和成本都会相当高。主播在发布信息时，应当多方核实信源的权威度和可靠性，确保信息完整准确、客观公正，不歪曲信息内容，并在显著位置注明来源，保证信息来源可追溯。

另外，网络主播不得利用直播制作、复制、发布、传播反对危害国家安全、破坏民族团结、宣扬邪教和封建迷信、散布谣言、散布“黄赌毒”、教唆犯罪等法律法规禁止的信息内容，也坚决不利用直播参与危害国家安全、破坏社会稳定、扰乱社会秩序、侵犯他人合法权益、传播淫秽色情等法律法规禁止的活动。

2. 遵守直播商业运作的法律法规

网络主播要严格遵守国家对商业活动制定的一系列法律法规，本分直播，诚信经营，依法开展商业化运作。

涉及产品和服务信息的，应当真实、科学、准确，保证信息合法依规，不进行虚假宣传，不欺骗、误导消费者。涉及产品和服务标准的，应当与相关国家标准、行业团体标准相一致，保障消费者的知情权。涉及商业广告的，应当严格遵守《中华人民共和国广告法》的各项规定。涉及营销数据的，应当真实可靠，不采取任何形式进行数据造假，不采取虚假购买和事后退货等方式骗取佣金，要严格遵守《网络交易监督管理办法》《中华人民共和国电子商务法》等法律法规。

特别是涉及纳税的，网络主播应当主动进行税务登记，如实申报经营收入，依法履行纳税义务，坚决不偷税、不漏税。直播行业不是税收的法外之地，2021 年四季度，浙江省杭州市税务部门经税收大数据分析，发现朱某、林某和黄某三位网络主播在 2019 年至

2020年期间通过隐匿个人收入、虚构业务转换收入性质虚假申报等方式偷逃巨额税款。最终，朱某、林某和黄某被追缴税款、加收滞纳金并拟处罚款分别为6555.31万元、2767.25万元和13.41亿元，三位主播的全网多平台账号均被封禁。随着一些知名主播偷逃税被罚落地，野蛮生长的直播带货偷逃税现象已经进入了严厉的整治期。

第二节　经纪公司发展现状、趋势与策略

网络主播经纪公司的出现是直播行业走向产业化和专业化的重要标志。相比起单打独斗的个人主播，专注于直播专业化运营的经纪公司在专业分工、宣传推广以及公共事件应对上更有经验，在资源整合方面也更能产生规模效益。网络主播如果有意愿签约经纪公司，就应该对经纪公司的发展现状、发展趋势及发展策略有基本的认识和了解。

一、网络主播经纪公司发展现状

网络主播经纪公司的运作模式称作MCN模式，即一个能够有效整合直播行业资源的中介或者代理公司，向直播平台输入优质的且经过系统化招聘、培训、包装和推广的网络主播，进而参与规划直播内容，对直播中突发事故采取应急措施处理，同时根据虚拟道具打赏、广告等收益与网络主播、直播平台按照一定比例进行分成的商业运营模式。

（一）经纪公司发展概况

网络主播经纪公司作为连接网络主播和直播平台的机构，与艺人明星的经纪公司职能相仿。在网络直播发展早期，同样起到主播与平台之间中介作用的组织是公会，这也是网络主播经纪公司的雏形。公会管理者会为加入公会的主播设定发展方向，安排直播任务，帮助管理直播间，而后获取一定比例的打赏分成；主播也通过加入公会获取流量扶持和合作推广，并建立起与其他主播的联系。后来，随着业务范围的扩张和规模的不断壮大，一些公会逐渐走向规范化和标准化，发展为经纪公司，对主播的包装和直播内容的规划也走向专业化。

克劳锐对MCN行业的研究报告显示，国内MCN机构数量的快速增长始于直播元年的2016年，在电商平台和短视频平台的流量助推下，于2019年增幅达到顶峰，由2018年的5000多家增长至2万多家。[①] 受到新型冠状病毒肺炎疫情的影响和直播带货热潮的兴起，2020年MCN机构数量少量增长，维持在2万多家，行业竞争日趋白热化，

① 克劳锐.2020年中国MCN行业发展研究白皮书[EB/OL].(2020－05－08)[2021－08－31].https://img.topklout.com/website/report/5eb9043a258d5.pdf.

部分组织架构老旧、资源整合能力缺乏、严重落后于发展热点的MCN机构已经被淘汰，MCN行业进入了细分发展时期。[①] 尽管如此，艾媒数据中心的调查显示，在2020年我国艺人经纪市场规模已达到千亿元级别，预计未来五年依然能保持30%的年均增长率。[②] 作为艺人经纪市场的一大组成部分，随着网络直播的深入发展和直播消费群体的继续扩大，以"网红主播"为服务对象的主播经纪市场规模仍有很大的想象空间，网络主播经纪公司的成长性依然值得看好。

目前，经纪公司与主播、直播平台间的合作绑定日渐加深，对内容策划的主导权不断增强，并发展出"保姆式""多元经纪"和"个人工作室"等越来越多的商业模式。

(二) 经纪公司的运营流程和收入来源

网络主播经纪公司的运营目的是通过内部运作，提升网络主播的综合素质和商业价值，吸引更多用户和流量，最终形成品牌影响力。

经纪公司的运营流程涉及主播招募、主播培训、直播内容策划和直播设备提供等。首先是招募主播，主播来源主要有三种：主动接洽的个人主播、从其他职业转型的人员以及开设了直播电商专业的院校学生。签约了主播后，经纪公司要对主播进行必要的专业培训，提高主播演播技能和水平，如果试播顺利，就可以安排其上岗。其次，经纪公司会对主播的发展方向进行定位，并参与直播内容的策划，安排主播的各项具体工作。再次，经纪公司还会协助主播完成直播设备的调试、妆造设计、灯光设置、直播间管理等诸多事宜。[③] 此外，经纪公司会与直播平台和品牌方合作，为主播争取直播权益，比如，为主播争取平台的推荐位置，用各种方式增加主播直播间的人气，为主播拉取品牌方的赞助等。

经纪公司的收入来源分为广告收入、直播分成收入和电商收入。广告收入是指经纪公司运用所掌握的资源为品牌方做广告、做投放等而获得的收益，这也是经纪公司最主要的收入来源。直播分成收入是指经纪公司通过自行培养和签约主播形成自己的网红资源，从直播平台抽成后的打赏收入按照一定比例和主播进行分成，获取部分经济收入。电商收入是指经纪公司参与到直播电商的供应链之中，依靠电商销售获得收入。不同的经纪公司由于具体业务架构的不同，收入结构也会有明显的差异。

(三) 网络主播经纪公司的职能

从网络主播经纪公司的运作模式上看，其职能主要包括以下五方面：有效整合直播

---

① 克劳锐.2021年中国内容机构(MCN)行业发展研究白皮书[EB/OL].(2021－05－20)[2021－08－31].https://img.topklout.com/website/report/60aced0cbf555.pdf.

② 艾媒网.2020年中国艺人经纪行业发展总结及趋势分析[EB/OL].(2020－12－25)[2021－08－31].https://www.iimedia.cn/c1020/76030.html.

③ 刘冰冰，张瑞林，尹梦.网络直播平台运营模式研究——以斗鱼TV为例[J].当代经济，2021(02)：76－78.

行业资源、培养网络主播、向直播平台输入优质主播、规划直播内容和对直播事故进行应急处理。

1.整合直播行业资源

直播行业的资源主要包括平台资源、技术资源、宣传资源和人脉资源等，网络直播经纪公司最重要的职能就是将自身所掌握的行业优质资源进行整合。平台资源是指经纪公司与之有长期合作关系的直播平台资源。由于不同直播平台的社区氛围、用户特点和算法推送等要素都各有特色，经纪公司在长期经营的平台上，会有一套相对成熟的主播培养流程和直播玩法，能更好地匹配主播的个人特质，为主播选择适合的发展方向。技术资源是指经纪公司所拥有的专业化技术团队，能在直播时提供更好的运动镜头、画面构图、灯光和调度效果，进而有效提升观众的观看体验。宣传资源是指由专人负责的公关宣传工作，可以使主播将主要精力集中在内容生产上，“让专业的人干专业的事”，通过有效的途径尽快积累粉丝和提高知名度。特定的人脉资源则是串联起上述三种资源的关键，能使网络主播经纪公司拥有的平台资源、技术资源和宣传资源得到进一步的优化。

2.培养网络主播

除了直接签约有经验的主播之外，自主培养主播同样是经纪公司的职能之一，只有拥有独立培养主播的能力，经纪公司才能持续地自我造血。经纪公司对新人主播的职业培训内容包括直播设备的使用、直播平台的基本规则、直播伦理、直播法律法规、直播内容策划、直播技巧、化妆技巧等。在职业培训的基础上，经纪公司还会根据主播的相对优势进行有针对性的包装，尽可能地适配个人特点，以彰显独特的风格，比如形象较好的主播定位于颜值主播，重点突出其外貌优势；有突出特长的主播定位于娱乐主播，以文娱表演为主；口齿伶俐的主播则可以考虑重点往电商直播的方向发展等。

3.向直播平台输入优质主播

经纪公司在完成主播的培训后，就会向合作的直播平台和品牌方输送主播。如果主播被合作方所接纳，经纪公司对主播的前期培养工作就宣告完成，其作为中介的协调管理属性会更加凸显。一方面，经纪公司为主播制订直播计划，督促主播按时开播，完成对应的直播任务；另一方面，经纪公司与直播平台和品牌方紧密合作，获取他们对主播直播效果的反馈，争取他们对主播的支持，并结合直播平台的氛围和品牌方的特点，有针对性地协助主播提升直播能力，更好地开展直播活动。

4.规划直播内容

规划直播内容是大部分经纪公司的重要职能之一，一旦经纪公司有能力自主培养主播，会自然地拓展出这一职能。第一，相比起直播平台和品牌方，经纪公司会更了解旗下主播的特点和长处，尤其是自主培养的主播，经纪公司已经投入了前期的培训成本，就更有动力推动主播更快地实现商业变现。第二，经纪公司以中介身份长期接触直播平台和品牌方，会较主播更了解它们的营销规划和推广需求。基于以上两点原因，目前经纪公司已经越来越深度介入直播内容的规划之中，比较强势的经纪公司会在考虑主播的用户结构和流量变现能力的基础上，直接主导直播内容的策划；而面对独立性较强的主播，经纪公司也会与主播共同协商直播策划，使主播的直播内容尽可能贴合直播平台和品牌方近期的发力方向。

5.应急处理直播事故

网络直播的实时性特点意味着一旦发生了直播事故，就必然会产生舆论事件，需要进行应急处理。当直播事故发生时，经纪公司有责任也有义务启用相应的应急预案，主动采取公关措施，与主播共同应对网络舆论，处理好与粉丝和媒体之间的关系，争取挽回主播形象和声誉。及时采取全方位的公关措施是直播事故应急处理的关键，一旦舆论发酵，处理成本将变得非常高昂。能否快速有力地进行危机公关，是衡量经纪公司实力的一大标准。

二、网络主播经纪公司发展趋势

在5G及后疫情时代，网络主播经纪市场发生了多方面的变化，大量“新玩家”入局，运营转向垂直化和精细化，业务范畴开始打破直播行业的边界，资源整合逐渐向产业链上下游延伸，整个网络主播经纪市场正式进入了“破圈式”的产业爆发期。

（一）各类资本入局，竞争更加白热化

克劳锐的《2020中国MCN行业发展研究白皮书》显示，MCN行业的入局者增加，主要包括平台、传统媒体、品牌企业和明星艺人四类，它们的资本背景大相径庭，入局的具体目的也不尽相同。[①] 随着网络直播的发展，网络主播经纪市场同样涌入了各类资本。直播平台创立或投资主播经纪公司主要是为了拓宽业务版图，确保可以直接掌握一部分的内容生产。传统媒体如电视台、传统影视娱乐公司等设立主播经纪公司，更多是面对新媒体的冲击，迫不得已进行变革和转型。传统媒体如果能够有效地整合原有的艺人资源和宣发渠道，会具备一些其他玩家所没有的优势。品牌企业成立主播经纪部门，重点在于延伸原有的工作职能，比如电商直播可以拓宽企业的销售渠道，而企业本身所具备的一体化运营机制也能有效将直播流量变现。明星艺人成立自己的主播经

① 克劳锐.2020中国MCN行业发展研究白皮书[EB/OL].(2020-05-08)[2021-08-31]. https://img.topklout.com/website/report/5eb9043a258d5.pdf.

纪公司则是为了满足自我转型的需求，可以发挥自带影响力的优势，整合其拥有的资源，在直播商业活动中掌握更多的话语权。随着平台流量红利逐渐触及天花板，不同资本背景的网络主播经纪公司的竞争将更加白热化。

（二）深耕垂直赛道，聚焦精细化运营

随着网络直播的用户越来越广，“万物皆可直播”逐渐由口号变为现实，直播在主体、场景、内容和形式等方面，都得到了极大扩展。“直播＋”在拓宽直播类型边界的同时，使得直播的领域愈加细分，一些小众领域也得以开辟，并存在相应的用户。面对细分化的赛道，网络主播经纪公司的运营呈现出愈发明显的垂直化和精细化倾向。一方面，由于直播内容风向迭代加快，原创内容容易被复制，内容创作难度提升，内容制作成本越来越高，不少主播经纪公司开始选择在赛道上“做减法”，把发力重点集中在几个垂直类赛道，进行深耕运营，将原有的赛道矩阵积累出一定优势后，再考虑布局新赛道。另一方面，由于网络直播已经形成了金字塔形的流量分配结构，直播平台的流量增长红利也基本结束，流量争夺逐渐趋向存量运营，主播经纪公司不再只追求培养出一夜爆红的主播，而是转为加大对现有主播的运营投入，聚焦主播商业价值的提升，即加大在优势平台的投入，聚焦精细化运营，不断提高主播的影响力，从而扩大竞争优势。

（三）打破行业边界，短视频辅助引流

目前，短视频和直播领域之间呈现出相伴相生的发展状态，短视频和直播之间的行业界限在平台的推动下被逐渐打破，各类短视频平台开辟了游戏、秀场和电商等直播内容，各类直播平台同样接入了短视频的流量入口，短视频平台与直播平台在内容、功能、用户等多个维度开始了深度的融合。①这种“直播＋”形式的融合意味着直播行业边界的扩展，主播经纪公司的业务范畴不再局限于直播行业，而将更多的眼光放到了与之交叉的其他行业中。尤其在流量存量运营的大背景下，如何寻找有效的引流方式促进主播的商业变现变得非常重要，这里主要有两个趋势：第一，主播来源多元化。很多短视频博主尽管积累了大量的流量和粉丝，但由于变现渠道比较单一，变现需求就长期得不到很好的满足，而直播可以有力地帮助他们快速进行变现。因此，很多短视频博主开始转型为主播，不少主播经纪公司也在短视频平台上物色并签约博主。第二，主播角色多样化。如今，很多主播都不只有主播一种身份，在直播以外，还有短视频创作者等其他的角色。很多经纪公司也通过短视频等渠道，将主播打造为综合型网红，进行直播引流和粉丝积累。

（四）加码电商直播，职能多维化拓展

2019 年以来，在“新型冠状病毒肺炎疫情”影响、国家政策支持和平台资源倾斜的多

---

① 易观. 中国新型泛娱乐视频行业发展分析 2020[EB/OL]. (2021－03－30)[2021－08－31]. https://www.analysys.cn/article/detail/20019722.

种因素合力下,用户在直播间内消费购物的习惯被逐渐养成,电商直播成为当下最火热的直播类型。克劳锐的《2020中国MCN行业发展研究白皮书》指出,2019年MCN行业的电商变现营收额较2018年增长48.2%,电商变现与广告营销已成为MCN营收的两大核心方式。在以直播打赏为代表的流量扩张式营收模式逐渐触及天花板的今天,各大主播经纪公司纷纷加码电商直播,期冀进一步发展以直播带货为代表的存量运营式营收模式。从职能上看,主播经纪公司参与进电商直播的产业链,有其突出优势。一方面,经纪公司直面主播,能够接触到具备电商变现潜力的优质主播;另一方面,经纪公司在与品牌方合作的过程中,都积累了一定的供应链资源,具备提供"人、货、场"一体化的电商直播服务能力。参与电商直播的主播经纪公司大多设立了与电商直播相关的招商、客服、售后和品控等专业的供应链管理部门,并将原有的经纪服务、主播培训、直播基地等服务与之融合,向主播和品牌方提供综合一体化服务。总的来说,主播经纪公司利用自身的职能拓展,向产业链上下游进行延伸,有助于形成规模效益,加强自身的抗风险能力。

三、网络主播经纪公司发展策略

网络主播经纪公司在直播产业链中的地位越来越重要。面对愈发激烈的竞争局面,主播经纪公司需要制定恰当的发展策略,往特色化、专业化和规范化的方向不断寻求突破,以更好地适应快速发展和变化的直播行业。

(一)创新直播场景,突出特色化优势

主播经纪公司要在激烈的行业竞争中突出重围,构建核心竞争力是其中的关键。在这个"万物皆可直播"的时代,主播经纪公司可以借助"直播+"创新直播场景,来破除直播同质化的困境。以电商直播为例,其商业模式的演进,是从以搜索为渠道的"人找货"开始,发展为以主播为要素的"人找人",再进化到现阶段以供应链为优势的"货找人",下一步的方向就是进入以场景为关键的"场找人"。"场找人"的关键,在于"场"的氛围,而"氛围"一词作为独特的场景表达,是属于每个人的独特感受,是融合体验的新参数。[①] 氛围与场景的匹配能力,决定了直播的成效,在脱离了场景封闭的直播间后,电商直播在保税仓、农场、工厂基地和门店等新型场景中都获得了不错的效果,而这些场景的出现,就依赖于主播经纪公司在对接平台和品牌方的需求后,依靠自身的资源整合能力,为主播创造场景来提高直播效果。除了电商直播以外,其他类型的直播同样需要场景的创新,带

---

① 百家号:吴声造物.连接与解释,场景成为城市「新语言」|场景纪元关键词04[EB/OL].(2020-09-01)[2021-08-31].https://baijiahao.baidu.com/s?id=1676592873240815147.

来直播效果的突破，这也是直播技术发展和用户需求升级的必然要求，主播经纪公司可以从自身的资本背景和所掌握的资源出发，对直播场景进行挖掘，突出特色化优势，为主播提供新方向，为品牌方提供新思路，创造新的细分赛道作为业务发力方向。

（二）加强人才管理，打造专业化团队

直播行业由于起步晚、发展快，人才培养体系建设始终落后于行业的发展速度，专业化人才存在着较大的缺口，加上直播行业人员流动性较大，很容易出现人才难招、难留、难管理的问题。为保障长期的高效发展，经纪公司应该重视人才体系建设，不断完善人才管理措施，提高员工的专业素养和能力，打造专业化的经纪运营团队满足直播行业发展的需求，具体可以从以下四个方面入手：一是前期招聘中严格把关，提高招聘的准入门槛，物色专业背景和工作经历与直播工作相关的人员，能一定程度减少后期管理和培养成本；二是重视员工的职业培训，包括组织职前培训、开展定期培训等，帮助员工学习和了解行业的最新动态、前沿技术发展和法律法规建设等，对所处的职业环境有清晰的认识；三是培养健康向上的企业文化，确保主播及员工在从事直播活动时，有正确的道德观念和价值取向，同时能认同公司的发展方向和发展计划，减少人员的流动性；四是重视行业内的交流，定期组织员工到有合作关系的公司和单位参观学习，在增进情感的同时，更详尽地了解上下游的需求，方便工作的开展。

（三）遵守直播政策，确保规范化发展

直播行业快速发展的同时，相关的法律法规建设一直在快速推进。2016 年 7 月，文化部首次发布与直播相关的政策文件《关于加强网络表演管理工作的通知》，强调了网络表演的主体责任和直接责任。近年来，广电总局发布的《关于加强网络视听节目直播服务管理有关问题的通知》，国家互联网信息办公室发布的《互联网直播服务管理规定》，以及多部委联合出台的《关于加强网络直播服务管理工作的通知》《关于印发〈关于加强网络直播规范管理工作的指导意见〉的通知》等，都在不断规范直播行业并使其有序发展。经纪公司要摒弃各种“钻空子”和“打擦边球”的想法，加强自律，合法合规地开展经营活动，利用国家对直播行业的支持政策拓展业务。同时，组织主播和员工定期学习直播的相关政策及文件精神，提高法治素养和规范意识，确保公司的规范化发展。

第三节　合同签订与权益维护

直播行业中存在种种签约乱象，网络主播在决定加入经纪公司前，一定要多做调查，冷静思考，做出恰当的选择。在选择经纪公司时，主播需要综合评估经纪公司的运营风格和管理能力，结合自身职业发展规划，寻求适配的经纪公司。在签订合作协议时，要了解合同的全部内容，留意合同中涉及自身利益的细节。当自身合法权益受到侵害时，主动采取正确的方式进行维权。

一、网络主播如何选择经纪公司

网络主播选择经纪公司主要考虑以下三个方面：第一，从加入经纪公司的利弊角度，考虑是否符合自身的职业规划；第二，从经纪公司的运营风格角度，考虑是否适配个人的职业发展方向；第三，从经纪公司的综合实力角度，考虑经纪公司是否能提供足够的资源和帮助。

（一）加入经纪公司的利弊

在加入主播经纪公司之前，主播需要考虑加入经纪公司相较于个人独立直播的优点和不足，有效权衡两者之间的利弊，个人网络主播与经纪公司旗下的网络主播间的比较如表 3-1 所示。总的来说，经纪公司在主播的专业化发展、宣传推广和公关危机处理上，会有专门的部门进行安排和策划，专业性会更强，所能使用的资源也相对更广，但相应地，经纪公司对主播的管理会比较严格，同时会抽取相当比例的收入分成，其中的利弊要求主播进行一定的取舍。

表 3-1 个人网络主播与经纪公司旗下的网络主播比较一览表

主播类型	比较项	
	个人网络主播	经纪公司旗下的网络主播
直播事业发展	靠个人努力	个人努力＋公司帮扶
直播宣传推广	以个人推广渠道为主	以公司推广渠道为主
直播事故处理	个人处理或外包给公关公司处置	由公司应对处置
直播时间安排	自主安排	由经纪公司安排
直播收入来源	与平台分成	与平台、经纪公司分成

（二）经纪公司的运营风格

由于资本背景的不同和所掌握资源的差异，主播经纪公司之间的运营风格千差万别。运营风格主要体现在对直播内容的把控上，包括两个方面：第一，内容的发力方向。除了行业少数的头部经纪公司以外，大多数中小型经纪公司都无法进行全内容的布局，而是会集中资源于一两类具有相对优势的直播内容，主推相应类型的主播，同时其所拥有的品牌方资源也主要适配于对应类型的主播，以在细分赛道中占领先机。第二，内容的策划主导权，是否赋予主播进行内容策划的权力。一些比较强势的经纪公司会牢牢控制内容策划的权力，不允许主播参与直播内容的策划，这样做的好处是方便管理主播，也能最大限度地避免主播表述不当带来公关危机和私下接单带来收益混乱，坏处则是难以把握一些小众内容，以及会一定程度地削弱主播的积极性。因此，主播在选择经纪公司时，需要考虑经纪公司的运营风格是否适配个人的职业目标和发展方向，选择相适配的经纪公司。

（三）经纪公司的综合实力

评估主播经纪公司的综合实力，可以从经纪公司的规模、旗下头部主播的发展情况、其在平台的排行和出现直播事故的频率这四方面进行考察。衡量经纪公司规模的指标包括签约主播人数、覆盖的粉丝人数、营业额和行业内的估值等，这些指标都能直观地显示经纪公司拥有的市场份额和行业影响力。一般来说，经纪公司规模越大，其资源存量越多，公司内部资源分配的竞争也越激烈。经纪公司旗下头部主播的发展情况，则能够显示经纪公司对签约主播的培训力度、包装模式和发展潜力。此外，各大直播平台都会不定期地公布 MCN 机构排行榜单，通过这些榜单，可以获知经纪公司与各个直播平台的合作程度以及该公司主播主要发展的平台，也能判断经纪公司可以提供多少的平台资源。最后，主播需要了解经纪公司旗下的主播出现直播事故的频率，若频率较高，意味着经纪公司对主播的培训和日常管理存在比较大的漏洞。经纪公司是否有专业的公关团队，是否有直播事故的应急预案，在以往的直播事故中是否及时应对，最终应对效果如何等事项，主播也应该进行全面的了解。

二、网络主播如何与经纪公司签订合同

主播经纪合同是指主播与经纪公司签订，由经纪公司为主播提供包装、宣传和推介等服务，主播参与经纪公司所组织和安排的直播演出和商业活动的合同。一份完整的主播经纪合同的内容一般包括合同主体，业务范围，合作期限，双方权利和义务，利益分配规定，合同变更、解除与违约的条件，保密协议以及其他等条款。其中，主播和经纪公司之间需要针对业务关系、利益分配、违约认定和解约问题进行重点斟酌和协商，避免日后发生不必要的纠纷。

（一）厘清合同主体、业务范围和合作期限

网络主播在与经纪公司商议合同细节时，要厘清双方之间的业务关系。首先，主播要考察作为合同主体之一的经纪公司，其是否具有签署法律合同的资格，是否在正常开展业务，是否有行政处罚信息，以及其法人代表是否被限制高消费或被列入失信名单，判断公司是否存在“爆雷”的风险。其次，主播要查看经纪公司所代理的具体业务范围，主要分为针对特定平台特定业务合作的经纪分约和全平台全领域的经纪全约两大类。主播要特别注意经纪业务范围的表述，这牵扯竞业限制条款的设置，如果签全约就相当

于把自己整个直播事业都托付给经纪公司,主播要慎重决定。最后,主播要敲定合作期限。一般来说,大多数主播在直播的第二和第三年能达到职业生涯的顶峰,能直播超过五年的主播已经是少数了。为了覆盖培养周期的成本,经纪公司大多会把合作期限设定在3到8年,最多不会超过10年。主播要在结合自身职业规划的基础上,与经纪公司商谈合作期限,同时还要特别关注合同中是否存在自动续约的条款以及是否存在触发自动续约的条件,比如合同到期后不书面表达不续约、经纪期限内达到一定的经济收益或经纪公司达成某些任务就自动续约等。

(二)明确双方的利益分配

利益分配是主播经纪合同中最受主播和经纪公司关注的内容。经纪公司一般会为全职主播提供底薪,并参与主播的收益分成。直播行业内通用的分成模式中,经纪公司是占据大头的一方,其分成比例随年限递减,以8年的合同为例,可分为三个阶段,第一到第三年为七三分,第四到第六年为六四分,第七到第八年为五五分。从利益分配纠纷的实例上看,大多是主播爆红后,不满于较低的分成比例和经纪公司迟迟不兑现分成,建议在主播签约合同时,加入相应的条款以保留调整分成比例和讨要分成的权利。此外,主播还要与经纪公司明确成本承担和税费缴纳问题。成本包括两大类:一类是经纪服务成本,如主播培训、与平台接洽和粉丝管理等;一类是主播生活成本,如主播的出行交通、妆发费用等,主播需要与经纪公司明确这些成本的承担方式。税费缴纳上,经纪公司代扣代缴是常见的形式,但建议主播在经纪合同内设置经纪公司关于税务的违约条款并赋予主播相应的主张违约金和单方解约权的权利,以规避主播的税务风险。

(三)商讨违约事项的认定

在合同履行期间,哪些情形会被认定为违约,主播应该提前与经纪公司进行商讨,比如主播是否可以拒绝一些不愿意出席的商业活动,是否可以自行接洽与直播相关度低的其他商业活动等,这些情形是否在违约范围之内需要双方提前达成一致意见。然后,经纪公司是否完全拥有与主播相关的知识产权也值得主播进行讨论,比如,主播所在的经纪公司会申请一系列的与主播姓名相关的商标,这类知识产权在主播解约后的具体归属是有可能产生纠纷的。最后,主播要努力争取将经纪公司的口头承诺写入合同文本之中,明确经纪公司的责任和义务。

(四)关注合同变更和解除的条件

合同的变更和解除同样是引发网络主播与经纪公司纠纷的“高发地带”。从解约纠纷的实例上看,解约难和解约金高这两大问题凸显。建议主播在拟定经纪合同时,提前咨询专业法律人士的意见,根据经纪公司应当承担的责任和义务设计解约相应的条款,为自己保留一定的主动权。至于解约金方面,经纪公司主张的解约金或违约金主要是通过计算前期投入和预期收益得出，主播要结合自身实际的工作情况与经纪公司谈判。此外，目前很多经纪公司开始推行电子合同，主播在签订电子合同前，需要仔细确定第三方电子合同签约平台是否拥有足够的技术保障和法律效力保障。

三、网络主播如何维护自身合法权益

经纪公司与网络主播之间的博弈是一直存在的：一方面，经纪公司掌握着较多的资源，可以利用信息的不对称和资源的相对优势，获取更多的利益；另一方面，中小主播都不希望永远处于弱势的位置，会不断为自己争取利益，同样，大主播在走向顶流网红的道路上，也会利用自身的话语权使经纪公司让渡部分的利益。在履行经纪合同期间，主播需要提高权益意识，在权益遭受侵害时，与经纪公司之间积极协商和解，或者寻求社会组织介入进行调解。同时，要勇于运用法律武器，向人民法院提起诉讼，维护自身合法权益。

(1) 提高权益意识

网络主播维权的首要前提是具备权益意识，如果主播对自身拥有的合法权益浑然不知，当经纪公司侵害权益时，就不会主张维权，或者缺乏收集关键证据的意识，错过维权的机会和有效时间。因此，提高权益意识非常重要，首先，主播个人应该有意识地学习直播相关的法律法规，从签订经纪合同开始，就要通过网络、专业法律人士等渠道了解自身权益和维权的方法。其次，经纪公司和行业协会应该在对主播的培训内容中，添加权益方面的内容，使主播学会守法用法。最后，政府部门需要加强对直播的相关政策法规的宣传，使主播懂法知法，了解到最新的法律法规，明确认识自身享有的权益。

(2) 采取协商和解方式维权

当网络主播发现自身权益遭受经纪公司侵害时，维权的第一步就是进行协商和解，即运用各种方式与经纪公司沟通交流，讨论合同是否能继续履行，权益被侵害后受到的损失如何计算和赔偿，争取达成双方均可接受的结果。一般来说，一开始的协商都较难完全达成维权的目的，更常见的是出现主播与经纪公司各执一词的情况。因此，主播在准备与经纪公司进行协商之前，要先熟悉相关的政策法规，收集和妥善保存有关的证据，确保维权有目的、有证据，以方便寻求第三方介入调解和走司法程序。

(3) 寻求社会组织介入调解

寻求第三方介入调解是网络主播与经纪公司协商无果后的下一步行动。第三方主要指直播行业协会和社会媒体等社会组织。直播行业协会的职能之一就是协调直播行业参与者之间的关系，包括网络主播、经纪公司、直播平台、直播用户和品牌方等。主播可以向直播行业协会反映自身的情况，请求其出面进行斡旋，因为行业协会普遍拥有一定的公信力，能一定程度上推进调解。也有部分主播会寻求媒体的帮助，即通过媒体将其权益侵害事件曝光，获取社会关注而对经纪公司施加压力，有的经纪公司会考量社会舆论对企业形象的影响，主动寻求矛盾的妥善解决。

（四）运用法律武器维护权益

如果协商和调解不能达到维权的目的，网络主播要勇于运用法律武器，向人民法院提起民事诉讼，走司法程序维护自身合法权益。主播要提前咨询和委托律师，全面分析自身权益受侵害的情况，评估诉讼的成功率，判断能否承担相应的时间成本。在提起诉讼的同时，主播也要保留协商和解的渠道，不放过任何可以合理、体面解决矛盾的机会。另外，网络主播切忌采取某些非法或非理性手段维护自身权益，这样做不仅无法有效维权，还会违反其他政策法规，影响维权的最终成果。

本章小结

本章围绕网络主播和主播经纪公司两个主体，梳理了网络主播的职业特征、外在形象管理要素和需要具备的内在素养，阐述了经纪公司的发展现状、发展趋势与发展策略，还为主播签订经纪合同和进行权益维护提出了可行的建议。从当今网红主播的成长史来看，网络主播与经纪公司之间的关系是既依赖又对抗，最终互相成就。在直播行业不断洗牌的今天，各大直播平台内容化的趋势不断增强，机会与挑战并存，对网络主播和主播经纪公司的要求也更高了。对主播而言，需要不断增强自身的能力，做好衣着、妆容和礼仪形象的管理，培养好业务能力、职业道德和法律意识方面的素养。对主播经纪公司而言，需要专业、规范、合理公平地立约和履约，本着互利共赢的心态去培养主播，展现资源实力，提升自身的口碑。

思考与练习

1. 网络主播具有哪些职业特征？
2. 网络主播必须具备哪些素养？
3. 网络主播经纪公司具有哪些职能？
4. 网络主播如何选择适合自己的经纪公司？
5. 一心想成为网络主播的小明与某家主播经纪公司签订了经纪合同，之后经纪公司为小明安排了相应的直播平台，但是直播一段时间之后，小明没有收到任何薪资并且小明想更换直播平台进行直播，对此，小明应该怎么办？

第四章　网络直播策划

学习目标

1. 了解网络直播策划的要求。
2. 理解网络直播策划的内容。
3. 熟悉网络直播策划的过程。
4. 学会撰写网络直播策划方案。

古语云:凡事预则立,不预则废。这里的“预”就是要求我们做任何事情都要事先谋虑和准备,网络直播也不例外。《现代汉语词典》对“策划”的解释为“筹划、谋划”。网络直播是一项系统工程,它包括直播前的准备、直播中的内容把控与直播后的分析总结。直播策划作为网络直播的起点,它要对直播过程中的各个环节做出统筹和规划,是网络直播的重要环节。良好的策划是直播成功的基础,不经策划的网络直播,难以获得良好的社会效益与经济效益。网络直播策划的重要性不言而喻,本章围绕如何进行网络直播策划展开阐述。

第一节　网络直播策划的要求与内容

一场成功的网络直播离不开完美的策划方案,策划贯穿于直播的全过程。在直播前要精心策划,考虑直播的方方面面,做好网络直播策划首先要明确其策划要求与内容。网络直播策划的要求包括四个方面:要有创新意识,要有直播价值,要有可操作性,要有市场意识。策划内容主要包括:直播主题策划、直播内容策划、直播拍摄策划、直播过程策划、直播效果策划等方面。下面分别阐述。

一、网络直播策划的要求

(一)要有创新意识

创新是网络直播策划的灵魂。策划网络直播,策划者要有超前的思维意识和较强的预见性,这种预见性必须建立在对已有直播的分析和研究基础上,根据用户市场的规律进行预测。网络直播策划创新主要表现在直播形式与直播内容两个方面。直播形式的创新主要涉及直播前的宣传、直播间的布置、主播形象的设计、直播方法技巧、直播拍摄、直播方式、直播场控等方面。直播内容的创新主要涉及直播选题、直播主题、直播对象、直播语言、内容形态等方面。

（二）要有直播价值

无论策划哪种类型的网络直播，均要考虑所策划的直播内容的传播价值。直播价值主要表现在社会价值与经济价值。网络直播既有大众传播、组织传播的特点，也有人际传播、分众传播的特性；既有意识形态的精神属性，又有投入产出的经济属性，因此，策划时既要考虑传播导向的思想性，又要考虑成本收入的经济性，做到二者兼顾。不能片面地追求经济属性而降低直播的品格，也不能片面地追求精神属性而忽视了经济属性。

（三）要有可操作性

网络直播策划要切实可行，否则，再完美的策划也是无用的。网络直播是否具有可操作性，主要考虑以下三个方面：①直播策划的内容要与我国的法律法规、伦理道德与互联网政策相符。②要衡量是否具有实力和能力去执行直播策划方案。③直播策划方案要有一定的应变性。直播策划要具有可操作性，往往需要策划者能够对直播内容有一个清晰的定位，以及对直播团队能力有全面的了解，并且要对直播环境和用户需求进行深入的调查分析，评判直播是否可行。做直播策划如果缺乏这些基本认识，就很难获得成功。

（四）要有市场意识

在网络直播策划中，不仅要考虑直播的社会效益还要考虑直播的经济效益，因此，策划时要考虑直播的用户市场、广告市场以及经营创收的情况。首先要明确直播的用户市场，即直播的目标用户是谁，要确立为用户直播的理念。其次要明确直播的广告市场与产业市场，广告主是否对这类直播感兴趣。最后要严格控制直播的运营经费，降低成本。不同类型的直播其创造的社会效益与经济效益不同，例如，直播带货更多的是创造经济效益，科教直播更多地追求社会效益。

以上四点要求，在网络直播策划中要综合考虑，不能片面强调某一方面，否则，直播策划将无法实现预期目标。

二、网络直播策划的内容

（一）直播主题策划

开展网络直播，首先要明确直播的主题，主题统帅内容，内容突出主题。因此，网络直播策划先要确定直播主题，再围绕主题去找合适的直播内容。例如，2020 年 2 月 19

日，浙江衢州市市长汤飞帆参与拼多多“农货产销对接”的直播带货活动，当天推销椪柑订单量超过2万单，销量超过21万斤；广东徐闻县县长吴康秀直播中当天卖出徐闻菠萝总销量近25万斤。以上两位领导通过网络直播带货，就是为了推销并宣传当地的特产，直播主题鲜明、集中。

（二）直播内容策划

直播内容的选择十分重要。内容的选择要考虑以下几个方面：一是要围绕直播主题确定，以主题框定直播内容的范围；二是要考虑用户的需求，站在用户的角度选择内容；三是要考虑社会发展的需要，直播内容有益于传递信息、传播社会主义核心价值观以及推动社会发展；四是直播内容要有亮点，能激发用户的兴趣与观看欲望。例如2021年7月河南许多地方暴雨成灾，河南大象新闻客户端整合全省广电媒体资源率先推出全平台全天候不间断直播《河南广电全媒体记者直击全省防汛现场》，围绕洪灾中人们奋不顾身抢险救灾开展直播，获得了良好的社会效果。

（三）直播拍摄策划

拍摄是直播中的重要环节，在策划中要认真考虑。直播拍摄策划涉及的内容主要有：直播中所用拍摄工具的类型与数量、视频格式、拍摄人员的安排与分工、拍摄机位的确定、拍摄辅助设备、直播灯光与话筒的类型、拍摄的成本等诸多方面。不同类型的直播，拍摄策划的重点有所不同。对于室内手机单机直播拍摄来说，其拍摄方案比较简单，大多手机机位固定，采用全景或中景景别，主光与辅光搭配。对于户外多机直播拍摄来说，其拍摄策划就要复杂些，既要考虑拍摄设备的规格与数量、机位的安排与拍摄技巧，还要考虑主播与拍摄者的配合、画面与声音的协调，等等。大型直播拍摄策划中，还要落实摄像师、灯光师、录音师等工作人员及其相应的任务，让他们提前做好准备。直播中是否要使用摇臂、轨道等大型辅助设备在直播策划时均要考虑，作出相应的安排。

（四）直播过程策划

直播过程策划实质上是对直播节奏的调控。策划时要考虑直播内容的先后顺序，中间过渡方式以及直播后的总结等。直播时长大多控制在4小时以内，重大节日的电商直播或重大事件直播有的长达10小时以上。如何合理切割时长并安排相应的直播内容，策划时要重点考虑。直播过程大多可分为以下几个阶段：直播前的预热宣传—直播开始阶段（暖场阶段）—直播内容A—过渡调节（主播与用户互动或嘉宾连线等）—直播内容B—过渡调节……—结束阶段—直播后数据分析与总结。不同类型的直播，其直播过程不同，因此，其调控的节奏与方式也不相同，例如4小时的电商直播与娱乐直播，对其过程策划应有所不同。

（五）直播效果策划

在策划中策划人员要考虑直播的预期效果。直播效果主要从粉丝数、点赞与转发数、在线观看人数、打赏数、销售量、形象推广、经济利益、社会效益、用户评价等方面来体现，不同类型的直播，直播目的不同，因而其直播效果的表现也不一样。电商直播效果注重于销售数量与品牌推广，娱乐直播效果注重于粉丝的增量与形象的推广，科教直播效果注重于在线观看人数与科教知识的普及，游戏直播效果注重于在线观看人数、用户打赏与点赞量等。影响直播效果的因素主要有直播间的布置、主播的形象、直播的内容、直播的场控、直播的技巧、直播的互动、直播设备的质量等，因此，在策划时要从这些方面综合考虑如何提升直播效果。

第二节　网络直播策划的过程与方法

网络直播策划从直播主题策划开始到策划方案的形成，再到方案的实施与直播效果的评估，整个过程是一个有机的整体，同时也有着严格的步骤和方法。下面从网络直播策划目标的确立与市场调研、策划方案的拟订、实施以及策划效果评估四个方面加以介绍。

一、确立直播目标与开展市场调研

一般来说，网络直播策划的目标主要有两个，即取得良好的社会效益与经济效益。具体到每一场网络直播，其目标重点有所不同。对于电商直播来说，其主要目标是销售商品、推广品牌与积累粉丝。对于事件直播而言，其主要目标是展现事件过程、满足用户信息需求与扩大用户群。对于游戏直播，其主要目标是分享游戏过程、吸引粉丝关注与获得打赏。在策划目标时，无论哪类直播，都要兼顾社会效益与经济效益；若二者产生冲突，则应以社会效益为主。

网络直播策划不是天马行空式的随意想象，策划者在撰写直播方案之前要做好直播行业调研工作，主要从下面几个方面展开。

（一）洞察主播、用户与客户需求

成功策划一场直播，策划者要通过实践调研，掌握主播、用户与客户的真实需求。要了解用户喜欢什么样的直播，喜欢哪种类型的主播，希望直播是什么样的，不喜欢哪些直播，为什么不喜欢，等等。对于甄选主播来讲，要了解主播的粉丝类型、粉丝数、主播经历与特长、直播经验、主播收益与声誉，掌握主播参与直播的预期目标与真实想法，为合理匹配主播作好铺垫。对于参与直播用户来说，策划者要判断策划的直播是否符合用户需求,显在用户与潜在用户范围有多大;不同类型直播用户的需求不同,各有何特点。策划者在推出直播前,要对用户市场进行调查,获得第一手用户市场资料,判断用户是否喜欢这类直播。对于电商直播和有赞助商的直播,策划者还需要了解客户(商家)需求。策划时要与网红、客户做好沟通,确认客户的推广渠道,是用自身推广渠道还是付费推广渠道;确认直播带货中的折扣、秒杀、抽奖、红包等方式。根据客户的要求,设计直播内容与过程,撰写直播脚本,跟客户确认好所有直播流程后,最后跟主播确认最终的方案。

(二) 研判同类直播

策划者要对当前同类直播进行分析,总结归纳同类直播的特点和优势,找出同类直播需要改进的地方。例如,要推出一场政府领导带货直播,策划者要了解淘宝与拼多多等平台上开设的政府领导助农带货直播的有关情况,并观看相关带货直播,分析其直播的成功之处与存在的问题,结合本次要推出的政府领导带货直播的实际情况,拟订出直播脚本。再如普通主播要推出系列生活直播,策划时先要了解哪些生活直播竞争激烈,是红海;生活中的哪些领域还没有开发或很少人涉及,是蓝海;在此基础上决定开展哪类生活的直播。例如,针对冰川的直播很少,有些网红奔赴四川、西藏等地开展冰川直播,展现美丽的冰川变化画面。有的网红专注于深山里洞穴直播,有的专注于古建筑直播,各有特色。

(三) 收集并分析直播行业信息

直播行业越来越垂直化、细分化。策划网络直播要善于收集同类直播与竞争对手的相关信息,了解目前同类直播领域成功的样式,研究同类直播的优秀案例,分析它们成功的原因,结合该领域的发展趋势,做出符合自身发展的判断。例如直播带货是一种新的推广与购物方式,既有线上购物的便捷性,又结合了直播的“在场式”“面对面”特征,以主播为带货主体的电商直播极大地拉动了消费,打造了新的电商模式。在策划电商直播时要调研不同电商直播平台的特点与优势,了解不同类型商品直播销售情况。

二、撰写网络直播策划方案

在做好直播行业市场调研的基础上,根据直播所要达到的目标与开展直播的实际情况,撰写直播策划的具体方案。电商直播、游戏直播、生活直播、娱乐直播、科教直播、事件直播等不同类型的直播其策划方案的特点与内容不一样。这里只介绍不同类型网络直播的策划共性。

(一) 确定直播目标、主题与内容

任何一场直播均有一个明确的目标,不同的直播其目标不一样,如前所述电商直播的主要目标是销售产品与推广品牌，游戏直播的主要目标是分享游戏过程、吸引粉丝关注与获得打赏，等等，在撰写直播策划方案时，首先要写明直播的目标。目标可以是定量的，也可以是定性的。在此基础上，确定直播的主题与内容。直播主题与内容的确立是直播策划方案的重中之重。好的主题与内容有助于提高用户在线观看人数，赢得更多的点赞、打赏与广告客户，达到更好的社会效果。直播方案中要用精炼的语言概括直播的主题及其重要性，做到主题鲜明、集中。直播内容围绕直播主题选择与组织。内容要有故事性、趣味性、接近性、可听性，内容要丰富，形式要多样。

（二）确定直播场地、时间、规则与程序

直播场地的确定要与主播级别、直播内容联系起来。对于知名主播来讲，其直播效果不会因为场地的变化而变化；对于不知名的非头部主播来说，直播场地的选择就重要了。直播场地的选择要与直播内容相关。如果是售卖农产品的直播，可则选择农田或果园作为户外直播场地；如果是售卖服装类的直播，则可选择店铺或室内直播间作为直播场地；如果是事件直播，则以事发现场作为直播场地，等等，场地的选择与直播内容密切相关。此外，场地的选择还要考虑环境的光线强弱与噪声干扰。直播时间的确定要考虑用户的生活习惯。电商类直播一般分为上午场、下午场、晚场与夜场，由于大多数用户白天要上班或上学，因此，晚场流量最大，竞争最为激烈。科教直播时间可定在白天或晚上，户外生活直播以白天为宜。策划方案中要明确直播规则，让主播与客户确认，尤其是电商直播、竞赛直播、游戏直播，策划方案中要明确用户参与方式与奖励规则。直播的程序根据直播的内容与时长合理划分，开始暖场部分 3～5 分钟，中间直播阶段是重点，其中又可分为几个小阶段，最后是总结强调本次直播并预告下次直播内容 3～5 分钟。直播过程中，每个阶段直播的内容、活动形式、注意事项在策划方案中要体现出来。

（三）明确主播、用户与客户要求

策划方案中要确定主播的合适人选，对主播的形象、着装、语言风格、粉丝数量、直播经验等方面作具体要求。方案中要把观看直播的目标用户与潜在的用户列出来，采取有效直播方法扩大用户群。对于有客户广告或客户产品的直播，在方案中要写明客户的具体要求，例如产品最低价、秒杀、折扣、抽奖、赠送礼品等要求要写清楚。

（四）制订直播资源的准备计划

直播资源主要内容包括直播平台、直播团队、直播设备与直播内容资源等。网络直播平台包括电商平台、内容平台、社交平台等。策划方案中要明确直播平台与直播账号，是自建直播平台还是用第三方直播平台，是用商家直播账号还是用主播账号，如果主播粉丝量很多，则用主播账号直播效果会更好。直播团队的组建依据直播的类型与规模大小来定，一般来说，直播团队由运营人员、场控人员、主播及助理等人员组成。直播设备依据直播的要求、规模大小以及成本预算来定，具体来说涉及拍摄工具、灯光、支架、直播间的材料等。直播内容资源根据直播目标与直播时长来准备，直播内容可多可少。直播中不能出现无内容可播的空场、冷场。所有上面涉及的直播资源在策划方案中均要充分考虑。

（五）做好直播宣传推广与直播效果预测

直播宣传包括直播前的预热和直播中的推广，其宣传平台有微信朋友圈、公众号、微博、抖音、快手等社交平台，各类网站、新闻媒体、广告平台、付费平台等传播渠道。传播的载体有海报、H5、软文、音频、视频、动画等。直播效果预测可从社会效益与经济效益两个方面来考虑，不同类型的直播效果可细化为诸多的指标，例如粉丝数、点赞与转发数、在线观看人数、打赏数、销售量、社会评价、经济利润等。

（六）拟订直播计划

在把直播所有方面考虑好之后，接着就要制定直播工作时间表，把直播前、直播中、直播后每个阶段要完成的任务、责任人及参与人员作出周密详细的安排，统一协调各个部门的进度，确保直播按时完成。

三、实施网络直播策划方案

网络直播策划方案的实施是直播策划的有机组成部分，直播策划必须以策划方案的实施为目标，未实施的策划是无效策划。

（一）明确直播团队成员的责任与任务

直播团队主要由三部分人员构成：运营人员、场控人员、直播人员。运营人员主要负责策划直播内容，确定直播主题，明确直播时段、流量及其流量来源，设计直播的程序与方法，协调直播各部门工作等。场控人员主要负责执行直播方案，在运营与主播之间进行协调，具体涉及开播前软硬件与拍摄设备的调试，负责中控台的后台操作，包括直播推送、发布公告、监测数据等，直播指令的接收与传达，给运营反馈异常情况。直播人员主要有主播与助理，主播负责直播内容和观众互动，助理负责开播前确认直播物品与道具的准备情况，直播中配合场控人员协调主播，并协助主播互动答疑与整理工作等。每一个工作人员都要明确各自的职责，按照策划中的要求认真做好各自的工作。

（二）保持沟通顺畅

实施直播策划方案时，运营人员、场控人员与直播人员要保持良好的沟通，确保直播中能及时解决遇到的问题。例如，直播中网络软硬件运行不畅或直播平台承载力有限，导致直播卡顿或中断，声音与画面不清晰，使得用户体验不佳，从而影响直播效果，一旦出现这种情况，各方人员要密切配合，加强沟通，力争尽快解决问题。

（三）做好直播应急预案

建立网络直播风险评估小组，制订风险评估方案，从网络直播的风险识别、风险分析和风险评价三个方面进行风险评估。针对不同的网络安全风险，制订相应的风险应对策略和预案，以便早发现、早预防、早排除危害网络安全的风险。网络直播风险主要涉及网络安全风险、网络侵权风险、信息泄露风险、负面舆情风险、内容失实风险等。例如，在策划直播中，要确保直播内容真实、合法，不得对直播商品和服务进行虚假宣传，不得欺骗、误导用户。如果是电商直播，则不得采取虚假购买和事后退货等方式骗取商家的佣金，不得进行数据造假。策划时要考虑主播的形象着装、言语行为以及直播内容不能出现负面导向，不得直播色情、暴力等低俗内容，要确保直播内容健康，导向正确。

（四）准时直播

直播预热后，在各方人员准备就绪，直播资源调配到位，直播条件成熟时，准时直播十分重要。准时直播是从事直播行业诚信的表现，若因偶发事件要推迟直播或取消直播，则要提前通知，说明情况，取得用户的谅解，一般不要轻易地改变直播时间。

四、评估网络直播效果

当直播策划方案实施之后，还有一个重要的步骤是对实施的直播方案进行效果评估和总结。直播效果评估涉及两个方面：一是社会效益评估，二是经济效益评估。通过比较预期直播效果与实际直播效果，找出两者的差距与原因，提出有针对性的改进对策，为以后提升直播效果积累经验提供借鉴。

做好直播后的分析与总结不容忽视。直播后的分析与总结可从三个方面进行：一是回顾总结直播中的亮点与不足，有利于下次直播扬长避短，提升直播效果。二是做好数据分析，分别收集 APP 移动端和 PC 端的数据，分析直播中不同阶段数据的表现及其原因，例如观看人数、用户活跃度、转粉率、关注度、点赞数、订单量、转发数、评论互动率等。三是对录制的直播视频重新加工剪辑，制作成短视频，用于日后宣传推广。

本章小结

良好的策划是网络直播成功的基础，网络直播策划要有创新意识、直播价值、可操作性和市场意识。网络直播策划的内容主要包括直播主题策划、直播内容策划、直播拍摄策划、直播过程策划和直播效果策划。网络直播策划过程涉及确立直播目标与开展市场调研、撰写网络直播策划方案、实施网络直播策划方案、评估网络直播效果四个基本过程。其中，确立直播目标与开展市场调研要求洞察主播、用户与客户需求，研判同类直播，收集并分析直播行业信息；撰写网络直播策划方案要确定直播目标、主题与内容，确定直播场地、时间、规则与程序，明确主播、用户与客户要求，制订直播资源的准备计划，做好直播宣传推广与直播效果预测，拟订直播计划；实施网络直播策划方案则要明确直播团队成员的责任与任务，保持沟通顺畅，做好直播应急预案，准时直播等。

思考与练习

1. 网络直播策划有哪些基本要求？
2. 网络直播策划包含哪些内容？
3. 网络直播策划有哪几个环节？
4. 结合本章学习内容，以“双十一直播带货”为主题撰写一份策划方案。

第五章　网络直播文案写作

学习目标

1. 了解网络直播文案概念。
2. 掌握网络直播文案写作要点。
3. 理解网络直播文案的特点。
4. 提高网络直播文案分析与写作能力。

一场正规的网络直播，要有直播文案。网络直播文案也叫网络直播脚本，是指用文字语言把直播内容、直播顺序、直播场景、直播时长、注意事项等内容用表格形式呈现出来的文字方案，方便主播及其团队依照该方案进行直播。一场成功的网络直播离不开一个完善的直播文案。撰写网络直播文案是把控直播节奏、规范直播流程、表达直播内容、达到预期目标的重要环节。不同类型的网络直播，对直播文案要求不一样，有的要求详细，有的要求简略。本章就网络直播文案写作的要点加以阐述，并对有关直播文案特点进行分析。

第一节　网络直播文案写作要点

网络直播文案与网络直播策划方案既有区别也有联系。网络直播文案侧重于直播过程的安排，重点在于直播内容的表达与排序，属于微观层面的考虑；网络直播策划方案侧重于整个网络直播活动的安排，涉及直播前、直播中、直播后三个阶段的精心谋划，属于宏观层面的部署，网络直播文案是网络直播策划方案的重要组成部分。撰写网络直播文案要求做到以下几点。

一、内容完整，重点突出

在撰写直播文案前，先要了解直播的内容与过程，明确用户的需求以及直播要达到的目的。在撰写时，要把直播的主要内容呈现出来，不能有遗漏之处。在确保内容完整的前提下，要做到重点突出，也就是说在文案中要把直播的重点内容作详细介绍，通过不同的方式突出重点内容。例如,电商直播文案往往包括开场预热、商品推介、抽奖互动、引导成交、下场直播预告五大环节,在商品讲解的过程中,要突出商品的特点与亮点,不宜面面俱到。一场电商直播中要介绍的商品较多,但要重点推广的商品仅是其中的少部分,因此,对不同商品的讲解不宜平均用力,对于主推商品要作重点讲解。户外旅游直播中,在介绍风景区的概况后,要对主要景区作重点推广,让用户领略景区独特的迷人之处,从而达到推介景区的目的。

二、巧设悬念,结构严谨

在撰写直播文案时,要善于巧妙地设置悬念,激发用户的观看兴趣。对于事先安排好了的直播内容,撰写文案时,策划者要努力挖出与直播对象有关的故事,以讲故事的方式吸引用户观看。例如,在撰写电商直播文案时,要挖掘直播商品背后的故事;在直播居住在深山悬崖洞里人家生活时,可通过设置“为什么要生活在悬崖洞里”以及“如何生活在悬崖洞里”等问题吸引用户,等等。只要深挖直播内容中蕴藏的故事,就可在文案中巧设悬念。值得注意的是,在巧设悬念时,还要确保文案结构严谨,不能因为要生硬地加入悬念,就不顾及整个文案的逻辑结构。一般来说,要在先确保文案结构严谨的情况下,再考虑如何嵌入悬念。因此,在撰写文案前对整个文案的结构要有整体安排,或用并列式结构,或用总分总结构,或用递进式结构,或用因果式结构,等等,在总体结构安排好的情况下,根据不同的直播内容巧妙地设置不同的悬念,悬念嵌入要自然。一场直播中,悬念可多可少,可根据直播内容与直播时长来确定。

三、衔接自然,过程流畅

不管哪种类型的直播,直播文案中均要考虑衔接问题,确保直播过程流畅。由于直播时间一般长达数小时,直播内容丰富,因此,撰写文案时要考虑直播环节之间的过渡,直播内容之间的衔接。衔接的方式多种多样,有的用抽奖方式过渡到下一个环节,有的用娱乐的方式过渡,有的用播放相关短视频或讨论话题方式衔接,等等。如果实在找不到合适的方式衔接,也可由主播通过话语引导过渡。比如,在科教直播中,往往通过主播的讲解或图片展示来完成不同场景内容的过渡。总之,要根据直播内容与主播的平时积累灵活运用过渡方式。

四、表达准确,语言生活化

撰写直播文案时,一方面,要求做到文字表达要准确,不能出现语言不通,观点表达错误或片面,数量表达不准等问题;另一方面,要尽量用口语化与生活化语言。用户观看直播，主要是通过视觉与听觉两个通道来感知直播内容。“视听双通道”带来的易受性使直播内容易为用户所接受。为“听”而写的特点决定了直播文案中遣词造句要尽量做到口语化，少用书面语，这样用户听起来顺耳，容易理解。同时，文字语言要尽量做到生活化，不能文白夹杂，不能晦涩难懂。生活化的语言来源于生活又要高于生活，是经过提炼过的生活语言，应该是规范化的生活语言，病句与啰嗦的言语不能出现。此外，文案中还要注意多用双音节词语与短句，少用单音节词与长句，尽量避免同音不同义的词的出现，以防用户误解。

五、图表清晰，版面美观

直播文案中经常要用到一些图表来表达内容，文案中运用图表有两个目的：一是让主播一目了然直播内容，二是向用户形象传播直播内容。在撰写文案时，根据直播内容需要选用合适的图表语言，既可简洁形象地传递内容，又可美化文案版面。在直播中，讲到有关统计数字或数据变化时，可事先在白板上制成图表，直播时展示白板即可。图表可分为曲线图、柱形图、扇形图等不同形式。不管使用何种图表，目的是简明形象地告知用户内容，达到好的传播效果。因此，在撰写文案时，主笔者（一般是主播）要开动脑筋，运用合适的图表来传递有关统计数据；同时在制作图表时，要讲究图表色彩与字体的搭配，做到数字醒目、文字简洁、色彩和谐、版面美观。

六、分工明确，简洁实用

一场成功的直播离不开团队的精心配合，因此，直播文案中要体现直播团队的分工与合作，尤其是主播与助理的分工要具体明确，即具体到什么时间主播讲解什么内容时，助理该做哪些动作或该出现哪些物品，如何与用户互动，互动话题内容是什么。此外，主播与直播拍摄者要相互配合，确保现场声画清晰完整流畅地传递给用户。当然，直播文案中还要注重直播人员与运营人员、场控人员的相互配合，把注意事项在文案“备注”栏中加以说明。总之，直播文案要简洁实用，可操作性强，让参与直播的人员知晓自己的职责与任务，对照文案就知道要做哪些工作。

第二节　网络直播文案特点分析

上节阐述了网络直播文案写作要点，本节主要通过对网络直播文案特点的分析，进一步介绍直播文案的写作技巧，提高网络直播文案的写作水平。由于网络直播类型多样，不同的直播类型直播内容不一样，因此其写作的方法技巧也有所不同，下面通过对电商直播文案和科教直播文案的分析，总结出这两类直播文案的特点。

一、电商直播文案特点分析

电商直播的主要目的是推销商品，宣传企业形象，树立行业品牌，因此，在直播文案写作中要围绕直播目的来设计，既要让消费者明白购买这种商品有哪些功效，有哪些优惠，售后是否有保障等基本问题，还要通过对商品价值的分析，从情感上打动用户，使之产生购买欲望，进而付出行动。

电商直播文案可分为单品直播文案和整场直播文案。单品直播文案样式一般如表5-1所示。

表5-1 单品直播文案样式表

推介事项	营销内容
目标重点	宣传要点
品牌介绍	品牌理念
引导购买	产品卖点和亮点
突出利益点	最低价（打折、抽奖、赠送、红包、优惠券等）
直播间强调点	问题解答、关注店铺、分享直播间、分享商品链接、点赞、下单

整场直播文案较复杂，因为涉及营销的商品多，时间长，所以更需要做好全盘的规划。下面通过对头部主播直播实录文案的学习与分析，总结出电商直播文案的特点。

每年的双十一期间，电商主播都会抓住这个机会推销商品，有的直播时长多达八个小时甚至更长。长时间的直播往往由多个部分组成，直播内容顺序如何安排，每个环节占用多长时间，如何推介商品，团队成员如何配合，每部分内容如何过渡等，在直播文案中均要体现这些内容。电商直播文案中，一般把推介商品作为主体部分，要写清商品的卖点与亮点，写明商品的优惠办法与秒杀程序，至于直播过程中如何组织语言则主要靠主播的临场发挥。

纵观大量电商直播，直播文案特点主要表现在七个方面：

（一）现场试用商品，赢得用户好感

撰写直播文案中，要把主播现场体验试用商品作为主要内容之一。直播中，主播现场试用商品，更能直观展现商品的功能。推销食品时，主播试吃；推介衣服时，主播试穿；营销化妆品时，主播试用；等等，主播亲自体验，能更好地宣传商品的品质，介绍自己的感受，拉近与用户的距离，从而激发其消费欲望。例如在服装类直播间，主播往往穿上要推销的衣服，展现衣服颜色搭配和谐、做工精细、设计新颖、形象魅力等方面；在美妆类直播

间，主播常常在自己脸部、手部现场演示化妆品的用法，即时展现化妆效果，让用户眼见为实，赢得用户好感。

（二）着力推介商品卖点，强调商品功效

一件商品，从外观到功能，许多方面值得宣传，由于直播时间的限定，主播必须在规定的时间内把所推介商品的主要卖点突显出来，用多种方式方法，不断强调所售商品的功能效果。例如，某主播在直播间推销某菌菇水时，重点介绍菌菇水用到了发酵科技使小分子快速渗透，而且孕妇、脆弱肌可以用它，痘痘肌以及肌肤比较暗沉的女生都可以使用这款水。在推介琥珀卸妆油时，强调这款卸妆油一步卸妆，轻松搞定彩妆底妆，卸妆油使用了山茶花、人参根的提取液，而且是龙头竹的，可以增加肌肤的韧性，卸妆的同时起到养肤的效果。可见，直播文案中突出了所售商品与同类商品的不同之处，主要表现在商品成分与功能效果的与众不同。

（三）反复强调折扣优惠，让利给用户

电商直播中，吸引用户观看并促使其下单的主要驱动力之一是商品折扣优惠大，让用户得到实惠。除打折外，还有赠送、抽奖、发优惠券、发红包等方式，让利给用户。例如，2020 年双十一期间，某主播直播间，推销某洗衣凝珠球，介绍如下：天猫店铺售价 99.9元一套，一共 34 颗；这里买两套 109.8 元，相当于第二套你只花了 10 块钱，你就可以再多得两盒，再送 24 颗洗衣凝珠球单包装，再送金纺洗衣液 420ml 正装，相当于 2.9 折的活动力度。推介某精华液时，介绍如下：某精华天猫店售价 1180 元，这里只要 1030 元，唯一一次也是最大活动力度，某精华首次买 60ml 送 40ml，这是首次，去年买 60ml 送 30ml，今年再送正装一瓶，折扣力度相当于一瓶只要 257 元……跟寝室的闺蜜一起拼……相当于 4 折。强调所售商品折扣优惠的内容在直播文案中要重点体现。

（四）善于设想使用场景，注重使用方法

电商主播在推销商品时，根据产品的功效，要善于设想该产品使用的场景，自己或朋友使用经历，触景生情，激发用户产生联想；同时，详细介绍使用方法与注意事项，让用户感受到主播对其无微不至的关爱，从而产生购买欲望。例如，某主播推介某面膜时，作如下介绍：这个我预告了一次，超多人想要买，真的巨多人想要买的单品来了……所有女生，尤其是特别暗黄，熬了一整夜没有任何血色的女生，用它效果特别好，它里面的主要成分，是蜂蜜加蜂皇浆。这是个涂抹式的面膜，怎么用呢，用这个勺子挖一坨出来，它是这种果冻凝胶质地的，把它放到我们的手心里面，然后就直接全脸打圈按摩，让它变成乳白色，不要直接敷薄薄一层哦，敷 5～10 分钟，然后把它一洗掉你整个脸亮起来。那些什么彩妆残留啊，包括你脸上那些脏东西啊，那些角质，都可以变得非常非常干净。

(五) 挖掘商品背后的故事,赋予商品积极意义

主播所推介的商品,尤其是品牌商品,往往蕴含着引人入胜的故事,在撰写直播文案时,要善于挖掘商品背后的故事,通过讲故事吸引用户,打动用户,进而达到营销效果。此外,对一些著名品牌商品,要突出商品价值,使商品标签化,并赋予其积极意义。例如,某主播在推销娇兰面霜时,是这样介绍的:娇兰为了把兰花精华提取出来,把云南的一个山保护下来重造雨林,让它的菌群可以适合兰花的生存,所以这一瓶面霜,我跟你们说,黑兰科技,御庭传奇,法国娇兰研究了15年才研究出来的黑兰面霜。我跟你们说,我都流口水了。而且这个瓶子都是卓越手工匠心做的瓷瓶,他们经过了制膜,烧制,上釉,烘烤,每一道程序做出来了这样的一个,真的可以收藏了,这个金色都是镀金上去的,不愧是娇兰最贵的一瓶面霜,你要买最顶级面霜,就买娇兰黑兰面霜……这个味道,高级……所有女生,养分加营养,等于 young,年轻!

(六) 互动多样,营造抢购氛围

在撰写直播文案时,要设计好直播中互动的内容与形式,要提前设计好与用户互动内容的推荐词或关键词。互动的形式可多样化,强调产品数量,营造抢购氛围。限时抢购、秒光活动有利于营造直播紧张氛围,设置"超低价格""数量有限"条件,可发动用户参加抢购活动,造成产品脱销场景。此外,抽奖、抢优惠券也是与用户互动较好的方式。奖品的等级、抽奖的频次与时段要精心设计好。例如,某主播在推销痘痘贴时,这样介绍:所有女生,天猫店铺价39.9元一盒18贴,我这个直播间第一盒领10元优惠券,29.9元;第二盒19.9元;第三盒9.9元,4.9折,59.9元三盒,晚上帮你隔离你枕头和被子上的一些脏东西,让你不用把脓包和你的血留在你的枕头上。所有女生!3—2—1,上链接!来咯!赶紧抢啊!我只有30万组,卖光全没有……4万组下架咯……哇卡住,整个都进不去,你们手速一定要快,我也进不去……还有最后18万盒,只有7万盒了……只有1万盒了!没了。在2020年双十一即将到来之时,某主播敲响锣鼓,助手在主播身后抢购商品。主播说:最后20秒了,很紧张,最后10秒钟……7654321开始啦!开始啦!开始啦!开始啦!开始啦美眉们。是这样的,每年双十一都是这样的,你们一定要手速快……(助手:妈妈我买到了!!妈妈我又买到了!!)你们两个好吵!闭嘴!!嘘嘘!!

(七) 精心设计,安排得当

数小时的电商直播,推销的商品众多,直播文案中要把整个直播过程中推介商品的先后顺序体现出来,每款商品推介的时长要安排得当;可把直播过程分为几个组成部分,每个部分主推的商品与互动活动要设计好,注重时长的分配,对何时穿插折扣优惠、秒杀抢购活动要有整体安排。同时,文案要考虑每部分之间的过渡方式方法,使整个直播过程流畅。例如,2020年双十一期间知名头部主播李佳琦进行了八个半小时的电商

直播，开场部分主要包括开场词、环节介绍和福利介绍。全场直播共分为六大部分（环节）。第一部分，讲解零点直接开链接的付定金的爆款，有37个宝贝。第二部分，提前帮大家把一些小众好物爆款现场直接给大家做现货抢购，23个链接。第三部分，讲解零点引导上链接的爆款，零点开始，上一个链接秒一个链接，一共46个。第四部分（广告）……第五部分，给大家预告怎么买零点的秒杀产品。第六部分，零点开启预售付定金的抢购，逐个抢购，46款。淘宝直播中推介某款商品时，往往由三部分组成：首先是主播现场体验产品，试用或试吃产品，强调质优；然后展示低于市场价的直播间专属价，且有买一送一的福利，强调价低；最后是秒杀活动，秒杀之前抢或领一张优惠券，再次强调价低。

二、科教直播文案特点分析

科教直播主要目的是传播科学、讲授知识与提升用户文化水平，科教直播要求做到有趣、有料、有用。有趣是指直播时生动形象，讲解引人入胜；有料是指直播内容有深度与广度，引人关注；有用是指直播内容对观众有实用价值，引人用心。撰写好科教直播文案是直播成功的基础，为了阐述好如何撰写科教直播文字，下面以白雪松在2020年4月5日清明节的直播为例，分析科教直播文案的特点。

（一）2020年清明节白雪松直播实录文案

白雪松，毕业于西北农林科技大学，所学专业为生物工程专业，在毕业后选择从事其所热爱的历史文化工作，现已在陕西西安碑林博物馆担任解说员一职近10年。2020年“新型冠状病毒肺炎疫情”期间，有13家国内知名博物馆登录淘宝“云春游”，通过直播秀出各自的当家宝物，其中，相对“小众”的西安碑林博物馆脱颖而出，单场观看人数40余万，点赞数500万次，超过当日其他五家博物馆的获赞总和。2021年1月12日，白雪松登上了央视大型文博探索节目《国家宝藏》，“碑林讲解员说常因工作自豪到起鸡皮疙瘩”的话题一度冲上热搜。表5-4是2020年清明节白雪松直播实录文案。

表5-2 2020年清明节白雪松直播实录文字稿（节选）

环节	内容讲解
画面内容	向网友提问互动
文字内容	什么叫清明节呢？说白了中国古代，有四大传统节日：第一个就是春节，第二个就是清明节，唯一的一个既是二十四节气之一，同时又是节日的，所以我自己一直觉得清明节是一个非常争气的节气，它非常有气节，非常争气地把自己作为一个节气的身份，努力变成了节日。

续表

环节	内容讲解
	清明节有两大主题，这是我刚百度搜的：一个是祭祖扫墓祭奠先人，还有一个是踏青玩耍郊游。有没有朋友觉得这两个清明节的主题特别的矛盾？你扫墓、祭奠先祖，很难过很悲伤，你同时要去郊游，是不是很矛盾。我告诉你，一点都不矛盾，你就把它当作什么呢，当作祖先在天之灵对大家的希望。我们死去的祖先肯定不希望你忘记他，我们的祖先一定也不希望你每天沉浸在悲伤之中，还是希望你快快乐乐去玩耍，这其实就是清明节两大主题的共通之处。你把它当作祖先对我们的愿望就好，是不是跟你对前男友前女友的愿望完全不一样。清明节这两个主题不管是扫墓还是郊游，他都需要假期……大家知道哪一个皇帝是中国第一个把清明节纳入法定假日的皇帝吗？有没有朋友知道的，可以在底下留言好不好……对，李隆基，要不就是你学富五车，要不就是你根据刚才那么长的废话猜到了……李隆基是第一个将清明节纳入编制，纳入什么编制呢，那时候叫礼典，礼仪的典范，这个意思。中国李隆基有五礼，军礼，军队的礼仪；宾礼，宾客的礼仪，客人来了；嘉礼，我娶媳妇了，也可以当给人成年的冠礼；还有什么呢，凶礼；还有一个，吉礼，吉祥的吉，皇帝祭天，我祭祖。清明属于什么，吉礼，很吉利。李隆基知道给公务员放几天假吗？四天假，比咱们现在的清明节还多一天假。李隆基的儿子是谁呢，唐肃宗李亨，他觉得我爸放四天假，不好，我要多放三天，七天假。所以李隆基的儿子唐肃宗李亨，首创了黄金周的概念。所以大家就知道了吧，如果你非常喜欢过清明节，非常盼着过清明节的话，你穿越一定要穿越到李隆基之后，你穿越到之前是不放假的……
备注	注重通过设问句来设置悬念，吸引观众的注意力
画面内容	用平板演示图、用书演示图
文字内容	咱再说说名人……什么叫名人，看字面意思就是，有名的人，但是我也有名啊，我有名字，什么叫名人没有一个确定的概念。而且我个人想跟大家讨论一个问题，你说，秦桧这种坏人，算不算名人呢？大家觉得呢……也算，对不对，而且我最近发现一个问题，很多地方在争秦桧故里。争秦桧故里我都忍了，还有地方在争什么，武大郎故里，还有在争西门庆故里。我的天呐，这是为了旅游，朋友们，你们会为了西门庆故里去旅游吗？你们去网上搜你们就知道，谁和谁在争西门庆故里，谁和谁在争武大郎故里。我就觉得武大郎卖炊饼啊，不过当时炊饼应该是馒头的意思，可能这个地方为了推广馒头嘛……咱们隆重地请出今天的男一号和反派男一号，大唐音乐教父唐玄宗李隆基，网络搜索结果，你们发现没，特别像那种网络的投票对吧，网络投票数 3020 万；和大唐胡旋舞王安禄山，他的投票数是 2380 万。一说到李隆基和安禄山，是不是大多数人马上想起了一个战争，安史之乱。一会儿给大家讲讲安禄山跳舞的故事，可有意思了……安史之乱直接把唐朝的脊梁骨打断了，本来唐朝

续表

环节	内容讲解
	占世界GDP的二分之一,可能三分之二都有可能。大家记不记得我说穿越的事,比如说,你穿越了到了唐朝,穿越到了安禄山的身上,你只能灵魂穿越,不可能肉身穿越,为什么呢,因为一下就被识破了。据一些史书记载,安禄山350斤,我估计我这个小身板,安禄山能把我吃进去,把我排泄出来都有可能。你是安禄山,但是跟正史不一样,咱们穿越的是一个平行世界。咱们穿越的这个地方,安禄山打下长安的时候李隆基已经跑了,而我们这次穿越,把李隆基堵在了长安城之中,这时候你有一个想法。比如说你是个男同志,有个口号,你是安禄山,打下长安城,活捉杨贵妃。……你要去哪儿,长安城的哪个地方,找唐玄宗李隆基,他的媳妇,四大美女之一的杨贵妃呢?咱们先看一个唐朝长安城的地图…… 只要想展现大唐的风情,花萼相辉楼避不开的。刚才我一说花萼相辉楼,好多朋友在底下留言。你们记不记得前一阵的咱们千玺弟弟演的《长安十二时辰》……除了花萼相辉楼还有一个,刚才说的极乐之宴,《妖猫传》里有花萼相辉楼……怎么写隶书啊,比如说你看这个“益”,就是这种长横,逆锋起笔,它是先往这面写的,原路返回,笔握中锋,一拉一提(直播有演示)。我总会跟我的朋友说一句话,你就把隶书想象成你的人生,尤其是那种成功的人的人生,到最后想当人上人,想这样,一开始一定要塌下心来去学习,去努力,去耕耘,否则凭什么你最后变成人上人,对不对?这就是隶书,蚕头燕尾,一波三折。
备注	注重运用讲故事方法

(二)2020年白雪松清明节直播实录文案分析

从上面节选白雪松清明节直播实录文字稿可以看出,该文案主要特点表现在五个方面:一是文案选题与时俱进,易激发观看兴趣;二是直播语言幽默,解读生动;三是注重设置悬念,适时与用户互动;四是语言通俗易懂,知识丰富;五是强调连接现实,触发用户联想。文案特点具体分析如表5-5所示。

表5-3　2020年清明节白雪松直播实录文字稿分析一览表

文案特点	文案例子
语言幽默 解读生动	李隆基知道给公务员放几天假吗?四天假,比咱们现在的清明节还多一天假,所以唐朝非常好啊。李隆基的儿子是谁呢,唐肃宗李亨,他觉得我爸放四天假,不好,我要多放三天,七天假。所以李隆基的儿子唐肃宗李亨,首创了黄金周的概念。所以大家就知道了吧,如果你非常喜欢过清明节,非常盼着过清明节的话,你穿越一定要穿越到李隆基之后,你穿越到之前是不放假的……

续表

文案特点	文案例子
	咱们隆重地请出今天的男一号和反派男一号，大唐音乐教父唐玄宗李隆基，网络搜索结果，你们发现没，特别像那种网络的投票对吧，网络投票数 3020 万；和大唐胡旋舞王安禄山，他的投票数是 2380 万
	第二个就是清明节，唯一的一个既是二十四节气之一，同时又是节日的，所以我自己一直觉得清明节是一个非常争气的节气，它非常有气节，非常争气地把自己作为一个节气的身份，努力变成了节日
	我觉得我今天跟大家保证，我一定做一期主题严谨一定绝对可能大概不跑题的清明节名人故居专题，你们相信我，我保证不跑题啊，你们监督我
设置悬念适时互动	大家知道哪一个皇帝是中国第一个把清明节纳入法定假日的皇帝吗？有没有朋友知道的，可以在底下留言好不好
	而且我个人想跟大家讨论一个问题，你说，秦桧这种坏人，算不算名人呢？大家觉得呢
通俗易懂知识丰富	中国李隆基有五礼：军礼，军队的礼仪；宾礼，宾客的礼仪，客人来了；嘉礼，我娶媳妇了，也可以当给人成年的冠礼；还有什么呢，凶礼；还有一个，吉礼，吉祥的吉，皇帝祭天，我祭祖。清明属于什么，吉礼，很吉利
	清明节有两大主题，这是我刚百度搜的：一个是祭祖扫墓祭奠先人，还有一个是踏青玩要郊游。有没有朋友觉得这两个清明节的主题特别的矛盾？你扫墓、祭奠先祖，很难过很悲伤，你同时要去郊游，又很快了，是不是很矛盾。我告诉你，一点都不矛盾，你就把它当作什么呢，当作祖先的在天之灵对大家的希望。我们的祖先一定也不希望你每天沉浸在悲伤之中，还是希望你快快乐乐去玩要，这其实就是清明节两大主题的共通之处。
	怎么写隶书啊，比如说你看这个“益”，就是这种长横，逆锋起笔，它是先往这面写的，原路返回，笔握中锋，一拉一提（直播有演示）。我总会跟我的朋友说一句话，你就把隶书想象成你的人生，尤其是那种成功的人的人生，到最后想当人上人，想这样，一开始一定要塌下心来去学习，去努力，去耕耘，否则凭什么你最后变成人上人，对不对？这就是隶书，蚕头燕尾，一波三折。
连接现实触发联想（讲历史不忘联系当前）	而且我最近发现一个问题，很多地方在争秦桧故里。争秦桧故里我都忍了，还有地方在争什么，武大郎故里，还有在争西门庆故里。我的天呐，这是为了旅游，朋友们，你们会为了西门庆故里去旅游吗？你们去网上搜你们就知道，谁和谁在争西门庆故里，谁和谁在争武大郎故里。
	你们记不记得前一阵的咱们千玺弟弟演的《长安十二时辰》……除了花萼相辉楼还有一个，刚才说的极乐之宴，《妖猫传》里有花萼相辉楼。

本章小结

网络直播文案也叫网络直播脚本,一场成功的网络直播离不开一个良好的直播文案。本章主要就网络直播文案写作要点与直播文案特点分析两个方面展开。在网络直播文案写作中要求做到以下六个方面:内容完整,重点突出;巧设悬念,结构严谨;衔接自然,过程流畅;表达准确,语言生活化;图表清晰,版面美观;分工明确,简洁实用。本章通过对电商直播文案和科教直播文案的案例分析,总结直播文案的特点。电商直播文案主要特点表现在七个方面:一是现场试用商品,赢得用户好感;二是着力推介商品卖点,强调商品功能效果;三是反复强调折扣优惠,让利给用户;四是善于设想使用场景,注重使用方法;五是挖掘商品背后的故事,赋予商品积极意义;六是互动多样,营造抢购氛围;七是精心设计,安排得当。科教直播要求做到有趣、有料、有用。其文案主要特点表现在五个方面:一是文案选题要与时俱进,易激发观看兴趣;二是直播语言幽默,解读生动;三是注重设置悬念,适时与用户互动;四是语言通俗易懂,知识丰富;五是强调连接现实,触发用户联想。

思考与练习

1. 什么是网络直播文案?网络直播文案与直播策划方案有何区别与联系?
2. 网络直播文案写作中有哪些要求?
3. 电商直播文案有哪些特点?
4. 科教直播文案有哪些特点?
5. 参加一场网络直播,撰写一份网络直播文案。

第六章　网络直播拍摄

学习目标

1. 理解拍摄距离、拍摄方向与拍摄高度的类型与功能。
2. 熟知运动摄像的类型、特点与作用。
3. 掌握画面构图的结构元素与基本法则。
4. 了解布光依据与布光方向，掌握常见布光方法。
5. 掌握室内直播与室外直播拍摄技巧。

网络直播拍摄是网络直播中的一个重要环节，是确保直播成功的基础。在网络直播拍摄中，必须熟悉有关拍摄的基础理论知识，主要有影像角度、运动摄像、画面构图、布光方法、声音采录等有关知识；此外，还要掌握一些个性化的拍摄技巧，主要有室内直播与室外直播拍摄技巧，下面逐一展开叙述。

第一节　网络直播拍摄基础

在网络直播拍摄中，拍摄者对景别的类型与功能、拍摄方向与拍摄高度的确定、运动拍摄的类型与功能、画面构图的原则与方法、布光的方法与技巧以及声音采集方法等拍摄基础知识，要烂熟于心，并运用到拍摄实践中去。

一、影像角度

影像角度是指拍摄工具(摄像机、手机、相机等)相对于拍摄对象的具体位置，影像角度的选择也就是拍摄点的确立。具体来讲，影像角度包括拍摄距离、拍摄方向与拍摄高度。

(一) 拍摄距离

拍摄距离的变化直接影响到拍摄范围大小的变化。改变拍摄距离有两种情况：一是改变与拍摄对象的实际距离，二是改变镜头的焦距。虽然这两种情况拍摄到的同一景别在景深、视角、透视感等方面有所差别，但其实质都是距离的变化。一般来说，拍摄距离越近，被摄主体越大，容纳的景物越少；拍摄距离越远，被摄主体越小，容纳的景物越多。

景别是指被摄对象在画面中所呈现出来的大小与范围。拍摄距离变化导致景别变化，依据被摄对象表现范围的大小，一般把景别分为五种类型：远景、全景、中景、近景、特写。

1. 远景

远景表现的是被摄对象广阔的场面，展示人物生存的环境，拍摄主体在画面中所占面积较小，观众只能看到其在画中的位置。远景注重对事物的宏观表现，强调的是空间、规模、气势等。其主要功能是展示事件发生的环境、人物活动的空间。

2. 全景

全景表现的是被摄对象的整体形象。如果拍摄一个人，则是反映人的全貌；如果是拍摄一座建筑物，则是体现该建筑物的全部。全景也能反映主体之间、主体与背景、主体与陪体、主体与前景之间的关系，因此，在拍摄全景画面时要注重画面结构布局，与画面四边位置的恰当处理，与空白间隙的合理安排。可见，全景的主要作用在于告知观众事物的全貌及其与所处环境的关系。

3. 中景

中景表现的是被摄对象的主要部分，展示人物膝盖以上躯体或场景局部的画面景别。中景的主要功能是叙事，用来展示人物形体动作、人物之间的交流、人物与环境之间的关系。与远景、全景相比，它虽然不展示人物与环境的整体性，但是它展示了被摄对象的主要部分。与近景、特写相比，它虽然不表现人物表情与细微动作，但是它还是能让观众看到许多细节。中景是网络直播中的常用景别，在运用这种景别时要注意画面构图的合理性，表现人与物的透视关系，注重主体与前景、后景关系的变化。

4. 近景

近景表现的是被摄对象的核心部分，展示人物腰部以上躯体或物体局部的景别。在近景中，如果被摄对象主体是人，则人物面部表情一目了然，所传递出的人物情绪与神采容易感染观众；如果被摄对象主体是物，则物的局部所展现出来的形象会给观众留下深刻印象。在近景中，环境基本消失或被虚化，画面内容相对集中，因此，在直播拍摄时要注意通过近景表现主播的表情、神态、动作或展现物的特点等，近景也是网络直播中常用的景别。

5. 特写

特写表现的是被摄对象的细部，展示人物肩部以上部位或物体细部的景别。特写景别中空间环境虚化，拍摄主体充满画面，容易对观众产生强烈的视觉冲击力，是一种主观性很强的景别。特写的功能是选择与放大。所谓选择，是将人或物从周围环境中强调出来，即“从整体中抽出细节”；所谓放大，是让观众逼近画面对象，窥察细微表情传达的心灵信息，或是物体细部特征。在拍摄人物时，身体局部的特写可以强调人物动作的细微之处；脸部眼睛的特写能充分表达人物情感，引起观众共鸣。在带货直播拍摄中，特写可突出所销产品的形象特征。

（二）拍摄方向

拍摄方向是指拍摄工具与被摄主体在同一水平面的视点位置。一般来说，拍摄方向可分为正面方向、正侧面方向、斜侧面方向、背面方向等。

1. 正面方向

正面方向是指在被摄主体正前方进行拍摄的方向。这个方向拍摄有利于表现被摄主体的正面特征，让观众看清事物的本来面目。不管是拍摄人、物还是事件场面，正面方向的拍摄能把被摄对象的横向面清晰地呈现出来，适宜于表现安静、平衡、庄重、严肃等气氛。如果被摄对象横向面过宽，就会使画面缺乏纵深感，从而显得呆板，因此，这个方向的运用要充分考虑实际情况的需要。正面拍摄主播容易产生画内主持人与画外观众面对面的交流感，因此，在网络直播拍摄中正面方向运用较多。

2. 正侧面方向

正侧面方向是指与被摄主体正面成90°角时的拍摄方向。这个方向拍摄有利于表现被摄主体侧面轮廓特征，展示事物的形态。用来拍摄运动的人与物，这个角度有利于体现运动对象的姿态与行动的方向；用来拍摄双方人物交流，这个角度有利于表现人与人之间平等交流时的神情以及人物的位置关系。

3. 斜侧面方向

斜侧面方向是指处在被摄主体正面与正侧面、背面与正侧面之间视点位置的拍摄方向。具体来讲，斜侧面方向可以分为前侧方向与后侧方向。斜侧面方向拍摄避开了前后物的相互遮挡，有利于展现拍摄对象的形体透视变化，增强画面的纵深感与立体感，有利于展现事物的运动轨迹与方向，有利于表现人物的轮廓特点与交流气氛，使画面显得生动活泼，因此，斜侧面方向尤其是前侧方向是常用的一种拍摄方向。

4. 背面方向

背面方向是指在被摄主体背面拍摄时的拍摄方向。这一拍摄方向在实践中虽然运用较少，但是运用恰当同样可以“出彩”。由于从这一方向拍摄只能让观众看到被摄对象的背影，看不到其本来面目，因此，容易引起悬念，激发观众的联想与想象，增强观众的参与感（心理参与）。目前，背面方向的拍摄在纪实类节目与侦破类影视剧中运用较多，在网络直播中运用较少。

（三）拍摄高度

拍摄高度是指拍摄工具相对于被摄主体垂直平面上的视点位置或相对高度。一般分为平拍、仰拍、俯拍、顶拍四种，它们各有不同的造型特点与作用。

1. 平拍

平拍是指拍摄工具与被摄主体处于同一水平线上进行的拍摄。平摄是常用的拍摄高度，合乎人们日常观察事物的习惯，使拍摄对象显得客观、真实。在平摄中要注意画面构图、透视效果，尤其要处理好地平线在画面中的位置。一是不能让地平线倾斜，二是不能让地平线把画面分割成上下相等的两部分，除非特别需要。

2. 仰拍

仰拍是指拍摄工具低于被摄主体位置进行的拍摄，即从下往上、从低往高进行的拍摄。由于其视点明显低于拍摄对象，因此，更能突出被摄对象的“雄伟”“高大”“气势”的气质，表达对拍摄对象的“赞颂”“肯定”“景仰”等情感。高楼大厦、参天大树、跳高、跳远等拍摄内容都可通过仰拍方式，给观众以强烈的视觉冲击力。

3. 俯拍

俯拍是指拍摄工具高于被摄主体位置进行的拍摄，是从上往下、从高往低进行的拍摄。俯拍适宜于表现事物的全貌，空间的层次，人物与环境的关系，因此，一般在远景、全景中运用较多。由于拍摄者处在“居高临下”的位置，因此，可产生“一览众山小”的效果。如果运用这一高度拍摄人物，就会使人物显得“渺少”，因此，在拍摄反面人物中运用较多。对于地平线的处理，一般放在画面的上方甚至画外，有利于表现环境的广阔性，人物活动的空间层次。

4. 顶拍

顶拍是指拍摄工具与地面几乎垂直，从被摄主体顶方往下进行的拍摄。这一高度拍摄往往使拍摄对象在大小、高低、上下等方面严重变形，但是运用得好，可以得到意想不到的效果。例如，在航拍中适当运用顶摄，给观众带来别样的视觉效果，一栋栋高楼犹如一棵棵大树矗立在大地上，一辆辆汽车犹如一只只蚂蚁在公路上爬行。

可见，影像角度的变化是由拍摄距离、拍摄方向与拍摄高度三个因素来决定的。在网络直播拍摄中，采用何种景别、哪种方向、什么高度，要根据实际需要来确定。

二、运动摄像

从是否运动角度来看，拍摄方式可分为固定摄像与运动摄像两大类。固定摄像是指拍摄工具机位固定、光轴（方向）固定、焦距固定时的拍摄方式。运动摄像是指改变拍摄工具机位、光轴方向与镜头焦距三者中任何一个或多个的拍摄方式。如果只改变其中一个，则叫单一运动摄像；如果改变其中两个或三个，则叫综合运动摄像。

（一）机身运动——摇摄

摇摄是指拍摄工具的机位不动，而只改变镜头光轴方向，使拍摄工具机身作上下、左右、旋转等各种运动，以求不同画面效果的拍摄方式。摇摄通常以三脚架或人体作为中心点，依据机身运动方向可以分为左右摇、上下摇、跟摇、旋转摇、甩及不规则摇等。

1. 左右摇

左右摇又称水平摇，指拍摄工具机身作水平运动时的拍摄方式。其主要特点是随着镜头光轴水平方向的变化，画面呈现横向视野范围不断扩大，传递内容不断增多。在具体运用中根据人们的视觉习惯，往往是从左摇到右，较少从右摇到左。左右摇主要用于介绍环境，表现人物位置及其与环境的关系。

2. 上下摇

上下摇又称垂直摇，指拍摄工具机身作仰俯运动时的拍摄方式。其主要特点是随着镜头光轴垂直方向的变化，画面呈现纵向视野范围不断扩大。上下摇主要功能是突破垂直视野的限制，展示更多的纵向内容。

3. 跟摇

跟摇是指被摄主体在运动时，拍摄工具机位不动，焦距不变，镜头光轴跟随被摄主体而运动的拍摄方式。其主要特点是镜头光轴运动方向与被摄主体运动方向一致。其主要作用是展示被摄主体的运动过程，运用跟摇时要注意在被摄主体运动前方保留一定的空间，不能让其撞“壁”（即画框）。

4. 旋转摇

旋转摇是指拍摄工具在作较大的仰摄或俯摄过程中，在机位不动、焦距不变的情况下，通过改变镜头光轴方向，形成较大弧度的拍摄方式。其主要作用是形成视觉旋转的效果。

5. 甩

甩是指快速地摇摄。其特点是在正常拍摄过程中，突然以极快的速度改变镜头光轴方向，从起幅到落幅快速摇动过程中，使拍摄内容虚化，从而产生“光流”效果。其主要功能是转换场景及引起观众的注意。运用这一方式拍摄时，要注意控制好方向、速度，落幅要稳。一般运用较长的焦距、较小的景别、较慢的快门速度来组合，以取得最佳“甩”的效果。

6. 不规则摇

不规则摇也称“晃镜头”，是指在拍摄特定对象时，有意使拍摄工具摇晃，从而使画面产生不稳的拍摄方式。例如再现地震来临时的地动山摇、行车时的颠簸、醉汉的眼花缭乱等。此外,间隙摇、斜向摇等都属于不规则摇。

综上所述,摇摄有利于表现事物时空的统一性,运动过程的方向性,画面内容的层次性,事件环境的广阔性。因此,在运用摇摄时,一定要目的明确,精心设计。

(二)机位运动——移摄

移摄是指在镜头焦距不变的情况下,通过移动拍摄工具机位而进行的拍摄方式,又称为“移动拍摄”“移动镜头”或“移”。根据拍摄工具移动的方位,移摄可分为推、拉、横移、跟移、升降移五种拍摄方式。

1. 推

推是指在镜头焦距不变的情况下,拍摄工具由远及近地向被摄对象靠近的拍摄方式。推摄一般有明确的拍摄主体,在推的过程中,画面空间逐渐压缩,景别连续由大变小,产生视觉前移的效果,能突出被摄主体及其细节。摄者通过推摄,带领观众由整体到局部观察事物,从而保证了画面时空的连贯性,增强了拍摄内容的真实性。

2. 拉

拉是指在镜头焦距不变的情况下,拍摄工具由近及远地渐离被摄对象的拍摄方式。拉摄往往是从特写或近景开始,景别连续由小变大,形成视觉后移的效果。与推摄相反,在拉的过程中,画面空间得以拓展,新的事物逐渐进来,画面信息不断递增,纵深感不断增强,产生与原来不同的透视效果,形成新的构图样式。拉的过程也是观众悬念不断消除的过程,因为,观众在看到已有画面内容的同时,定能联想与想象画外的内容,因此,从这个角度上讲,拉摄比推摄更有魅力。

3. 横移

横移是指在镜头焦距不变的情况下,拍摄工具在水平方向进行移动的拍摄方式。横移能突破画框限制,拓展画面表现空间,呈现更多新的内容。横移中机位与被摄主体大多是平行运动,景别变化不大。横移与左右摇不同之处在于横移的视点位置发生了变化,视轴角度没有改变;左右摇则是视轴角度发生了变化,而视点位置没有改变。形象地说,左右摇是在原地“左顾右盼”,横移则是“边走边看”。

4. 跟移

跟移是指在镜头焦距不变的情况下,拍摄工具跟随运动的被摄主体一起运动的拍摄方式,也称为“跟拍”“跟摄”。从被摄主体与拍摄工具运动方向来看,跟移可分为前跟、侧跟与后跟三种类别。跟移主要特点有三:一是有特定的拍摄主体,运动的被摄主体始终处于画面之中,且位置比较固定;二是画面景别相对稳定,观众与被摄主体的视点、视距相对稳定;三是被摄主体不变,但其环境总在变化之中,即前景、后景、背景不断改变。跟移能真实记录被摄主体运动过程,表现运动主体与所处环境的关系,具有较强的现场感,因此,在室外网络直播中运用较多。在具体运用时要注意机位运动与被摄主体运动的速度和方向的一致性。

跟移与跟摇主要区别在于:跟移的机位发生变化,跟摇的机位始终不变。跟移与横移主要区别在于:跟移的被摄运动主体特定,且始终出现在画面中;横移的被摄主体广泛,包括主体在内的画面内容不断改变。

5. 升降移

升降移指在镜头焦距不变的情况下,拍摄工具在空中作垂直移动的拍摄方式,向上移称为“升”,向下移则为“降”。作为一种特殊的摄像方式,升降移比其他移摄更能带来视觉冲击力。当机位上升时,视野扩大,被摄对象由点到面;当机位下降时,视野缩小,被摄对象由面到点。升降移视觉变化明显,能增强被摄对象的透视关系,使画面景别富有变化。例如在直播学生集体操表演时,运用升降方式,可把学生做操时的姿态、规模、气势逐一展示出来。在直播大型活动或文艺演出中升降移运用较多。升降移与上下摇的主要区别在于:升降移机位动,拍摄对象不会变形;上下摇机位不动,拍摄高处或低处的局部对象可能会变形。

上面介绍了五种移摄,每一种都有各自的特点与作用,因此,在实践中要根据拍摄的主题、被摄对象的特点、拍摄环境及拍摄条件灵活运用。移摄的主要特点之一是机位移动。实现机位移动的方法很多,一是运用专门的摄像辅助器材,例如轨道、摇臂、斯坦尼康等;二是借助运动载体,例如无人机、汽车、轮船等;三是依靠人体自身移动,手持或肩扛拍摄工具均可实现移摄。

(三) 焦距运动——变焦“推拉”

变焦“推拉”是指在拍摄工具机位不动、光轴方向不变的情况下,改变镜头焦距长短而获得不同画面景别的拍摄方式。根据焦距长短变化,它可分为变焦“推”与变焦“拉”两种类型。

1. 变焦“推”

变焦“推”是指机位不动、光轴方向不变,镜头焦距由短焦调至长焦的拍摄方式。如果是摄像机拍摄则通过摄像机上的“T”(Telephoto,远摄镜头的缩写)按钮来实现。变焦“推”时,摄距不变,只是把焦距由短焦“推”为长焦,不断逼近被摄主体,造成视点前移的感觉。如果是手机拍摄则通过双指触屏拉大间距实现变焦“推”。与机位前移的“推”相比,两者有异同之处。相同之处是两者都能使画面景别产生由大到小的连续变化,对被摄对象的描述由整体到局部、由局部到细节,使空间背景产生虚化。不同之处是变焦“推”由于改变了焦距,而摄距没变,因此,其画面透视关系没有改变;机位前移的“推”由于改变了摄距,镜头不断接近被摄对象,因此,其画面透视关系发生明显改变。

2. 变焦“拉”

变焦“拉”是指机位不动、光轴方向不变，镜头焦距由长焦调至短焦的拍摄方式。如果是摄像机拍摄则通过摄像机上的“W”（Wideangle，广角镜头的缩写）按钮来实现。变焦“拉”时，摄距不变，只是把镜头焦距由长焦“拉”为短焦，不断远离被摄主体，造成视点后移的感觉。如果是手机拍摄则通过双指触屏缩小间距实现变焦“拉”。与机位后移的“拉”相比，两者有异同之处。相同之处是画面景别产生由小到大的连续变化，对被摄对象的描述由部分到全面、由局部到整体，画面背景关系由虚到实，景深范围越来越大。不同之处是变焦“拉”由于改变了焦距，而摄距没变，因此，其画面透视关系没有改变；机位后移的“拉”由于改变了摄距，镜头不断远离被摄对象，因此，其画面透视关系发生了明显改变。

由上分析可知，变焦“推拉”在不改变摄距的情况下，通过改变镜头焦距可以实现画面景别的连续变化，因此，在受客观条件限制无法接近被摄对象或受拍摄时间限制来不及移动机位等情况下运用较多，可见，变焦“推拉”是一种常用的拍摄方式。同时，我们也应该看到变焦“推拉”的局限性，在实践拍摄中不能以变焦“推拉”代替机位前后移的“推拉”。因为变焦“推拉”虽然使视角发生了变化，改变了画幅范围，但画面的透视关系没有改变；而机位前后移的“推拉”由于摄距的改变，移动了拍摄视点，因此画面的透视关系有了明显的变化。

（四）综合运动——推拉摇移

上面从拍摄工具的机身运动（摇摄）、机位运动（移摄）、焦距运动（变焦“推拉”）三个方面分别阐释了运动摄像，这些都是单一运动摄像方式。但是，在摄像实践中往往有光轴方向、机位与焦距三者同时或先后发生运动的拍摄方式，例如先摇后推，推中有移，移中有拉等运动表现形式，因此，综合运动摄像是指在一个镜头中，综合运用推、拉、摇、移等多种运动手段拍摄同一对象或相关场景的拍摄方式。

常用的综合运动摄像方式有：摇＋推、摇＋拉、移＋推、移＋拉、跟＋推、移＋摇、升＋摇＋推等，纪实性与多变性是其主要特点。纪实性主要表现在综合运动摄像能够连续地记录被摄对象，拓展观众视野，展示较完整的场景或事件发生的主要过程，保证了时空的统一性，真实性大为增强。多变性主要表现在由于运动带来的视点的变化、景别的变化、角度的变化及画面造型的变化。例如在大型晚会直播中，最主要的摄像方式就是综合运动摄像，即先用摇臂升移拍摄舞台全景，再用变焦推方式拍摄演员姿态的中景，最后用摇方式拍摄每个演员的舞姿。

综合运动摄像有利于客观记录被摄对象的原生状态，扩大被摄主体的空间环境，展示生活的本来面貌，增加画面的信息含量，创造新的视觉节奏，因此，在直播中综合运动摄像运用较多。

三、画面构图

画面构图是指对组成画面各元素的布局与安排，具体来讲包括对光线、影调、线条、色彩等形式元素的组织与对主体、陪体、前景、背景等结构元素的安排。好的画面构图有利于清晰准确地传递信息，增强画面表现力，突出主题，给观众以视觉享受。

（一）画面构图结构元素分析

画面构图结构元素是指画面构图中各被表现的对象在画面中依照表现重点程度的不同而产生不同结构上的区分。画面构图结构元素主要包括主体、陪体、前景、后景、背景等。画面构图中要求突出画面主体，因此，拍摄者要处理好画面内结构元素之间的关系，做到主次分明。

1. 主体

主体是指画面中要表现的主要对象。主体可以是人，也可以是物；可以是单人（物），也可以是众人（物）。在网络直播中，要正确处理好主体与陪体、前景、背景、光线、色彩等之间的关系，调用各种手段突出表现主体，使画面结构主次分明，主次有序。

2. 陪体

陪体是相对于主体而言的，指与主体密切相关陪衬主体的事物或人物。俗话说“红花还需绿叶衬”，陪体就是凸显“红花”的“绿叶”。陪体可以是前景，也可是背景。在网络直播拍摄中，人与人之间，人与物之间，物与物之间，都存有主体与陪体的关系。在画面构图时，我们不仅要重视表现主体，同时还要重视对陪体的取舍和布局，因为陪体的作用不可忽视。其一，陪体对主体起到陪衬的作用，帮助主体表达画面内涵；其二，陪体可以渲染、烘托主体，使主体表现更加突出；其三，陪体可以均衡和美化画面，使画面更具层次感与纵深感。

3. 前景与后景

前景是指位于主体之前，或是靠近镜头位置的人物、景物。有时可用陪体作为前景，但在大多数情况下前景是环境的组成部分。前景的作用主要有三：其一，交代有关内容。例如，用横幅标语作为前景，体现会议的主旨、气氛。其二，表明季节及其环境特色。例如，用绿色的柳条作为前景，表明事情发生的季节是在春季。其三，增强画面空间感与美感。例如，用方框作为前景，将主体镶嵌在画框中，可以增强画面的纵深感，给观众以视觉美感。在运用前景构图时，要防止前景过于抢眼，导致主次不分。

后景是相对于前景来说的，指主体之后离主体较近的事物，是背景的一部分，它与画面中的前景、主体三者形成画面空间透视感与立体纵深感。后景的作用是使画面信息饱满，交代主体所处的环境。

4. 背景

背景是指处在画面主体后的一切事物。背景可以是人、物、自然风景、事发现场等。背景既可表现主体活动的环境，也可营造一种氛围。在直播拍摄中，要选择好背景，充分发挥背景的作用，准确运用背景交代事件发生的环境，处理好背景与主体之间的关系，控制好背景与主体之间的距离，使画面构图既简洁又美观。合理安排背景要注意以下几点：

其一，要把主体与背景明显区分开，主体与背景的关系是“图”与“底”的关系，要在背景中突出主体，不能让背景抢去了主体的风采。

其二，要注意背景与主体的层次性，用背景交代主体活动的空间环境。

其三，要防止背景中出现破坏性线条，影响构图的美观，例如树从人的头顶“长”出来，电线杆从肩膀上“竖”起来。

其四，要注意背景与主体颜色相和谐，不能让背景颜色冲淡或掩盖了主体颜色。

前景、后景、背景构成环境。环境是人物活动与生存的空间。在直播拍摄中，把握前景、后景、背景在构图中的作用，实际上就是要合理充分运用环境来展现主体活动的场所、时代特征、季节特点等。

（二）画面构图特殊元素——空白

空白是指画面中大面积单一的色块。在画面构图“留白”中，既要注意画面结构元素的位置安排，又要考虑它们之间的有机联系。画面中结构元素过多、过密，容易造成堵塞感，使观众应接不暇；画面中结构元素过少、过疏，易使观众一览无余，画面信息量不足。因此，在画面构图时，要控制好空白的比例，讲究疏密合理，主次分明。在有运动主体的画面中，更要讲究“留白”，即预留运动物体前进方向的空间。例如，在直播汽车大赛时，汽车在公路上行驶就要在其前方预留一定的空白；在直播马拉松赛时，要给运动员前方预留足够空白，否则，运动员就会冲撞画边，令观众感觉心理不适。

（三）画面构图基本法则

画面构图是否合理，要从画面形式及其传递的内容两个方面来衡量。忽视内容的形式美缺乏内涵，无法给观众留下深刻印象；轻视形式的内容美缺乏视觉冲击力，难以达到理想传播效果。只有为了更好地传递内容寻找合适的形式才是构图的理想境界。因此，有些基本的构图法则在直播拍摄中值得遵守并加以应用。

1. 对称与平衡

在画面构图中，首先要考虑的是对称与平衡，只有如此才能求得视觉上的稳定感。

根据格式塔心理学的解释："'对称'基本上是同一个母体形的'左—右'或'上—下'并置而形成的一种镜式反映关系，对称是简约的完形或好的形的一个主要性质。"[①]因此，在构图时根据内容需要应讲究对称美。平衡的构图不一定是对称的构图，平衡是一种心理的体验，例如，同样大的图形，右边的要比左边的重一些，要想左右平衡（看上去一样大），左边的通常要大一些。对色彩来说，红色就比蓝色重一些，明亮的色彩就比灰暗的重一些。如果想让一块白色与一块黑色达到平衡，黑色的面积应该大一些。这一效果应该归因于辐射效应，明亮一些的表面看上去就比灰暗的表面面积大一些。[②] 对称与平衡是一对统一体，常表现为既对称又平衡，实质上都是求取视觉心理上的静止和稳定感，使人称心愉快。

2. 比例与节奏

"黄金分割"被公认为是世上最美的比例，即把一条线段分割为两部分，使其中较长部分与全长之比等于较短部分与较长部分之比，其比值近似值是0.618，约相当于5∶8，如图6-1所示，$AB:AC=BC:AB=0.618$。由于按此比例设计的造型十分美丽，因此称为黄金分割，也称为中外比。在画面构图中，最能表现构图艺术美感、最能突出对象、最能吸引观众视觉注意力的主体位置，正是对象落在画面的对角线上连成的黄金分割线附近。

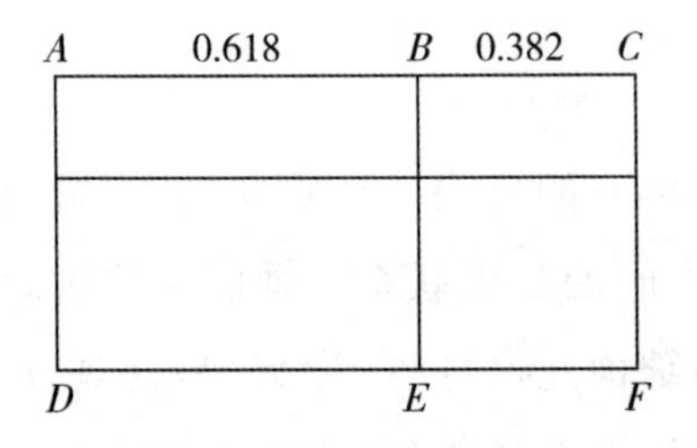

图 6-1　黄金分割比示意图

直播画面有竖屏和横屏之分，构图时要考虑两者的特点。如果是手机直播，则画面呈现竖屏较多，要考虑如何把直播内容合理安排在竖屏画框中。一般把竖屏分割为上中下三个部分，把主播安排在竖屏的下三分之二部分，上三分之一安排背景内容。如果是主播直播带货，则画面大致这样安排：下三分之一呈现带货的产品，中三分之一呈现主播近景，上三分之一则是直播间的背景。如果直播呈现的是横屏画面，则常常把画面分为左中右三个部分，合理安排每部分的内容，让直播画面信息饱满。如果只有一个主播入画，则安排在画面的左或右三分之一处，画面其他部分则安排直播的内容。如果主

① 鲁道夫·阿恩海姆.视觉思维[M].滕守尧，译.北京：光明日报出版社，1986：21.

② 同上书，1986：22.

播不入画，则要考虑让直播的主体内容充实画面，以满足观众对直播信息的需求。

除"黄金分割"比外，画面构图中比例的大小可以根据具体内容与观众心理需要加以调整，如主体与陪体大小之比，主体与背景所占画面面积之比，前景与主体所占画面面积之比等，不同的比例传递的内涵往往不同。

节奏是画面构图的"神韵"，它联系、维系着画面诸要素的活力。在画面构图中，节奏主要是通过线条的流动、色块形体、光影明暗等因素的反复重叠等有规律的运动，引起欣赏者的生理感受，使观众的视线追随着它们产生有节奏的视觉运动，进而引起心理情感的活动。① 在拍摄中，节奏还体现在主体运动、摄像机视点移动、景别变化等方面。主体运动快则节奏快，主体运动缓则节奏慢；景别小则节奏快，景别大则节奏慢。

3. 对比与和谐

对比是将相同或相异的视觉元素作强弱对照的一种构图法则。在画面构图中，对比表现在主次、大小、高低、动静、黑白、疏密、虚实、刚柔等方面，它们彼此渗透、相互共存。多种对比交融在一起，通常在同一画面之中，称之为同时对比。对比越清晰，视觉效果就越强烈。由于直播画面构图具有连续性特点，因此，对比还表现在相继流动的画面之间，可称之为连续对比。无论是同时对比还是连续对比，其主要作用是为了突出形象，传递情感，表达观点，引起注意等。和谐是在类似或不同类的视觉元素之间寻找相互协调的因素，寻求共同点，缓和冲突，也就是在对比的同时产生和谐。对比与和谐互为因果，共同营造美感。

4. 变化与统一

在画面构图中，既要注意在统一中求变化，又要注意在变化中求统一。心理学告诉我们，变动的事物更易引起人们的注意。在直播拍摄中，画面处于不断流动的状态中，变化无处不在。有变化无统一就凌乱。在画面构图时不能为了追求形式变而变，而应依据内容需要在变化中求得统一。统一是把构成画面的各个视觉元素联成一体时所形成的同一性和整体性。统一有着比协调更明显的共通性，可把统一看作是更高层次上的协调。有统一无变化就单调。画面构图中的统一是对变化、对称、平衡、比例、节奏、对比、和谐等多种法则进行的"多样的统一"。

四、布光技巧

在网络直播拍摄中，离不开光线的运用，布光是一个重要的环节。光线是一种造型手段，光线表现出来的影调、层次、对比、基调、色彩还原以及各种特定的光线效果直接影

---

① 黄匡宇.当代电视摄影制作教程[M].上海：复旦大学出版社，2006：186.

响着直播的效果，下面主要介绍光线、布光依据、布光方向、布光方法。

（一）光线

光线是画面构成的重要条件，光线使被摄对象轮廓与细节清晰可见，无光便无影，无影便无形。光线在构图中的重要性不言而喻。如何运用光线，需要理解光源、光的性质与光型等内容。

1. 光源

光源种类多，一般分为自然光、人工光和混合光三种。光源位置对画面影响很大。正面光源用于表现被摄对象正面形状容貌；侧面与背向光源主要用于表现被摄对象的整体轮廓，使被摄对象形状空间立体感增强；顶部光源主要用于照亮被摄对象头部，如人的发丝清晰可见；眼神光主要照亮被摄对象的眼睛，使眼睛发光，人物有神。光源位置分布可以单一，也可多个，这取决于拍摄者表现重点的需要。

2. 光线性质

从光线性质角度来看，光线可分为硬光和柔光。硬光也叫直射光，是指照射方向明显、强度较高的光源发出的光。通常在硬光的照射下，被摄物体轮廓边缘清晰，受光面亮，阴影很黑，明暗对比强烈。硬光通常作为主光源使用，拍摄人物时往往安排在距被摄人物较远处，因为太近容易刺眼。柔光也叫散射光，是指发光面积大的光源所发出的光。柔光特点是没有明显方向，光线柔软，受光面与背光面过渡柔和；照明均匀，被摄对象边缘柔和，比较适合温情的场合，落日余晖、阴天等都属于柔光。

3. 光型

光型是指光线在拍摄时的作用。光型可分为主光、辅助光、背景光、轮廓光、修饰光等。主光也叫塑形光，是指拍摄中起主导照明的光线，具有明显的方向性，用来表现事物的形态、轮廓线条及其表面质感；在拍摄实践中主光只有一个，其他光线都是对主光效果的补充或完善。辅助光也叫副光，相对于主光而言，是指拍摄中次要的照明光线，也就是人们所说的“补光”；主要用来减弱主光造成的阴影反差，展现阴影部分的细节，丰富影像的层次。背景光也叫环境光，是指用来照明被摄主体环境的光线；背景光主要用来渲染环境气氛，烘托被摄主体。轮廓光也叫立体光，是指用来勾画被摄主体轮廓的光线，一般运用逆光或侧逆光，把被摄主体从背景中分离出来，增强画面的立体感。修饰光也叫点缀光，是指对被摄主体局部进行强调或修饰的光线，例如眼神光、头发光、道具光等。在布光时，根据表现主题、创意风格及其现场光线等因素的需要，一般按照“主光→辅助光→背景光→轮廓光→修饰光”的次序进行布光。

（二）布光依据

布光是指摄影师或灯光师根据拍摄意图调控人造光的行为。在直播拍摄中，无论是室内直播拍摄，还是室外直播拍摄，均要考虑光线的强弱对拍摄效果的影响，布光必不可少。布光首要依据是直播主题的要求。不同类型的直播，直播的内容与表现的主题不同，因此，布光时要围绕突出直播内容与主题布光，注重光线效果。其次，布光要依据直播色调的整体风格要求。网络直播是以暖色调为主，还是以冷色调或其他色调为主，可以通过布光，控制色温，从而保证画面色调的统一。最后，布光要依据拍摄对象特点与现场拍摄要求。在布光过程中，应按照不同拍摄对象的质感（是否反光）和拍摄现场实际光线条件，选择合适的光源，并通过不同光种灯具的灵活组合，以表现直播主题为依据，合理调整各类光线的强度和位置，使网络直播达到最佳效果。

（三）布光方向

布光方向是指光源位置与拍摄方向之间的光线照射角度。具体来说，可以分为正光、侧光、正侧光、逆光、侧逆光、顶光、脚光等，如图 6-2 所示，这些光的各自特点与功能分述如下。

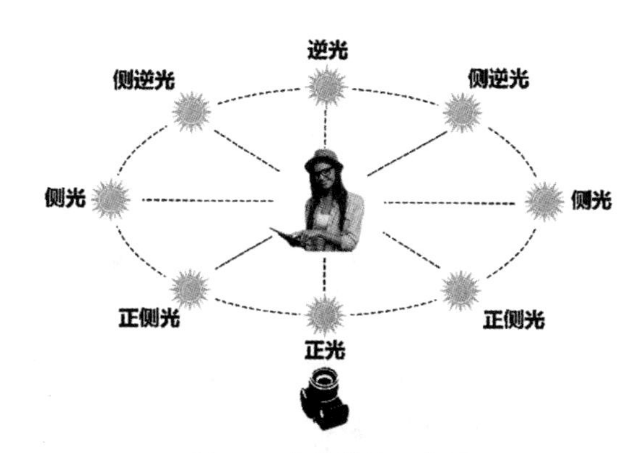

图 6-2　光位设计示意图

1. 正光

正光也叫顺光，指光源与摄像机镜头基本在同一高度并和摄像机光轴方向基本一致的照明。正光投射到被摄体的影子很小，受光面得到同等程度的表现，影调层次不够丰富，缺乏立体感。正光常用于拍摄景物。

2. 侧光

侧光指光的投射方向与摄像机光轴成 90°的照明。侧光照明画面层次丰富，立体感强，被摄对象明暗各半。侧光常用于表现有个性的人物或表面粗糙的物品。

3. 正侧光

正侧光又称为前侧光、斜侧光，指光的投射方向与摄像机光轴成 45°左右的照明。这是摄影摄像中常用的主光形式，正侧光照明使被摄对象受光面多，阴暗面少，影调自然，被摄体纵深感强，层次分明。无论是拍摄人还是物，这种照明方向在直播拍摄中经常运用。

4. 逆光

逆光也称轮廓光，指光的投射方向对着摄像机的照明。逆光照明看不到被摄对象的受光面，只能看到其亮的轮廓。逆光能把被摄对象从背景中分离出来，从而突出被摄对象。逆光用于环境造型中，可使空间感增强；用于拍摄人物中，可以揭示人物的精神气质。如果要把被摄体拍成剪影效果，就离不开逆光的运用。

5. 侧逆光

侧逆光又称为后侧光、反侧光，指光的投射方向与摄像机光轴方向成130°左右的照明。侧逆光照明使被摄对象受光面少，阴暗面多，影调层次丰富，立体感强。在拍摄自然环境中，能很好地表现大气透视效果；在拍摄人物中，要注意光比的合理性，避免人物脸部大面积过暗。

6. 顶光

顶光指来自被摄体顶部的照明。光的投射方向与被摄体垂直在60°～90°范围内的光，均可称为顶光。顶光一般不适合拍摄人物的近景与特写，因为这种光照射下的人物，其前额、鼻梁、颧骨都很亮，而眼窝、两腮和鼻子下部均很黑，会丑化人物形象。但在野外拍摄自然景物时，合理运用顶光有时可以拍出优美的画面。

7. 脚光

脚光指光源低于被摄体，由下向上照射人物或景物的光线。与顶光一样，脚光也是一种反常的光位。照射人物时，其下颌、鼻孔、两颊很亮，而鼻梁、眼窝和上额部分阴影很重，造成一种奇特的效果，会丑化人物形象，因此，拍摄人物时一般情况下不用脚光，但常用此来表现特定的光源效果，例如台灯、篝火等。

(四) 常见布光法

网络直播中，除事件直播无需布光外，其他类型的直播均涉及布光。拍摄前的布光，既是一项技术工作，又是一项艺术创作。布光时要求做到突出主题，指向明确，布光简洁。布光时拍摄人员要综合考虑光型、光比、光位、被摄主体特点及其环境光线的强弱等诸多因素。直播拍摄布光主要把握两点：一是光的照射方向，二是光的明暗比例，即光比。下面介绍三种常见的布光法。

1. 三点布光法

三点布光法也称三光照明或三角形布光，是摄影摄像中最常用的布光方法，由主光、辅助光、背光组成。

在布光时，先确立主光的位置与角度，拍摄中主光确立被摄体的形态，一般用聚光灯，光线较强，方向明确，投影清晰；光位一般采用斜侧光位。辅助光用于补充主光照明的不足，丰富影调层次，冲淡主光造成的阴影，辅助光一般采用散光灯或者使聚光灯间接照明转变为散射光，与主光比控制在1：2至1：4之间，光位在被摄主体阴影或投影的一侧，通过移动辅助光源与被摄主体的距离来控制光线的强弱。背光也叫轮廓光，从被摄体的背面方向投射过来，有助于把被摄体从背景中分离出来。背光通常使用聚光灯照明，光线亮度大且强硬，一般超过主光，光比约为2：1，一般采用逆光位或侧逆光位，置于被摄对象的背后或稍高的地方，光源不能进入摄像机的镜头。有时，人们使用反射光作为背光，即光线投射到天花板或被摄者背后的墙壁上，再反射到被摄者的背面，形成较柔和的背光。

2. 全面布光法

全面布光法是指在三点布光法的基础上，为了营造更好的光线效果，有时在拍摄时采用更多的辅助光源，例如背景光、装饰光、效果光等，以达到理想的传播效果。

背景光，也称为布景光，是用于照明被摄对象周围环境和背景的光线。其作用主要是照亮景物背景，突出被摄主体，说明主体与环境的关系，增强环境空间的真实感。常用散光灯实现对环境的整体照明或平面背景的照明，用聚光灯照亮局部区域以造成背景有较强烈的明暗层次。运用背景光时应注意避免对主体布光效果的影响，背景光的强度一般以主光的$\frac{1}{2}$或$\frac{3}{4}$为宜，过亮的背景会产生逆光效果，减弱前景主体的相对亮度，造成喧宾夺主。

装饰光，装饰光用于弥补各种光线照明的不足以及强调被摄体的某些局部。例如，表现头发特征和质感的头发光，表现道具形态与质感的道具光，使人眼产生较亮反射光点的眼神光等都是装饰光。装饰光有利于对被摄体的造型，对光线的整体效果起润色、调节作用，增强被摄体的立体感与真实感。应用装饰光时要防止它对主光、辅助光照明效果的破坏，必要时要作适当的遮挡。装饰光适宜使用发出小光束的聚光灯或功率较小的散射光灯具，具体选用哪种灯具，要根据装饰光的效果来决定。

效果光，指用于表现各种光源特殊效果的光线。例如，迅速闪动光源前的遮光板可以营造闪电的效果，用主光照射水面可产生水面反射效果，把燃烧物放在前面可制造火光效果，用小型球面镜在旋转中反射光亮可制造各色流动光效等。

3. 不同质感的商品布光法

在直播拍摄时，不同的商品具有不同的质感，不同的光线有不同的反射效果，因此，布光时要考虑商品表面的质感。一般来说，表面粗糙的商品宜用硬光斜侧照明，表现物体凹凸不平的质感，辅助光用软光减弱反差；表面光滑的商品宜用软光并选择合适的角度照射，以减少反光和光斑，表现光滑表面的质地；对于透明的商品，宜用侧逆光或逆光以表现透明感，并使商品的轮廓线有较好的体现。常见的不同质感的商品布光方法如下：

水果——表面光滑的水果，例如苹果，宜用软光照明；表面粗糙的水果，例如菠萝，宜用硬光照明，并用辅助软光配合。

玻璃器皿——宜用逆光照明，光质要软，并配合正面散射光照射。

纺织品——表现光滑的纺织品宜用侧软光；表现粗糙的纺织品宜用侧硬光，并用辅助弱光；半透明的纺织品宜用较强的逆光显示透明效果，并在正面加辅助软光。

金属制品——反光性强，宜用软光全包围式拍摄，例如对首饰的布光就是这样。

当然，布光技法远不止这些，以上介绍的这些布光法常用于拍摄静态事物，还有更为复杂的动态布光法、人造光与自然光混合的布光法、拍摄人物的蝶形布光法等，在直播拍摄中，根据实际情况，可在掌握上面常见布光法的基础上，加以灵活应用，以求通过布光达到理想的直播效果。

五、声音采录

在直播拍摄中，除熟练掌握影像角度、运动摄像、画面构图、布光方法之外，声音采录也是一个不可忽视的重要方面，因为在网络直播中叙述内容主要靠声音，所以声音与画面处于同等地位。

（一）话筒种类及其特点

在网络直播中，常见的拍摄工具有智能手机、摄像机、自带摄录的电脑、带摄像功能的相机，这些设备中大都可自行采录直播声音，简单实用。为了确保声音质量，主播往往采用专业话筒。话筒是一种能把声波转化为电信号输出的声电转换设备，是声音录制的基本工具。在这里我们有必要认识不同类型话筒的特点，以便在日后直播采录声音时选择合适的话筒。

1. 按照声音转换原理的不同，话筒可分为动圈式话筒与电容式话筒

（1）动圈式话筒。动圈式话筒又叫电动式话筒，主要由磁铁、声音线圈、振动膜和输出变压器组成。声波作用于振动膜上带动声音线圈振动，使声音线圈导体切割磁场的磁力线，产生感应电动势，从而产生电流形成音频信号。动圈式话筒无需单独供电，结构简单，可靠方便，使用寿命长，价格便宜，从外形来看，其话筒头一般较大，其广泛用于室内外直播中。

（2）电容式话筒。电容式话筒主要由电容极头和前置放大器组成，当声波作用于一个电容极头的振膜时，振膜产生位移，使得电容的电容量发生变化，经前置放大器放大后产生电动势，即把声波转化为电流。电容式话筒必须由外部供电（使用小电池即可），其频率特性好，灵敏度高、音质清脆，在网络直播中也常常用到这种类型的话筒。

2. 根据拾音指向特性的不同,话筒可分为全指向话筒、双指向话筒、单指向话筒

(1) 全指向话筒。全指向话筒也称无指向性话筒,能拾取到来自四面八方的声音,对各声源有相同的灵敏度;其拾音能力与声源的距离有关,与声源的方向无关。使用这种话筒时,话筒与声源距离要近,以保证所要采录的声音清晰。使用这种话筒可把整个直播场景声音均衡地录制下来。

(2) 单指向话筒。单指向话筒又称为心型话筒,对正前方声音拾取效果最好,对其他方向声音拾取能力很弱。超心型话筒能拾取到前方狭长范围内的声音,对话筒两侧的声音基本可以消除,对正前方距离很远的声源也能很好地拾取,因此,它能把主播声音从复杂场合众多声音中分离出来进行录制。

(3) 双指向话筒。双指向话筒又称为8字形话筒,对前面与后面的声音灵敏度相同而且最大,对两侧声音的灵敏度几乎降至为零。运用这种话筒采访时,可以同时把采访者与被采访对象的声音录制下来。

此外,根据使用的方式不同,话筒还可分为固定话筒与移动话筒。固定话筒包括:台式话筒、立式话筒、悬挂式话筒、隐藏式话筒、远距离话筒(枪式话筒);移动话筒包括:手持式话筒、颈挂式话筒、吊杆式话筒、头戴式话筒、无线式话筒等。

(二) 声音采录要点

在认识了话筒种类及其特点后,在直播声音采录中,如果用到摄像机与专业话筒,要保证声音效果,还需要掌握以下几点。

1. 根据实际需要,正确选择话筒类型

每次直播拍摄前,先要考虑好选用哪种话筒最合适。如果仅传播主播声音,则可选择电容式单指向话筒,如果是主播采访人物,则用双指向话筒较好;如果要采录整个现场的声音则可选择全指向话筒;如果要采录较远的声音,则可选择远距离话筒等。正确选择话筒类型是保证录音效果的前提。

2. 逐一检查录音器材,确保设备处于良好状态

直播前,要清点录音器材是否齐全,话筒、音频线缆接头、音频显示屏、监听用的耳机等是否处于良好状态。如果是电容式话筒还要备好小型电池。此外,反复试录几次,确保线路畅通与录音效果。检测声音器材,不要怕麻烦,这是确保直播声音质量的必要准备。

3. 线路连接要牢靠,话筒位置要定好

在直播前,首先要检查音频线缆与话筒接口、摄像机接口是否牢靠,话筒上的开关位置是否处于开的位置。然后根据拍摄需要,定好话筒位置。一要定好距离,尽量让话筒靠近声源,使声音清晰;二要定好方向,确保声音在话筒的拾音范围内,单指向话筒拾

音角度一般在 80°左右，80°外的声音明显被抑制；三要定好角度，根据不同类型的直播，话筒与被摄对象的角度要定好。

4. 调整录音电平，确保录音效果

如果用摄像机拍摄，就要调好录音电平。录音电平是声音采录的主要技术指标之一。其大小是以分贝(dB)为单位，一般用音量单位表(又称 VU 表)和峰值节目表监测录音工作状态。录音时，摄像师根据摄像机上的音量表指示，通过调节录音电平控制按钮进行音量大小的调整。广播级摄像机都有音频电平自动控制旋钮和手动控制旋钮。当使用自动控制旋钮时，如果音量过大就会被自动压小，如果音量过小就会被自动放大，其优点是不会因声源音量大幅度变化而影响录音质量，其缺点是破坏了声音音量大小的原貌，影响了声音空间感。当使用手动控制旋钮时，先要将电平控制开关拨到手动位置，然后依据所录对象音量大小，调节和设定录入电平控制旋钮位置，使该声音音量大小控制在合理的范围内。一旦确定了电平控制旋钮位置，在采录过程中一般不可再作调整。

5. 直播中注意避免室内外噪声、反射声进入话筒，确保录音清晰

在室内直播摄录时，有时会遇到一些人为的噪声以及声音传播中产生的反射声，导致直播的声音含混不清，因此，在正式直播前先要想办法清除噪声与反射声，如是家电发出的噪声则可关闭家电开关，如是墙壁导致的反射声则可在声源周围挂一些幕布，以减弱声音的反射。在室外直播时，则要注意风声进入话筒，可以用防风罩包住整个话筒，以降低或消除风声。同时防风罩还可以防止说话时的喷口声对话筒的干扰。

6. 检查直播声音效果，发现问题及时纠正

在直播前要测试声音效果，如果发现声音不清晰、声音混响、音量过高或过低等问题，要及时调整，确保直播声音清楚顺耳。

第二节　室内直播拍摄技巧

以直播地点来划分，网络直播可分为室内直播与室外直播。室内直播是指直播场地设定在房屋内的直播。由于受到室内场地和光线条件的制约，要确保良好的拍摄效果，室内直播拍摄者要掌握以下拍摄技巧。

一、室内直播拍摄手法

根据室内直播的内容与场地确定直播的机位，常见的机位布置有三种：单机位、双机位和多机位。一般来说，室内直播拍摄以固定拍摄为主，移动拍摄为辅，景别以全景或中景为主，直播内容主要通过主播的言语与动作来传递。

（一）单机位直播拍摄

单机位直播指只有一个机位的直播。在电商、娱乐、生活、科教等直播类型中均可应用。单机位直播的机位是固定的，机位放在拍摄对象的正前方，景别无变化，常常以全景或中景为主，拍摄对象可以在景别范围内小幅度运动。如果主播表演舞蹈，则通过全景可以让用户看到主播的舞蹈动作；直播主播唱歌，可以看到主播的口形变化；直播主播二胡表演，可以看到主播左手揉弦右手拉弓的形象等。

（二）双机位直播拍摄

双机位直播指有两个机位的直播，在不同类型的直播中均可应用。两个机位分工不同：一个机位在拍摄对象的正前方，离拍摄对象较近，以近景或中景为主，展现直播内容；另一机位离拍摄对象较远，承担拍摄对象的全景，以交代环境内容，往往置于正前侧。例如广东广播电视台音乐电台成立 20 周年所举办的直播带货，主要采用了两个直播机位：一个机位在主播的正前方，通过中景或近景拍摄主播及其所推销的商品；另一个机位在主播的正前侧，离主播较远，通过全景展现直播现场环境。

（三）多机位直播拍摄

多机位直播指有三个或三个以上机位的直播，常用于重大活动或重大事件的直播。为了方便导播切换画面，往往给每个机位编个序号。每个机位承担的作用与功能各不相同，所采用的景别也不相同，彼此不能相互替代。例如直播晚会，标准型机位常有 6 个，即表演区三个机位、观众区两个机位、摇臂移动机位一个。表演区的三个机位：一号机位主要负责拍摄主持人与演员，提供的画面以特写、中景与人的全景为主，因此，往往布置在舞台的上场门处，它靠近台口。二号机位安放在舞台正前方观众席中，离舞台边沿约有 20 米的距离，通常机位架得较高。二号机要有包容性，景别以全景为主，要把整个表演区框进画面中，展现节目表演的全景。二号机还可起到调度作用，当舞台上节目做较大调度时，导播往往会用二号机做场面调度。三号机与一号机相呼应，靠近台口位于舞台的下场门，与一号机同在一条轴线上，有时会略微靠后，这是为了在一号机来不及拍摄主持人画面时，三号机及时弥补。此外，一号机与三号机交叉拍摄，有利于拍摄晚会中的交谈节目。四号机位与五号机位是指观众区的两个机位，主要负责拍摄观众的反应镜头，一个拍摄全景或中景画面，一个拍摄近景或特写画面。六号机位是摇臂机位，主要采用俯拍方式，既可拍摄表演区也可拍摄观众区，属于室内运动拍摄，景别可不断变化。

二、室内直播拍摄要点

在室内直播拍摄中，要根据直播的场地、内容与成本预算，确定是采用单机位、双机位还是多机位。确定拍摄机位数量后，再合理安排机位。室内直播拍摄要掌握拍摄要点。

（一）室内直播以固定镜头为主，构图时要考虑在静态的镜头中如何展现动态的内容，有利于观众看清直播内容

室内直播用固定镜头拍摄（机位固定、光轴方向不变、焦距固定），画面结构不变，其展现的画面空间是有限的，但是，直播中主播是动态变化的，无论是直播真人秀表演还是直播带货，均要考虑在有限的画面中如何清晰完整地传递直播内容，因此，被摄对象的形状、大小、空间位置、主体与环境的关系、主体与陪体的关系等要处理得当。此外，直播构图时注重画面四周的留白，不能让主播突破画框，破坏画面。同时主播要控制好动作幅度，有意识地约束自己的肢体行为，不让肢体撞破边框。

（二）要注重突出画面主体，精心设计画面布局，增强直播的画面美

室内直播构图大多属于封闭式构图，其要求在有四条边的画框内精心布局，注重画面形式均衡、内容完整；一般把被摄主体安排在视觉中心、趣味中心或黄金分割位置。在直播带货中，主播及其所推销的产品常是被摄主体，因此，在画面构图中要重视其在画面中的布局，如图 6-3 所示小米科技创始人雷军在直播带货，直播画面分为三个部分，下方三分之一是两位主播在推介手机及其与粉丝互动内容，中间三分之一是最新发布的小米手机，上方三分之一是展示直播相关信息。在科教直播中，要注重主播形象与直播内容的同步展示，例如，搜狐创始人张朝阳在搜狐视频推出了一档《张朝阳的物理课》直播课程，搜狐视频上线直播“白板功能”，主播手绘内容可同步到直播间，如图 6-4 所示，直播画面上三分之一部分是张朝阳授课时手写的计算公式，下三分之二部分是张朝阳

图 6-3　雷军（右）在直播带货

图 6-4　张朝阳直播物理课程

授课时的形象。室内直播构图时要做到以下四个方面：一是要根据直播内容与主题表达需要，体现出直播内容、形式与风格的统一；二是在构图时要注重直播画面内容的层次感，处理好主体与陪体，主体与前景、背景之间的关系；三是要考虑好采用什么角度何种景别来构图，注重光线、颜色、影调的合理配置；四是要构图严谨，注重法则，同时要防止因追求形式完美而忽略直播内容与主题的表达。

（三）合理运用抠像拍摄，把主播与直播内容合成画中画，扩大直播信息量

所谓抠像拍摄是指把被摄对象置于纯蓝色或纯绿色背景中进行拍摄（一般在直播间或摄影棚中进行），然后应用抠像特技把背景去掉，再与直播内容合在一起，从而产生一种新的画面。抠像拍摄在科教直播、娱乐直播中运用较多，如图 6-5 所示，主播在纯绿色背景前授课，正前方摄像机拍摄主播，再应用抠像特技把绿色背景去掉，留下主播画面，同时以讲课时的 PPT 页面作为直播主画面，与主播画面合成画中画，如图 6-6 所示。娱乐直播中，通过抠像拍摄主播表演才艺，然后用与主播表演内容相吻合的其他的视频或图片作为背景画面，通过软件即时合成输出直播画面，给人耳目一新的直播享受。

图 6-5 抠像拍摄

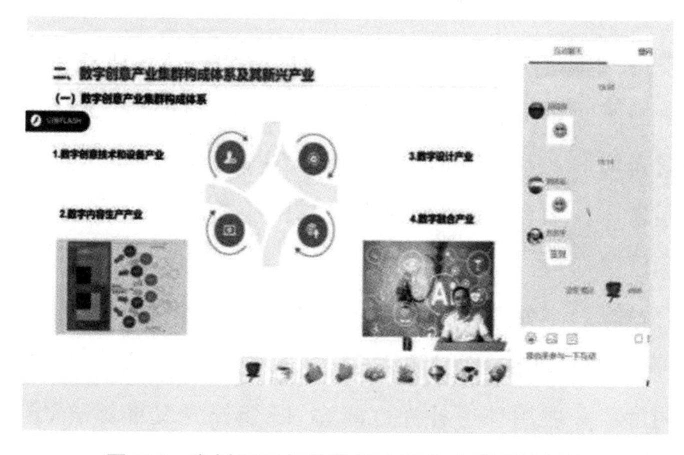

图 6-6 主播画面与其讲授内容合成的直播画面

抠像拍摄时，直播团队中的拍摄人员与直播人员要相互配合，确定好拍摄对象在直播画面合成中的位置，以确保画面构图合理。在进行抠像拍摄时，要特别注意两点：一是要确保背景照明要均匀；不均匀的照明将影响抠像效果，导致抠像不干净。二是要确保背景颜色高度饱和与均匀，以及被摄对象与背景颜色不能有同色之处，为互补色关系最好；否则，被摄对象有同色之处会一同被抠掉。

（四）讲究布光方法，注重光型搭配，确保直播画面清晰

室内直播无论白天还是晚上，人造光必不可少，因此室内既有自然光又有人造光，属于混合光。为了让观众看清直播画面，室内布光就显得十分重要。

在室内直播中要综合运用前面介绍的布光技巧。在室内布光中，首先要考虑采用哪种布光法能确保直播画面效果。一般来说，室内直播采用全面布光法的较多。直播间常用的光型有：主光、辅助光、轮廓光、顶光和背景光，不同的光型搭配，置于不同的位置，发挥各自的作用，如图 6-7 与图 6-8 所示。

图 6-7　直播间不同类型的灯具

图 6-8　直播间常用的环形补光灯

在室内布光中，要根据直播内容选择不同光型组合以达到理想的布光效果。

主光灯主要承担照明作用，一般选择冷光源的 LED 灯，使用灯带效果会更好，可使主播脸部和产品受光均匀。若用球形柔光灯作为主灯，既可 360°照明整个空间，让主播的脸部和产品看起来比较柔和，还可起到皮肤美白的效果，一般来说，主播哪边脸上镜，主光灯就放置在上镜脸那边。

补光灯（也称为辅灯）主要能辅助照明或强化主播形象。室内直播间往往有多盏补光灯，通过调试与照明对象的距离，达到最佳光比，也可选择能调节光线强弱的补光灯，以达到满意的照明度。一般用环形补光灯较多，既能补光又能柔光，还能起到美颜的效果，让主播的皮肤看起来细腻有光泽，如果结合使用反光板，能使皮肤看上去更加宜人。

如果要消除主播的眼袋、鼻影，那么环形补光灯的位置要比脸部稍低一些。

背景灯主要起着照亮主播后面空间以及装饰和烘托环境氛围的作用，当直播间光线强度不够时，也可通过调节背景灯增加光的亮度，背景灯一般安置在主播身后或背景墙上。

此外，根据直播内容需要，还要注意确定好直播间光线的冷暖色调。一般来说，主灯为冷光，辅灯可用冷光或暖光。如果整体效果为冷光，则主播皮肤显得更加白皙透彻，若补光稍增加一点暖色，则皮肤在白皙的同时可增加一点红晕。如果整体效果为暖光，则主播看上去自然一些，让人觉得舒服。有些美颜补光灯，有暖光、冷暖光、冷光三色可选，还有不同档亮度可调，灯杆高度可调，非常适合于一灯方案的室内直播。为了确保室内直播画面清晰，在布光合理的前提下，还要做到两点：一是拍摄时调焦要准，曝光要准，构图完美。二是要根据现场光线，确定光圈大小，调整好白平衡，控制好景深，确保色彩逼真。

第三节　室外直播拍摄技巧

室外直播是指直播现场在户外的直播。由于直播场地与拍摄手法运用的不同，室外直播拍摄技巧与室内直播拍摄技巧有相同之处，也有不同之处，下面从室外直播拍摄手法、拍摄要点两个方面加以阐述。

一、室外直播拍摄手法

根据室外直播拍摄所使用的机位数量，把室外直播拍摄分为单机直播拍摄、双机直播拍摄和多机直播拍摄。室外直播拍摄兼有移动拍摄与固定拍摄。室外固定拍摄手法与室内固定拍摄手法相似。这里主要阐述室外移动拍摄的机位安排与拍摄手法。

（一）室外单机直播拍摄

室外单机直播拍摄方式可分为两种：主播自拍和他人拍摄。主播自拍方式即主播一边在户外讲解，一边手持手机拍摄。主播自拍方式对主播的要求较高，既要把直播内容讲解到位，又要把直播对象拍摄清楚。拍摄的对象可以是人与事，也可以是物与景。拍摄时要注意与讲解的内容密切配合，不能两者分离。要控制好主播行走的速度与讲解的语速、移动拍摄的节奏相吻合，确保形象生动地传播直播内容。例如在旅游直播中，主播一边讲解景区特点，一边移动拍摄景区风貌，以吸引更多的游客前去旅游。

他人拍摄方式是指主播只负责讲解，拍摄任务由他人完成，双方共同完成户外直播。他人拍摄方式既有利于主播集中精力讲解内容，又有利于拍摄者专注于拍摄的对象。这种拍摄方式，主播与拍摄者要配合默契，确保讲解内容与拍摄对象融为一体，即呈现给观众的内容要声画一体，即声音与画面传递的内容合为一体；不宜出现声画“两张皮”，即声音与画面传递的内容相互分离，甚至相互矛盾，让观众不知所云，晕头转向。他人拍摄方式可以是拍摄者围绕主播讲解的内容进行拍摄，也可以是主播围绕拍摄的对象进行讲解，以谁为主，由直播的主题与内容来决定。在户外直播前，主播与拍摄者先要沟通协调好直播的路线与拍摄的内容，拍摄者要考虑好移动的路线、移动机位的安排、拍摄手法的变换等，否则难以拍摄到观众想看的内容。例如 2020 年广州从化荔枝节期间某镇开展直播活动，笔者观看了直播过程，该次直播活动采用户外单机直播方式，直播时两个主播在荔枝果园边走边讲解该镇的荔枝栽培情况、品种、口感等特点，拍摄由他人完成。由于拍摄者与主播沟通配合不到位，导致很多直播镜头出现盲区或错位，有时出现拍摄者跟不上主播的步伐，画面时常出现两位主播的后背，观众留言甚是不满。

（二）室外双机直播拍摄

室外双机直播在安排机位时，常常一个机位负责拍摄主播，另一个机位负责拍摄直播的内容，通过小型导播切换台呈现观众看到的直播内容。在双机拍摄时，要明确两个机位的分工和拍摄手法，确保两个机位协调配合，圆满完成直播拍摄任务。拍摄主播的机位，要多用全景或中景，有利于观众看清主播形象，交代主播所处的环境，尽量减少由于移动拍摄所产生的画面摇晃。拍摄直播内容的镜头，要依据主播讲解内容有选择地拍摄相关内容，要注重景别的变化，远景、全景、中景、近景、特写等景别均可运用；并且推拉摇移的拍摄手法可综合运用，不宜只用单一的拍摄技巧。

（三）室外多机直播拍摄

室外多机直播是指室外有三个机位以上的直播，依据直播活动场面的大小来确定具体的机位数量。根据直播的内容，合理安排机位，确保不同的机位承担不同的直播拍摄任务。在拍摄中要综合运用拍摄手法，让观众看到不同的直播场景。这种直播需要专业的导播来掌控导播切换台，即时传递观众想看到的直播内容。

室外多机直播拍摄要注重轴线规律，切忌方向不明。轴线是指被摄对象运动、人物的视向或人物之间交流的位置关系所形成的一条假想线。直播拍摄时，要注意拍摄主体方向明确，不能出现越轴现象。尤其是拍摄运动物体时，摄像机机位不能越过假想轴线 180°，即拍摄方向必须限制在轴线的同一侧；只有这样，才能保证多机位拍摄的运动物体方向明确，否则就是越轴，造成视觉方向的混乱。例如直播运动会，拍摄运动员奔跑时，如果摄像机分别在运动员前进方向的左右两侧进行拍摄，把两边拍摄的镜头切换在一起，就会使得观众不知运动员究竟向哪个方向奔跑，因为摄像机越轴了。

二、室外直播拍摄要点

主播走进大自然，开展室外直播，给用户展现了更多可看的风景。室外直播拍摄既有固定拍摄，也有移动拍摄，由于受到户外自然条件的影响，室外直播拍摄要求掌握以下拍摄要点。

（一）选好室外直播地点，定好直播景别，给用户更多可看内容

室外直播地点的选择，要考虑直播对象与直播地点相吻合。直播带货农产品，如果开展户外直播，则往往选择田间地头，农产品生长的地方作为直播地点；户外直播才艺表演，则往往选择广场或风景优美的地方作为直播地点；事件直播则要以事发现场为直播地点，旅游直播则要选择景区为直播地点等。室外直播地点选择恰当，能为直播效果加分。同时，要考虑好直播中景别的运用，一般来说，必须有全景景别，用于交代直播环境。如果是室外单机固定拍摄，既要让用户看到直播对象全部，还要让用户看到直播现场环境，因此，一般用固定全景镜头，直播对象只能在全景范围内活动。如果是多机位户外直播，则必须有移动镜头，通过移动镜头，拓展直播内容。

（二）运动拍摄目的要明，运动速度要得当，让用户看得舒服

一般来说，室外直播，运动镜头用得较多。在采用运动拍摄方式时，要考虑好运动目的，切忌随意运动。若想要让观众看清细节，就用“推”方式；若想让观众了解被摄主体与周围环境的关系就用“拉”方式等。无论是单独运动拍摄还是综合运动拍摄，不同的运动方式有不同的作用。在运动拍摄实践中，要配合主播讲解的内容有选择性地进行拍摄，反对毫无目的地推拉摇移。同时，运动拍摄时要注意控制好运动速度，不能忽快忽慢，太快则看不清，太慢则会让用户心理难受，运动速度要均匀，要与人们观察事物的速度相吻合。要掌握好运动节奏，不宜哆哆嗦嗦，忽动忽停。选择好运动时机，要注意使拍摄工具运动速度与直播主体的运动速度大体一致，在主体运动前方留出一定空间，表明物体动势，避免撞画框的情况出现。

（三）画面构图要合理，切忌背景杂乱，给用户以美的享受

运动拍摄中，由于机位、摄距、焦距的变化会造成画面构图的变化，因此，在运动时，要特别注意构图的合理性。一般来说，运动前就要考虑且安排好被摄主体在画面中的位置，前景、后景、背景如何处理。由于运动，新的内容不断进入，构图关系不断发生变化，所以，在运动中必须重点考虑如何合理地构图。在画面构图时，要防止背景线条杂乱而影响直播主体形象的美观，分散观众注意力。在室外直播中，有时会出现电线杆、树枝从人物头部或肩上“长”出，物体横向轮廓线横“切”人物脖子，水平线从人物耳朵里伸出来等情况。要改变人物头上“长”出枝干现象，可通过改变机位角度，避免主要人物与背

景中的枝干物安排在同一垂直线上；要改变横线切脖现象，可通过调整机位高度，避免人物肩部与物体轮廓横线安排在同一水平线上。

（四）充分利用自然光，适当运用人造光，让用户看得清楚

室外直播，除了要选择合适的地点外，还要考虑天气情况，一般选择天气晴朗的日子直播。户外直播要充分利用自然光，尽量不用人造光源。如果自然光不足，就要考虑运用人造光。户外直播中一般采用顺光拍摄，根据自然光的方向，可以适当运用反光板，同时，还可以考虑运用环形美颜补光灯，放在主播的近前方，起到既补光又美颜的作用。如果是晚上户外直播，则全部采用人造光源，要综合运用前面所介绍的布光法，考虑主光、辅光、轮廓光、背景光的配置，确保直播画面清晰美观。

本章小结

网络直播拍摄是网络直播中的一个重要环节，必须十分重视。本章重点介绍了网络直播拍摄基础知识以及室内外直播拍摄技巧。影像角度包括拍摄距离、拍摄方向与拍摄高度。从拍摄距离来看，一般把景别分为五种类型：远景、全景、中景、近景、特写；从拍摄方向来看，分为正面方向、正侧面方向、斜侧面方向、背面方向等；从拍摄高度来看，一般分为平拍、仰拍、俯拍、顶拍四种。从是否运动角度来看，拍摄方式可分为固定摄像与运动摄像两大类。画面构图要注重对主体、陪体、前景、背景等结构元素的安排。画面构图基本法则有对称与平衡、比例与节奏、对比与和谐、变化与统一。在网络直播拍摄中，布光方向可以分为正光、侧光、正侧光、逆光、侧逆光、顶光、脚光等；常见的布光方法有：三点布光法、全面布光法、不同质感的商品布光法等。此外，对声音采录要点也进行了介绍。

室内直播拍摄技巧介绍了室内机位安排与拍摄手法，重点阐释了室内直播拍摄四个要点：室内直播以固定镜头为主，构图时要考虑在静态的镜头中如何展现动态的内容；要注重突出画面主体，精心设计画面布局，增强直播的画面美；合理运用抠像拍摄，把主播与直播内容合成画中画，扩大直播信息量；讲究布光方法，注重光型搭配，确保直播画面清晰。

室外直播拍摄技巧介绍了室外机位安排与拍摄手法，主要阐述了室外直播拍摄四个要点：选好室外直播地点，定好直播景别；运动拍摄目的要明，运动速度要得当；画面构图要合理，切忌背景杂乱；充分利用自然光，适当运用人造光。

思考与练习

1. 景别分为几种？它们各有什么特点与作用。

2. 运动摄像方式有哪些,其各有什么功能?

3. 画面构图结构元素指什么?画面构图的法则有哪些?

4. 不同光型有何不同作用?常见的布光方法有哪些?

5. 室内直播拍摄与室外直播拍摄各有哪些拍摄技巧?

6. 实践题:运用本章所讲直播拍摄理论知识,参与室内直播拍摄与室外直播拍摄各一次,写份参加网络直播拍摄实践的心得体会。

第七章　网络直播技巧

学习目标

1. 了解电商直播概况，掌握电商直播技巧。
2. 了解游戏直播概况，掌握游戏直播技巧。
3. 了解生活直播概况，掌握生活直播技巧。
4. 了解事件直播概况，掌握事件直播技巧。
5. 了解科教直播概况，掌握科教直播技巧。
6. 了解娱乐直播概况，掌握娱乐直播技巧。

互联网信息技术的发展与应用推动着网络直播日益普及。为了提高直播效果，网络直播从业者必须掌握相应直播技巧。网络直播技巧既有通用的，也有独特的；既有基础性的，也有专业性的。网络直播从业者，尤其是网络主播，除了要掌握基础性的直播技巧外，还要掌握自己从事该领域的直播技巧，唯有如此，才能提高直播效果，把直播规模做大，把直播产业做强。本章根据网络直播的六大类型，重点讲解电商直播、游戏直播、生活直播、事件直播、科教直播、娱乐直播的直播技巧，为直播从业者快速提高直播能力与直播效果提供实战技巧。

第一节　电商直播技巧

电商直播也叫营销直播或直播带货，指在互联网平台以视频直播形式开展营销产品的商业活动。据第49次《中国互联网络发展状况统计报告》，截至2021年12月，我国电商直播用户达4.64亿。[①] 电商直播作为推动经济发展的新业态，日益得到政府部门的重视，2020年3月，广州市出台《广州市直播电商发展行动方案（2020—2022年）》，提出将广州打造成直播电商之都；与此同时，上海公布了《上海市促进在线新经济发展行

① 中国互联网络信息中心．第49次《中国互联网络发展状况统计报告》[EB/OL]．(2022－02－25)[2022－04－20]．http://www.cnnic.cn/hlwfzyj/hlwxzbg/hlwtjbg/202202/t20220225_71727.htm.

动方案(2020—2022年)》,杭州、重庆、东莞等城市纷纷出台电商直播扶助政策。

值得一提的是人力资源和社会保障部、中央网信办、国家广播电视总局共同制定了互联网营销师国家职业技能标准,于2021年10月15日正式颁布施行。[①] 互联网营销师是指在数字化信息平台上,运用网络的交互性与传播公信力,对企业产品进行营销推广的人员。互联网营销师要求初中毕业(或相当文化程度),职业编码是:4－01－02－07,职业分为选品员、直播销售员、视频创推员、平台管理员四个工种。其中,选品员、直播销售员、视频创推员三个工种设五个等级,分别为:五级/初级工、四级/中级工、三级/高级工、二级/技师、一级/高级技师。平台管理员设三个等级,分别为:五级/初级工、四级/中级工、三级/高级。可见,电商直播从业人员有了国家认可的正式岗位,由此助推电商直播规范健康有序发展。

如何做好电商直播,在具体操作中有哪些技巧,下面重点阐述电商直播的10个主要技巧。

一、精心策划电商直播流程

电商直播程序多,涉及的工种也多,一场成功的电商直播,离不开精心策划。因此,策划时要全面考虑电商直播前、直播中以及直播后各个环节要做的工作。

直播前一星期左右要做好预热宣传:一是设计好直播宣传的封面。直播封面是观众了解直播内容的重要窗口,封面版面要美观,标题制作要吸引眼球,封面上要写明直播时间、地点、平台、主打产品、促销亮点、主播等内容。二是确定好直播平台。选择与直播商品、主播风格相吻合的平台,如果与平台有合作,可在平台显眼位置推广直播活动。三是多渠道推广宣传。把直播二维码、海报、H5、视频广告等不同形式的直播预告推广至微博、微信朋友圈、客户端、平台、网站、公众号等多种传播渠道,引导用户订阅直播间,扩大直播的知名度与影响力。四是准备好电商直播道具。电商直播道具主要包括展示用的产品及其宣传材料,例如在白板上画好的示意图、营销的样品等。

直播中要重视直播产品时间节奏的控制。开播前几分钟要再次把直播间分享到用户群,通过奖励优惠券或红包让客户或朋友帮忙转发;直播间设置分享领券活动,引导用户主动分享拉粉。直播中按照直播脚本进行,要注重时间的合理分配,对每一种产品的营销推广要按照规定的时间进行,不能因时间把控失当,导致对有些产品推广过于简单或延长直播时间。对何时穿插折扣优惠、秒杀抢购要有整体安排。淘宝直播中介绍产

---

① 人力资源社会保障部办公厅 中央网信办秘书局 国家广播电视总局办公厅.关于颁布互联网营销师国家职业技能标准的通知[EB/OL].(2021－11－25)[2021－12－27].http://www.mohrss.gov.cn/xxgk2020/fdzdgknr/rcrs_4225/jnrc/202112/t20211227_431400.html

品时一般分为三步:第一步是真实体验产品,试用或试吃产品,强调质优;第二步展示低于市场价的直播间专属价,强调价低;第三步秒杀,秒杀之前甚至还可领一张优惠券,再次强调价低。其中,每种产品的介绍时间控制在3～5分钟内。此外,直播中要重视主播团队、运营团队与产品供应商的配合协调,确保直播顺利。

直播结束前的内容也要精心设计,除预告下次直播的内容外,还要给用户一些惊喜,让用户带着愉悦的心情离开直播。直播结束后要重视复盘总结以及产品销售环节的服务。复盘总结当次直播的经验与教训,便于优化下次直播;在产品销售环节,提升产品服务质量,进而可提升用户购物的满意度。

二、严控质量并遵守直播带货相关伦理法规

严格把关产品质量是电商直播中重要的一个环节。一般来说,电商直播中有专门负责产品筛选与质量把关的团队或部门。互联网营销师职业设有选品员工种,主要负责把关所售商品的质量。产品质量是电商直播发展的基石,一旦推销的产品存在质量问题,所带来的损失不仅仅是经济方面,还涉及主播声誉与公司品牌形象方面的损失。因此,直播中所售产品,来源渠道正规合法,且经过有关专业机构的检测,持有产品质量证书等,要经过选品员的严格把关,决不能让不合格产品、劣质产品等问题产品进入带货行列。

在直播带货中,要遵守相关法规。不得流量造假,不得虚构交易与编造用户评价,不得欺骗误导消费者;不得强行向用户推销产品,对不符合质量要求的产品要兑现退货承诺;不得以假充真、以不合格产品冒充合格产品,不得数据造假,不得采取虚假购买和事后退货等方式增加直播业绩,不得夸大产品功效,不得攻击竞争对手,不得出现广告用语不规范现象;否则,就违反了《中华人民共和国电子商务法》《消费者权益保护法》《产品质量法》《广告法》等法规。此外,要遵守《网络交易监督管理办法》《网络直播营销管理办法(试行)》《互联网直播服务管理规定》《网络直播营销行为规范》《网络信息内容生态治理规定》等,确保直播带货不"翻车",不损害组织机构与主播形象。

三、做到人、货、场相匹配

直播带货的平台较多,京东、淘宝、拼多多、抖音、快手等不同的平台对主播及其带货产品均有各自的平台规则。从事带货的主播要了解这些平台的规则与特点,选择与自身特点及其推销商品相契合的平台。

与此同时,要重视直播带货中人、货、场三个主要因素。

人主要涉及两个方面:一是直播团队,核心人物是主播;二是用户,核心人群是购买

者，主播既要清楚自己的优势，也要明白用户的消费心理。

货是指所推销的商品，高性价比的好货是用户关注的重点。主播要熟悉每一款商品的特点与亮点，便于向用户推介。一般来说要围绕直播主题来选品，一场直播带货大多选取 10～20 款产品，引流款产品通过超高性价比达到引起用户关注和增加直播间流量的目的。福利款产品通过较高性价比达到活跃直播间氛围和调动粉丝积极参与的目的。平价款产品在价格上一般与其他平台持平，主要目的是增加用户黏性，留住粉丝。主推款产品是直播间主要推介的产品，因此要精心挑选，在价格、品质、用户方面要有优势。

场即带货场地，主要涉及直播平台与场景的选择。电商直播平台主要有淘宝、京东、拼多多等商业性较强的平台，也有抖音、快手等社交性较强的平台，如何选择，应根据平台定位、主播情况以及所销商品特点等多方面综合考虑。直播场景，无论是室内直播还是室外直播，场景的布置要简洁、美观，突出直播主题。如果能把直播间与所售商品场景结合起来，直播效果就会更好，例如推销苹果，把直播间设置到苹果园里，一边推介苹果，一边让用户看到果树上成熟红透的苹果，容易激发用户购买的欲望；再如卖服装的直播间设在服装店或服装工厂，用户场景感油然而生，从而增加用户黏性。

直播带货中，要注重主播的优势、目标用户群体的特点、所销商品的类别、直播平台的定位、场景的布置与场地的选择有机结合起来，做到人、货、场相匹配，提升带货效果。

四、做好电商直播内外沟通协调工作

一场成功的电商直播，离不开一个高效的团队。一般来说，电商直播岗位主要有三种：运营岗位、场控岗位、主播及助理岗位。不同岗位之间要加强沟通与协调，提高直播效率与效益。

运营岗位主要负责策划电商直播内容，撰写直播方案，并协调直播团队与其他部门的工作，同时做好直播前的宣传预热、直播中的数据监测与直播后的总结工作。场控岗位主要负责执行电商直播方案，解决直播中的技术问题，协调运营岗位与主播岗位之间的工作，确保直播顺利进行。主播岗位主要负责推介并展示商品，与用户互动，一场电商直播一般配备 2 个主播，大多是一男一女搭配或 2 个女主播。当然，头部主播往往可以做到一人独撑一场直播。助理岗位主要负责配合主播做好直播中的管理工作，承担管理员职责，做好直播前调试设备与检查道具，直播中与粉丝的互动、补充产品信息、为用户演示领券与下单方式等辅助性工作。

按照国家人力资源和社会保障部、中央网信办、国家广播电视总局共同制定的互联网营销师职业标准，互联网营销师职业分为选品员、直播销售员、视频创推员、平台管理员四个工种。从事电商主播的岗位是直播销售员，从事产品筛选与质量把关的岗位是

选品员，从事宣传推广的岗位是视频创推员，从事直播平台运营与维护的岗位是平台管理员。可见，电商直播涉及的岗位多，人员多，除了直播团队不同岗位之间要加强沟通协调外，还要与直播的上下游机构加强协调与合作，例如产品的厂家与供货商、质检方，产品的售后服务部门等，只有做好直播内外的沟通协调工作，才能提高电商直播的效果。

五、主推所售商品最突出的亮点

电商直播是一门专业性较强的多学科交叉的营销活动。主播不但要有良好的主持技巧、出色的口才与随机应变的能力，还要懂得市场营销的技巧、了解网上用户的消费心理、掌握营销产品的专业知识以及熟悉所推介商品的特点与功能。主播拥有充足的专业知识，能有效引导用户放心购买，帮助其作出消费决策，还能专业地解答用户问题，赢得用户的信任。与此同时，在直播中主播不宜平均用时一一介绍所推商品的特点与功能，这样做反而难以给用户留下深刻的印象，既没有突出卖点，又难以促成用户下单。电商直播中应该挖掘并提炼所售商品的一个或两个亮点来重点推介，用多样化的手段与方法讲透主推商品最突出的亮点，例如在直播中通过现场品尝、试穿、化妆等现场体验的方式来验证或展现所售商品的亮点，也可通过背后的大屏幕放映相关的图片或短视频来强化用户对商品的理解，加深观众的印象。

六、以主播营销的引导力、亲和力与感染力形成鲜明人设

电商直播中主播人设定位要清晰。人设与穿搭风格相协调，更能在用户心目中形成鲜明的人设。电商直播中所推介的产品种类各种各样，主播不可能擅长推销每个种类的产品，因此，主播要结合自己的兴趣、特点与优势，找到适合自己营销的商品类型，成为所推商品领域内的专家。例如在美妆直播中，主播打造的人设就是美妆领域的专家。主播经常使用化妆、护肤方面的专业知识、专业术语，并用通俗易懂的生活化语言讲解，让用户明白什么样的问题应该如何解决，从而赢得用户的信任，放心购买。

电商直播中主播要有引导力。电商主播的引导力是指主播激发用户产生购买行为的能力。引导的方式方法多种多样，其中“自用款”[①]法是行之有效的引导用户购买产品的方法。很多电商主播在推销的过程中，常常告诉用户，自己平时用的也是这款产品。售卖化妆品的主播在直播中常在自己脸上、唇边或手上演示化妆的过程，表现化妆品的即时效果；推销服装的主播在直播中试穿或穿着所推介的衣服进行直播，展现美丽的着装；营销食品的主播在直播中试吃，分享美食的味道等。主播自用所推介的商品是以主

---

① 自用款：主播所营销的某款产品也是自己平时所用的产品。

播信用给商品作担保,更能赢得用户信任,促成下单行为。主播在直播中经常提到自己所用的护肤类产品就是直播中所推介的产品,直播中常在自己脸上、唇上真实体验产品,然后把感受说出来,让用户感同身受。

电商直播中主播要有亲和力。电商主播的亲和力是指主播亲近用户并迅速赢得用户信任认可的能力。直播中主播通过恰当的言谈举止能让用户感到主播和蔼亲切。一是主播话语要接地气,尽量使用生活语言,且要有幽默感,展现个人语言风格。二是主播的表情要自然,带着愉悦的心情向用户推销产品,笑脸迎人。三是肢体语言要丰富,身体的动作要得当,不宜矫揉造作。四是直播话语要真诚,设身处地为用户着想。五是注重自身形象,穿着要得体,既要展示主播的美丽潇洒,也要体现主播的自信大度。

电商直播中主播要有感染力。电商主播的感染力是指主播使用户产生相同的思想情感,引发情感共鸣进而产生购买欲望的能力。一是直播中主播始终要保持饱满的激情,调动用户的情绪,留住用户。二是主播要会讲所推介产品的故事,以短小有趣的故事吸引用户。三是主播要有同理心,洞悉用户心理,向用户推销性价比高的好产品,打动用户。四是主播要擅长营造紧张刺激的抢购氛围,适时运用饥饿营销法,甚至加入与粉丝抢购的行列,感动用户。五是主播要擅用场景营销,讲述自己或朋友同事使用该产品的经历与使用场景,打消用户购买产品的顾虑,感染用户。

七、运用多种促销手段增粉留粉提高成交率

粉丝量就是流量,有流量就可变现。电商直播中要重视运用多种促销手段,以此增加粉丝、留住粉丝,提高商品的成交率。

为了提高直播商品的成交率,直播中各种促销手段不可或缺。一是给商品打折,打折可以让利给用户,让用户切身感受到产品价格比平时低很多,或比其他平台更低。二是抽奖,定时与不定时抽奖活动可留住用户,调动用户参与直播的积极性。三是赠送产品,赠送所推介的产品或其他商品,可以让用户体会到电商直播的实惠性。四是发红包,红包雨,可以让用户倍感兴奋。五是发优惠券,通过优惠券,提升用户购买产品的主动性。六是限时抢购,设置“超低价格”“数量有限”“过时不候”条件,发动用户参加抢购活动,营造产品脱销场景。七是预告线下活动,邀请用户或预约用户参加主播的线下活动,进一步促销产品等。以上各种促销手段在电商直播中常常综合运用,有助于提高产品的成效率。

好的电商直播,其推荐产品有四个要点:一是产品好,二是价格低,三是抽奖繁,四是赠送多。在直播中,主播会不断强调产品的价格优势,并辅以抽奖和赠送的促销手段。一般是直播一开始就抽奖,之后每隔一段时间又来一次抽奖,并且购买商品越多,赠送

越多,有时送现金,有时送产品。

八、注重互动内容与形式的多样化

在电商直播中,主播和助理要重视与用户的互动,每隔一段时间就要有互动,通过互动及时解决用户问题。互动方式可从内容与形式两个方面来考虑。

从互动内容来看:一是要实时关注用户的反馈与留言,即时解决用户问题。尤其是对于购买中的问题,例如如何下单、如何充值、哪里有链接、如何参加活动等问题,要及时回答,消除其疑惑。二是讨论式闲聊,拉近与用户的心理距离。闲聊家常、生活经历、产品使用场景或者讲相关段子等,可让用户参与讨论话题内容。三是适时演示下单流程与促销方式,引导用户操作。直播中要适时重复在线购物程序,参与促销规则,让新老用户熟悉操作。四是设计好直播节点的推荐词,引导用户参与互动。一场电商直播会耗费好几个小时,推销的商品有多种类型,为了营造良好的直播氛围,要提前设计好便于与用户互动且与推介产品相关的推荐词或关键词。五是引导用户分享直播链接与商品链接到社交平台,扩大直播的范围与影响力等。总之,互动内容要丰富,主播在直播文案中就要策划好。

从互动形式来看,抽奖是与用户互动的最好方式之一,奖品的大小、抽奖的频次与时段要精心设计好。举行抢购、秒光活动有利于营造直播紧张氛围,激发用户的专注力,营造火爆的销售场面。主播为了创造商品秒光的场景,往往把某款商品分批次上架,上架数量由少到多,不断制造秒光景象,可极大地调动用户的购买欲望。主播要及时关注用户的留言与反馈,在直播间亲身体验商品(试穿、试吃、试用),及时解答用户问题,满足粉丝需求。直播中主播要与新到的粉丝打招呼,与代表性粉丝连麦,让粉丝感受到主播对自身的重视与尊重。此外,还可设置一些特殊的互动形式,充分吸引用户主动参与到直播中来。

九、直播后及时复盘并重视售后服务工作

电商直播结束后要及时复盘,复盘主要涉及两个方面:一是数据分析,二是直播总结。

数据主要包括直播间数据与直播后数据。直播间数据有观看人数、点赞数、优惠券领取数、商品浏览数、带货口碑分(抖音电商平台)等,直播后数据有直播人气、人均观看时长、优惠券核销率、下单数量、成交数量、退单数量、销售额、利润等的相关数据。通过对上面两个方面的数据分析,尤其是实际销售额与预期销售目标、店铺利润与预期利润目标、下单人数与观看人数、成交比例等数据的比较分析,可从中发现直播的优势与不足。

直播总结可从经验、教训、存在问题及其解决方法等四个方面进行。具体来说，产品包装是否人性化、优惠券设计是否合理、直播团队的分工配合是否协调高效、直播内容的程序安排是否合适、冷热产品的搭配是否恰当、直播节奏调控是否得当、直播道具准备是否充分、直播设备是否安全可靠、直播互动是否多样、直播氛围是否良好、直播产品备货是否充足、直播台词是否流畅、直播方案是否有可操作性、直播场地选址与布置是否合适，直播效果是否达到预期目标、直播投诉是否能及时解决等，直播后的总结可从这些方面逐一展开，为做好下次电商直播提供策略。

售后服务是直播后不可忽视的一个环节。一是用户下单后要及时发货，二是确保售货质量、规格与型号与直播中的推介内容一致，三是如有退货就要及时退款，四是要保持与用户沟通的渠道畅通，五是要及时解答售后问题。提升售后服务质量，可使短期用户成为长期顾客。

十、清晰定位并多向优秀电商主播学习

电商直播，涉及的行业领域多，主播要做自己擅长领域的直播，对自己从事的行业要有全面的认识，清晰的定位。电商主播按照粉丝数量来说（也有按照稳定的月收入或年收入来说），一般分为头部主播、腰部主播和尾部主播。头部主播指粉丝百万以上，带货能力强、粉丝金主多、收益高的网红主播，这类主播数量少，议价能力强，给粉丝的福利多。头部主播对产品要求极高，稍有不慎就会“翻车”，因此产品要通过严格程序筛选才可入选。腰部主播指粉丝在十万到百万之间，收入较稳定，且带货能力一般的网红主播，这类主播数量较多，竞争压力大，上升难度大，不努力就会掉为尾部主播。尾部主播指粉丝十万以下，收入不稳定，且带货能力弱的主播，大多数主播属于尾部主播，这类主播被品牌方挑选，变现能力差，不努力就会被淘汰。从事电商直播的主播要分析自己在直播行业中的位置，看清自己的优势与不足，有针对性地提升业务水平。

对于尾部主播来说，要多向腰部主播与头部主播学习，多多观摩他们的直播过程，从中学习成功的经验。主播之间要相互学习，要多与身边优秀的主播沟通交流，不断总结。在直播中，主播之间可相互帮助，例如帮助宣传、转发以提升直播间粉丝量。同时，主播也要腾出时间参加政府部门、行业协会与社会机构组织的业务培训，提升主播能力，例如参加人力资源与社会保障部门组织的互联网营销师培训，参加农业农村部门组织的电商直播培训。

第二节　游戏直播技巧

游戏直播是指即时展现主播进行或解说电子游戏及电竞比赛情况的传播活动。通

过借鉴 Twitch 游戏直播模式的成功经验，2014 年国内开始涌现出大量的游戏直播平台。除了网络直播平台开始涉入游戏直播领域，一些传统视频平台也逐渐加入游戏视频直播中。近年来，以主播与观众弹幕式交互为核心体验的游戏直播迅速发展，游戏直播也从单一的电子游戏视频转向电子游戏、体育竞技、秀场等综合性视频内容服务。艾媒咨询发布的《中国游戏直播行业研究报告》显示，2020 年中国游戏直播市场规模达到 343 亿元，市场保持着一定的增速；游戏直播用户规模达到 3.55 亿人，相较于 2019 年同比增长 18.3%。① 未来游戏直播平台将向移动端方向发展。下面介绍 10 个有助于提升游戏直播效果的技巧。

一、精心设计游戏直播界面

游戏直播界面应该保持简洁，突出游戏内容主体。错误的直播间布局会给观众带来杂乱无章的观看体验，而统一且有序的直播界面能营造出令人印象深刻的直播风格。

常见的游戏直播界面由几个部分构成：游戏画面主体、摄像头或虚拟形象采集、广告位置、相关介绍位置和社交引流位置等。除了这些内容，部分直播间还会设计一些个性化边框和界面来包裹以上的画面内容，达到一定的美化效果。但是无论如何，要保证各个画面内容均清晰，不被遮挡，并且风格能保持统一。比如，为了保证观众的观看体验，游戏内的一些关键信息不能被遮挡，不同游戏界面的设计不同，摄像头等画面内容应该放在合适的位置，如图 7-1 所示。

图 7-1　CSGO NAVI 战队选手 S1MPLE 的直播间设计

---

① 艾瑞网. 中国游戏直播行业研究报告[EB/OL]. (2021－09－07)[2021－09－27]. https://www.djyanbao.com/report/detail?id=2689913&from=search_list.

大部分优秀的直播间都会设计一些个性化的边框和界面来有序布置直播内容。如图 7-1 所示，在边框图片上添加摄像头采集画面和广告、社交内容，达到统一风格的效果。除了可以自主设计或寻找商业平面设计获取这些布局组件之外，OBS 软件中也有许多不同风格的插件，有支持类似流动展示社交账号、个性化展示弹幕等界面组件。在直播不同内容时，可以使用多套直播间场景布局来回切换，提供更加专业舒适的观看体验，如图 7-2 所示。

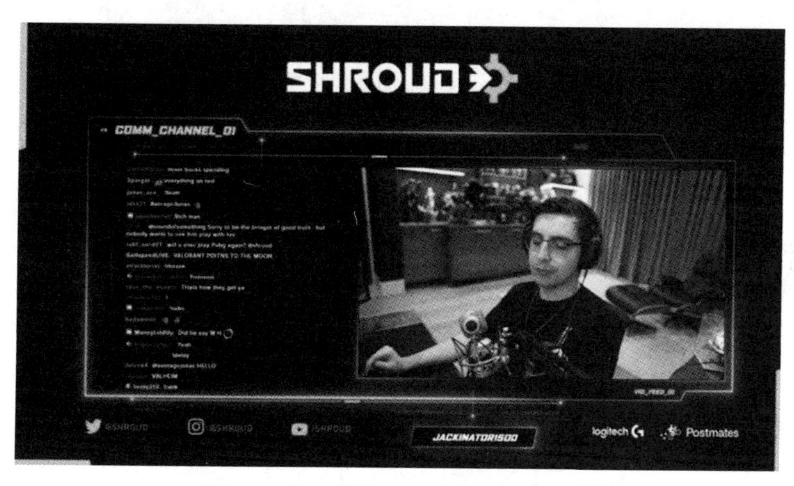

图 7-2　SHROUD 聊天时的直播间设计

二、使用实拍真人形象或虚拟形象

摄像头采集形象或使用虚拟形象是成为一个优秀的游戏主播的必备因素。因为在游戏直播中，观众更倾向于看到主播作为一名游戏玩家的即时反应与表现，并与其互动。摄像头捕捉了主播玩游戏或解说游戏过程中的表情与动作，可能会使观众产生更多乐趣。主播真实生动的反应也能提高节目效果和影响力。此外，在使用直播素材进行二次创作时，有摄像头采集的画面比只有游戏内容和声音的画面有更多的吸引力。

直播具有面向公众的表演性质，如果主播面对镜头会紧张，导致举止言行不自然，或者不方便露脸，则可以使用虚拟形象来代替真实形象以达到类似的效果。常用的虚拟形象软件有 FaceRig，BangoCat Mver。FaceRig 拥有丰富的虚拟角色和个性化造型，通过捕捉摄像头中人物表情动作，映射成虚拟形象的表情和动作，最后展示出来，如图 7-3 所示。

图 7-3　FaceRig 的虚拟形象效果

BangoCat Mver(按键猫咪)是一款对输入设备进行追踪的虚拟形象软件，常见于对按键和操作敏感的游戏直播间。通过自定义可以追踪键盘、鼠标、数绘板、游戏手柄等各种设备的输入。值得一提的是，开源录屏软件(Open Broadcaster Software，OBS)原生就附带对输入设备追踪覆盖的功能，如图 7-4 所示。

图 7-4　BangoCat Mver 虚拟形象效果

在游戏直播中，还可以用摄像头拍摄其他位置，提供更全面直观的视角。如第一人称射击者(First-person Shooter)射击类游戏中，可以将摄像头对准鼠标区域展示拖拉鼠标的操作。当然，如果有必要，可以添加多个摄像头采集画面，同时展示更多观众想要了解的信息。

三、声音采集保质有特色

除了提供更好的观看体验，游戏主播还需要照顾到观众的听觉体验。由于游戏内的声音会直接传给观众，主播需要关注使用麦克风所采集到的自己的声音。有特色的、好听的声音会使人印象深刻，吸引潜在的观众。因此，使用一个相对专业的麦克风采集到清晰、真实的人声是很有必要的。除此之外，声卡驱动的适配、麦克风位置、距离远近、声音大小，以及是否会采集到直播房间内的其他声音等都需要单独调试。如同画面调试一样，主播要在正式直播前进行简单的推流测试，并在不同终端设备上感受体验，来调试到最佳的视听效果。

值得注意的是，并不是只有完美的声音才会吸引观众。在形形色色的直播间中，如果声音拥有足够的特色，主播也有机会脱颖而出。所以，在声音方面，主播不需要追逐价格昂贵的采集设备，而应该追寻个性化和辨识度，并且能够在声音上玩出多种花样。

四、提高实时弹幕观看体验

实时弹幕是直播的一大魅力，也是主播与观众互动的方式之一。在游戏直播过程中，主播观看实时弹幕并且与之互动，能够鼓励更多的观众参与到互动中来，提升直播间的热度和活跃度。绝大部分游戏主播会选择使用一个单独的终端设备，如平板电脑，以便查看实时弹幕，或者外接另外一台显示器，专门用来查看实时弹幕。

在直播画面内，也可以使用实时弹幕插件抓取直播间的弹幕，滚动显示在直播间内。集成在直播画面内部的滚动弹幕插件与直播间默认的飘动弹幕不同，因为其样式精美，且只占很小一部分空间，会使观众观看弹幕与直播的体验更好，同时会为观看录播、回放和二次剪辑作品的观众提供更好的体验。但是，即使占用空间再小，也会一定程度上增加画面的复杂程度，遮挡部分游戏画面，主播对这一点需要进行取舍。

五、广告位置设计与个人引流并重

广告商单是游戏主播获得收益的主要商业渠道之一。一般游戏主播接单的广告分为文本广告、图片广告、插播视频广告、口播广告、试玩试用体验式广告等。因为文本与图片模式的广告会占用直播界面的空间，所以为了保证画面简洁舒适，一般游戏直播界面中只会同时有 1～2 个广告位。广告的位置要根据游戏内容而设计，既不能遮挡游戏关键信息，也要和其他画面风格相统一，才能提供良好的观看体验。

在直播间展示社交平台账号是个人引流的常见做法。滚动展示主播的社交平台账号或者粉丝群并引导关注，不仅有利于主播发布动态、形成粉丝效应、加强主播与观众的联结，还有利于打造主播的个人品牌和形象。OBS 有很多插件支持滚动展示，主播可以在保持直播画面简洁的基础上，合理运用。在引导粉丝关注社交账号的同时，注意自身言行符合规范，与粉丝展开良性的互动。

六、把游戏直播中的精彩内容制作成短视频以扩大影响力

观看游戏直播的观众大多是因为主播的个人魅力、实时且有趣的反应和互动而聚集。在主播成长到一定阶段，需要进一步扩大关注度和影响力时，就可以将直播中的一些精彩内容进行剪辑和二次创作，发布在 B 站、抖音等视频网站上。这些二次创作的精

选内容通过视频网站及社交平台的转发传播，能吸引潜在的用户来观看直播，扩大受众面。

一般来说，主播通过直播积累到足够的关注度后，都会有一些热心粉丝自发地录制和剪辑部分直播内容，并上传到视频网站上。一方面，上传者会因为视频内容热度获得一定的收益，另一方面，主播的直播间也会因此得到引流，吸引更多的人前来观看直播，在这种意义上，二者存在着互利的合作关系。如果质量较高，主播可以考虑与粉丝进一步互相扶持和帮助，达成更深层次的合作。但是，这种合作是不固定且缺乏专业性的，为了确保内容产出的持续性，主播往往需要自主剪辑或雇用专业的团队服务于二次创作，在全平台分发内容。

七、注重游戏直播标题、简介与动态的发布

由于直播间的界面空间有限，直播间的标题与简介要精心设计，并放在醒目的位置。直播标题应简洁明了，要随着直播内容的变化而更新，除了更直观地介绍直播内容，免于在直播时频繁被打断解释外，也能给潜在观众群体提供搜索的路径。直播简介可以对近期的直播内容进行预告和说明，或者给粉丝群进行引流，或者放一些其他不便于放在直播界面内的解释说明。

直播动态通常发布在粉丝群、社交账号以及直播平台动态中，用于预告直播内容、直播时段的变动，以及主播近期生活的动态，与粉丝展开直播外的互动。直播预告与变动十分关键，尤其对于不定时段直播的主播来说，积极发布直播动态有利于凝聚人气和提高活跃度。

八、合理选择游戏直播时段

同款游戏的主播存在着潜在的竞争关系。在刚开始进行直播时，选择一款合适的游戏，应在游戏生命周期的较早阶段就开始直播，这十分关键。有一部分主播能够在这个阶段得到关注，大大提高热度。

除了精心选择游戏以外，直播时段的选择同样很重要。与大部分主播错开直播时段，能够规避相对激烈的竞争，更容易获取用户的关注。有一部分主播会选择在业内其他主播休息的时间开播，比如在早上 8 时直播，就有可能获得较大的平台曝光率。凌晨以后也是一个较为冷门的时段。在直播初期，如果主播想获得更大的直播间流量，可以将直播时段调整到相对冷门的时间段，比如早上 8:00 至下午 14:00，晚上 21:00 至次日 2:00。不过主播也要自行衡量，直播的热门时段虽然竞争大，但是观众的基数也更大，并且错峰直播需要调整好生物钟错峰休息，主播要考虑是否可以接受。

九、适时把控直播节奏

优秀的主播都是优秀的编导，既能够对直播进行活动编排和节奏上的把控，又能够对内容进行设计安排，提供给观众舒适自在和精彩有趣的观看体验。

一是要把控直播弹幕的节奏。良好的弹幕氛围是围绕直播内容主播与观众进行互动讨论，良性的循环可让更多观众参与进来，形成轻松和谐的直播间环境。但是，由于游戏操作的多变性和游戏观点的不同，直播间中难免会存在着互相攻击、引战和谩骂等严重影响观看体验的言论，主播要保持良好的心态，除了自己主动引导并管控弹幕环境外，还可以设立直播间管理员来协助管理。同时要注意自身的言行素质，避免激起直播间的争吵和矛盾。

二是在直播中增加仪式感。很多游戏运营商为了平衡玩家的游戏体验，在游戏匹配中引入了 ELO 机制①，用来平衡优等玩家与差等玩家的游戏体验和胜率。为了不被匹配机制影响到“上分”，一些主播会在直播中加入具有仪式感的环节，比如，播放特定的歌曲，做一套自创的体操，用来“祈祷”分配到较强的队友或较弱的对手。这种行为尽管仪式化意义明显，但不失为增添直播间个性化的手段，也更容易令观众记住主播。

三是在游戏的间隙尽量填充满直播内容。比如，在等待游戏加载的时候，播放一段轻松的背景音乐，或者主动提及一些话题引发讨论，又或者通过弹幕展开互动。毕竟游戏直播本身很难有高密度的高光精彩内容，如果经常出现内容上的空白和暂停，会导致观看的可连续性下降，减少直播间内观众的留存率。

十、做一个真实有趣的游戏主播

细心观察当红游戏主播的共同之处，可以发现，他们都具有足够的个人魅力和鲜明的个人特征，比如，拥有幽默风趣的性格，或者拥有高超的游戏技巧，或者直播时表情夸张丰富，反应真实而不做作。打造真实生动、完整有趣的个人形象是游戏主播很重要的功课。其一，扩展游戏内的内容。游戏主播不一定全时段都在玩游戏，或者只直播玩同一款游戏，可以在主玩的游戏之中，穿插着玩其他小游戏，适当调节观众的口味，提高观众的观看兴趣。其二，扩展游戏外的内容。游戏主播可以与其他主播联动，比如，连麦一起打游戏或解说游戏赛事，甚至可以直播一些游戏之外的日常生活，使得整个直播内容更丰富。

---

① 是由 Arpad Elo 发明的一种评分系统，即 Elo Rating System，用于准确描述竞技项目选手的实力。最早应用在棋牌比赛中，后来在电子游戏中得到广泛应用。

总而言之，塑造生动而有趣的个人形象，能让游戏主播变得真实和接地气，也有助于扩大主播的受众面。

第三节　生活直播技巧

生活直播是指直播内容与人们日常生活和工作息息相关的直播。随着智能手机的普及和5G时代的到来，人们表达自我的机会和欲望显著增加，越来越多的人通过直播平台实时展现自己的真实生活，生活直播以其丰富的内容涵盖、多元的形式呈现、灵活的进程设置，获得了大众的普遍关注。由于好奇心与同理心人皆有之，现实场景中的“分享和陪伴”成为生活直播的核心理念。如今进行生活直播的主播日益增多，竞争愈发激烈，主播需要不断地学习和思考，从不同的方面提高直播的效果，在实践中掌握并运用以下10个技巧。

一、结合用户需求和平台特色进行内容策划

生活直播所涵盖的内容既统一又宽泛。一方面，其内容源于日常生活，真实、接地气和贴近用户是出色的生活直播所必备的属性；另一方面，生活直播的内容涉及日常生活的方方面面，除了基本的衣食住行以外，还包括学习、劳动和休闲等活动。具体来说，室内的美妆穿搭、美食烹饪、吃播点评、看书学习、盆栽花艺、萌宠玩耍，户外的逛街探店、汽车试驾、徒步旅行、田间劳作、野外钓鱼、丛林探险、滩涂赶海等，均能成为生活直播的内容。

人天然地具有好奇窥私和共情投射的心理，[①]很多看似普通无味的生活直播往往能呈现出每个人可能会经历到的生活片段和情感体验，加上大多数生活直播信息量不大，用户没有理解负担，因此，贴近生活的直播内容，对用户有着天然的吸引力，很容易引发用户的观看兴趣。主播可以结合用户需求和平台特色，精心挑选合适的、用户喜闻乐见的直播内容。

用户需求是主播进行内容策划所考虑的首要因素，不同的主题内容都有其用户所在，内容的选择会直接影响用户群体的范围大小。以近年来走红的乡村直播为例，其兴起的一大原因就是满足了用户群体的情感需求。对于那些生在城市、长在城市的用户来说，原生态的农村生活是新奇的内容，比如上山砍柴、采摘野果山珍、捉鱼捕虾等，都是城市居民很少接触过的生活场景，能一定程度上满足城市用户的猎奇心理。在充满压

① 张雯，陈旭光．大学生观看网络直播的动机与行为研究[J]．青年探索，2019(02)：78－86．

力的城市生活下，乡村缓慢的生活节奏和悠闲的生活状态也能使人感到放松。另外，随着城镇化进程加快，越来越多的人远离家乡故土，尤其是大量的农村进城务工人群，乡村直播展现的乡音和乡貌容易引起他们的共鸣，使他们想起久违的乡村生活，缓解思乡之情。

生活直播的内容策划还需要考虑平台特色，不同直播平台的直播氛围不尽相同，比如抖音和快手的生活直播大多具有浓厚的乡土气息，小红书的生活直播更富情调，而虎牙和斗鱼的生活直播则带有较多的秀场元素。此外，一些直播平台还会有"助农计划""校园计划"等定向扶持，主播也可以善加利用平台的支持项目。

二、在平凡的生活内容中寻找亮点

生活直播千千万万，要在其中脱颖而出，就需要寻找与众不同的"亮点"。很多生活直播平凡无趣，其原因之一就是没有挖掘到日常生活中有趣的点，最终就呈现流水账一般的生活记录，很难获得用户的关注。寻找生活直播的"亮点"可以从以下三个方面考虑：

1. 主播确立与众不同的人设

人设是主播重要的标签，设置与众不同的人设，其核心在于制造反差感。比如，越来越多的老年人入局直播，向大众展示自己别样的退休生活，在当前用户对年轻网红千篇一律的呈现风格所导致的严重同质化感到厌倦时，银发网红以亲和的形象、与传统认知截然不同的生活态度，带来了极大的视觉冲击力。"@只穿高跟鞋的汪奶奶"和"@时尚奶奶团"等银发网红着装靓丽、讲话时髦，做着一些常规大众眼中"以往他们不会做的事"，参与年轻人所热衷的活动，用精致而新潮的生活方式破除了老年人生活无趣保守的刻板印象，自然得到了不少年轻用户的青睐。

2. 寻找大众眼中稀奇少见的生活素材

稀奇少见往往是相对的，很可能你眼中的熟悉场景就是别人眼中的猎奇事物。随着主播群体的不断壮大，许许多多普通劳动人民的生活通过直播的镜头得以呈现，一些社会上非主流的行业逐渐被大众所了解，赶海人就是其中之一。所谓"赶海"，是指在大海潮落的时候，到海岸的滩涂和礁石上打捞或采集海产品的过程。俗话说，"靠山吃山，靠海吃海"，每天在潮水退去后，赶海人就带着专业的工具在滩涂上开始忙碌，争取在涨潮前可以收获更多的海产，这就是他们真实的生活写照。赶海直播受欢迎的点就在于赶海收成的不确定性，从淤泥中能挖出海产，能让观众体验到类似寻宝的刺激和快感，至于具体收获多少和价值几何，也是观众在观看前难以预料的，这些因素都助推了赶海直播的火爆。

3. 为直播寻找差异化定位

快手红人“轮胎粑粑”养了三只聪明的狗，有一只金毛犬名叫“轮胎”，“轮胎粑粑”日常的直播内容就是围绕“轮胎”展开。区别于其他的萌宠直播，除了与萌宠们一起玩耍、和粉丝分享有关养宠的知识、推荐养宠好物以外，由于“轮胎”会骑三轮、玩健身器材等独特技艺，“轮胎”的表演就成为直播的一大亮点。可爱的猫狗随处可见，有趣的内容万里挑一，这种区别于其他萌宠的内容就更容易获得用户的喜爱。

三、根据直播内容灵活匹配开播时间

生活直播的内容非常丰富，大致可以分为陪伴型、解压型、分享型和猎奇型直播。不同类型的内容所对应的用户会有比较大的差别，主播可以根据直播内容的不同，灵活匹配开播时间。由于生活直播自由度大，束缚相对较少，主播经常是乘兴而来，兴尽而返，直播时长与主播的个人兴致直接挂钩，主播的直播兴致强烈，就会有较长的直播时间，如果开播时间与内容属性相契合，有助于使直播获得更高的观看量。

在自习室和图书馆里的学习直播、户外劳作直播、健身直播等专注于某事的陪伴型直播，以单一场景的呈现为主，直播的内容普遍来说比较单调，适合在日常的工作和学习时间进行直播，可以达到更好陪伴的效果，提高观众学习和工作的专注度。

互动聊天直播、助眠直播等轻松有趣的解压型直播，其直播节奏缓慢，直播氛围相对随意，涉及的话题也比较宽泛，适合安排在工作日的晚间进行。在结束了一天的工作后，身心疲惫的观众会倾向于观看这类直播以缓解工作和生活压力，放松紧绷的精神状态，提升睡眠质量。

旅行直播、探店直播、户外探险直播等分享型和猎奇型直播，其内容主题本身较为吸睛，容易产生较大的关注度，适合安排在休息日和大型节假日进行直播，会吸引大量宅家的直播用户观看，以打发无聊的休息时间。

四、根据直播场景和直播内容确定画面呈现

由于生活直播中相似内容的直播间数量众多，替代性很强，造成的结果是生活直播的观众流动会比其他类型的直播更加频繁，要迅速抓住观众的注意力，给进入直播间的观众提供良好的画面观感和稳定的视觉呈现是相当重要的。

从直播场景上看，生活直播可以分为室内直播和户外直播两大类。室内直播除了房间展示等少数题材以外，绝大多数的室内直播都以固定画面为主。固定画面呈现可以从人物呈现、人物活动范围、背景布置、灯光角度等方面进行考虑，在保证主播出镜效果的同时，使画面与直播氛围相协调。户外直播则会有较多的移动画面，主播需要保证

画面呈现的基本质量,可以借助稳定器、自拍杆和三脚架等设备减少画面的抖动。户外场景的拍摄限制会比室内场景更多:一方面,要注意对他人隐私权的保护,直播时选取恰当的摄像角度,对于必须涉及他人的影像要提前进行沟通;另一方面,对可能遇到的突发情况要有提前的应急预案,以便主播能够在短时间内尽快控制住局面,以降低对直播的影响。

从直播内容上看,主播应该根据不同类型的内容灵活采取不同的运镜方式。分享型生活直播是指分享某一事物或者生活体验的直播,包括逛街探店、新车试驾、美食烹饪等。这类直播需要主播配合镜头进行一定的讲解,直播时除了使用第一视角的镜头增加观众的临场感外,还要兼顾主播的画面,让人、景、物同时呈现。

猎奇型生活直播聚焦于新奇的事物,例如户外探险、山林采集、徒步旅行等,多数观众是基于好奇的心理观看直播,这类直播可以多使用特写镜头,让观众隔着屏幕也能看清自己不了解的物件。

陪伴型直播是通过与观众做类似的事情,比如看书学习、劳动等,以达到陪伴观众的目的,这类直播一般以主播为主要画面,主播要表现得自然大方,展现良好的精神面貌。

解压型直播应注重营造轻松的氛围,画面色调要素雅恬静,空间布置要相对开阔,通过互动让观众享受轻松的直播观看体验。

五、根据主播的个人气质形成独特的直播风格

生活直播的本质是主播通过开放自己的私人空间来换取关注度。由于日常生活因人而异,生活直播要好看有趣,除了内容选题以外,主播本身同样是相当重要的。毕竟生活直播与其他类型的直播不同,电商直播焦点在于商品,游戏直播离不开技术,娱乐直播的才艺是重头戏,而生活直播的"分享和陪伴"属性则决定了主播在镜头前的行动才是生活直播的核心,直播该如何呈现,其最终决定权也掌握在主播手上。因此,在热门的直播内容中,为了避免跟风模仿,主播需要进行准确的自我定位,形成并坚持属于自己的独特直播风格。

所谓"直播风格",是指主播以一种相对固定的方式去呈现直播内容。比如旅游直播,有的主播会把重心放在介绍景点的自然景观、建筑的风格布局和相关的人文风俗上,以知识输出作为内容呈现的主要方式;有的主播会把重心放在互动上,旅途的风景更多意义上只作为与观众互动的时空背景;有的主播则侧重于借助无人机等设备,通过技术手段呈现壮丽风光。显然,直播风格没有好坏优劣之分,面对同样的直播主题,主播采取不同的风格都会有与之对应的用户群体。

如何寻找适合自己的直播风格呢？首先可以观摩头部主播的直播，观察其内容的呈现方式和直播时的弹幕情况，了解不同直播风格下的直播氛围和用户特性，进而评估预期的直播内容一般有哪些风格，以及哪种风格更适合自己，对自己的直播风格先有大致的规划。其次就是结合主播自身的外形、才艺、性格和资源等多方面条件，综合考虑直播的风格。令人印象深刻的直播风格都会带有鲜明的个人印记，主播要清晰地认知到自己的竞争优势，盲目跟风而采取与自身条件相冲突的直播风格，往往是难以为继的。在明确自身的直播风格后，主播应该长期坚持，不断地加深用户的记忆点，通过多次的直播不断细化自身的话语、动作和表情等具体细节。

六、注重口语化和生活化的语言表达

良好的语言表达能力是优秀主播必不可少的素质，直播语言的使用对直播氛围的生成有重要影响。由于内容轻松、活泼是生活直播的总基调，主播的直播语言不需要书面化的表达，过分地咬文嚼字反而会使观众感到拘束和压抑，使用口语化的语言才是应有之意。自然、诙谐的语言表达容易使观众产生亲切感，形成简洁清晰、风趣幽默、和谐自然的交流状态。对于不同类型的直播内容，主播可以通过调整语气，营造不同的直播氛围，进一步提升观众的参与感。比如旅游、探店等相关直播使用开朗、激情的语气，营造活泼、开放的氛围；读书学习、乡村劳作等相关直播使用平和的语气，保持安静、规矩的氛围；美食烹饪、美妆穿搭等相关直播则使用亲切的语气，形成温馨、和谐的氛围。在主播与观众之间，具有人情味的语言表达可建立起良好的双向传播链条，有利于提高直播的感染力。

令生活直播更富市井气息，使用方言是可取的方法。作为地方文化的有机组成部分，方言的使用能增加观众的代入感和亲近感，而且方言中有很多源于生活的俚语，恰当地运用可以增强直播的喜剧效果。使用方言直播需要注意两点。一是注意地域性和推广效果的统一。闽南语、客家话、粤语等地域特征明显的方言需要根据直播的用户进行选择，而西南官话、东北官话等与普通话较为相近的方言，其用户规模就相对更大。二是遵守相关的法律法规。由于部分方言隐晦难懂，部分主播会使用方言骂人拉踩、传播低俗内容，即便能暂时躲过平台的监测，也绝不是长久之计。方言不能成为传播不良内容的载体，直播要长久发展，遵纪守法是必须的。

七、加强直播互动以提升用户的参与感

主播要积极引导用户进行互动，用户与主播的互动是直播的重要组成部分，直播弹幕作为用户与主播互动的主要方式，能有效提高用户在直播中的参与感。通过用户发

送的弹幕，主播可以了解用户即时的情感态度动向，来判断直播间当下的实际氛围。对于用户而言，观看直播必然是要满足一定的需求，比如缓解压力的需求、社交的需求、获得认同感的需求等，如果只停留在围观的层面，对这些需求的满足显然是浅层次的，用户参与互动需要内在的动力，只有参与互动，用户才能显示自己在直播间中的存在感。由于生活直播普遍信息量较少，主播更需要引导用户多发弹幕，利用弹幕进行直播内容的扩充。用户随着直播的进行以弹幕的方式表达自己的想法，主播根据用户的弹幕给予实时的回应，一唱一和才能让整场直播的内容变得更加丰满。同时，参与互动是主播将用户转化为粉丝的必要过程，主播引导用户多发弹幕也有助于提升用户黏性。

另外，生活直播具有很强的随意性和不确定性。比如在晚间时段，以互动聊天为主的解压型直播，主播大多没有明确的台本。主播与用户的互动是从随机的话题开始，进而延伸到其他话题，主播会根据与用户的具体互动来完成对直播进程的引导，在双向互动中为直播寻找内容素材。还有户外的探店直播，难免会遇到一些突发情况，主播能根据实时的互动，灵活调整直播进程，改变直播内容。当遇到与原本计划相冲突的情况时，可参考直播间里观众的反馈以决定下一步的动向也是可供主播选择的方案之一。

八、结合生活经历和社会热点拓展聊天内容

对于生活直播而言，聊天能力是主播最重要的技能。很多主播对聊天的重视程度不足，缺乏对聊天技巧的掌握，经常三言两语间就把直播间里的观众劝退。不会聊天的主播都有一个共同的特点，就是“完全不考虑别人的感受”，聊天既不是“打破砂锅问到底”的连续追问，也不是“众人皆醉我独醒”的自言自语式表演，而是以尊重为前提的双向信息交流。主播当然可以提问，前提是掌握好频率和隐私的边界，而且不要滔滔不绝地谈论自己，要给用户回复的时间和机会。只有把握好聊天节奏，主播和用户才能愉快地进行交流。除了控制节奏以外，聊天的重点更在于对话题的寻找，主播可以结合自身的生活经历和当下的社会热点，拓展聊天内容。

以自身的生活经历作为聊天话题，能使主播的形象更加立体，而且这个话题与主播自身高度相关，可以令主播进入相对自然松弛的状态与用户进行坦诚的交流，有利于拉近主播和用户之间的心理距离，引起用户的共情。主播可以分享自己的琐碎日常来满足用户的好奇心，比如购物买的东西、健身的成效、打游戏的战绩、与好友相约的过程、遇到的有趣的事情等，分享一些直播以外的私人行程可以让用户对主播更熟悉，更有一种与朋友相处的感觉。主播还可以偶尔分享自己的情感状况，比如最近的心情、感情生活状态、对生活中遇到一些事情的思考，表达内心的真实感受可与粉丝建立更深层次的情感联系。

主播还可以从一些社会热点时事中寻找聊天话题，热点时事的社会关注度高，能够

延伸出很多讨论内容,也容易激发观众的讨论兴趣。主播需要注意的是,在大是大非的问题上要有正确的判断,树立良好的"三观",不信谣、不传谣,不瞎带节奏。

九、输出专业知识提高用户留存率

直播内容的价值是将用户长久留住的根本,对用户输出有价值的专业信息,可以使用户在观看直播后有"获得感",达到消遣之余又有学习收获的效果,这就要求主播在内容策划上下更多的功夫,结合直播的具体场景,向用户输出专业知识,提高用户的留存率。

腾讯研究院的一份针对4500多位主播的问卷调查显示,在头部主播(直播月收入1万元以上)中,本科以上学历的主播占比达41%,其中博士学历的主播占比高达18%,而非头部主播中,84%的主播学历在专科以下。[①] 尽管学历不能与主播的能力直接画上等号,但是随着直播行业的社会认可度逐步上升,越来越多的高素质人才进入直播行业,高学历的主播在学习专业知识、生产高质量内容上会有相对优势。在直播行业高度商业化和竞争白热化的今天,有限的流量会越来越集中于优质的内容,因此,优质内容的生产逐渐成为直播竞争的最重要部分。主播的自我提升变得尤为重要,不仅要在自己熟知的领域做好充分的知识储备,也要学会如何将知识储备更好地输出给自己的粉丝,比如美食直播中,主播在做完一道菜之后,可以将烹饪的步骤、相应的技巧和注意事项总结出来分享给观众,在直播之外,多了解食物的营养搭配,积极创新菜式;旅游直播中,主播除了讲解相关的历史文化故事、当地的风俗习惯之外,还可以对旅途中遇到的差错、计划之外的情况、实地探访才能发现的"雷区"总结成旅游攻略,供感兴趣的用户参考。

十、利用短视频配合生活直播进行宣传

在非直播时间段,充分利用短视频的优势进行宣传,对于提升主播的人气,反哺直播间的热度有积极的作用。相比直播,短视频便于观众随时随地获取,后期的剪辑能使画面更加精良,为观众提供更好的观感,加上不少生活主播是先走红于短视频平台,积累了一定的人气之后才开始直播,主播应当重视直播和短视频的联动,借助短视频提高生活直播的热度。

如何充分发挥短视频的优势呢?可以从以下两个方面进行考虑:一是对直播内容进行提炼,从中筛选出一些有趣、让人记忆深刻的精华片段作为剪辑素材,重新呈现出一个有完整开头、过程和结尾的故事,比如主播探店的过程,以短视频的形式只能用一

---

① 腾讯研究院. 从收入到技术:4500多位主播大数据里的直播五大真相[EB/OL].(2017-05-21)[2021-08-26]. https://www.tisi.org/16024.

两分钟的时长将最关键的要点表述清楚，但相应地也会缺失很多具体的细节，如果用户对相关的信息产生了进一步探求的欲望，自然会关注主播的直播。二是利用短视频做直播的预告以及直播内容的补充。具体的方法是制造矛盾和设置悬念，引起用户的好奇心，促使其来观看直播和关注短视频。比如，旅行直播的预告可以结合一些民俗话题，向用户抛出一些奇闻和秘辛，吸引用户前来观看直播。在旅途结束之后，以短视频的形式再向用户传达行程建议、个人感受和下一步计划等信息，就能很好地维持住用户的观看兴趣。

第四节　事件直播技巧

事件直播是指没有经过录像与编辑程序，直接向观众同步展现事件发生发展过程的传播形式，即把事件现场真实情况同步展现或报道给观众，满足观众的信息欲求。鉴于事件可分为突发事件和非突发事件(可预见事件)，事件直播相应分为突发事件直播与非突发事件直播，例如水旱灾害直播、森林火灾直播、交通运输事故直播、恐怖袭击事件直播等就属于突发事件直播，火神山医院建设直播、新闻发布会直播、开学典礼直播、运动会直播等就属于非突发事件直播，可见，事件直播也可称新闻事件直播，是常见且十分重要的直播类型。为了做好事件直播，需要掌握下面 10 个技巧。

一、选择具有“四性”特点事件确定直播重点

生活中发生的事件很多，并非所有事件都值得直播，而是要选择那些具有时新性、重要性、显著性、在场性(后简称“四性”)并有直播价值的事件进行直播。时新性是指事件的时效性与新鲜性，事件仅限于正在发生或已经发生但还没有结束的事件。重要性是指事件的发生与公众利益密切相关，引起人们的关注。显著性是指事件所涉及的人物、地点、单位等引人瞩目。在场性是指直播者是事件的经历者或目击者。在确定事件的“四性”以后，还要研判该事件直播的价值，即满足公众信息需求，增进公众利益，传播社会正能量，推动社会发展。如果所发生的事件既有“四性”特点，也有直播价值，那就可以进行直播。

开展事件直播，要围绕事件直播主题确定直播重点。例如，2021 年 7 月中下旬河南省普降暴雨、大暴雨，局部地区还出现了特大暴雨，尤其是郑州出现了罕见的持续强降水天气过程，全市普降大暴雨、特大暴雨，导致城市洪水泛滥，到处被淹，损失惨重。为了让全国人们及时知道郑州洪灾实况，专业记者与市民拍客通过多家直播平台，直播城市内涝情况：市区被洪水包围，街道成河，隧道成湖，地下车库成水宫，汽车浸泡于水中，车站商场医院被淹，超市商品顺洪水到处飘游，行人无法过街甚至被洪水冲走等。通过不

同地点的直播，全景式展现了郑州城市洪灾惨状，让人们即时知道受灾情况，从而激发人们以实际行动加入抗洪抢险的行列。

二、注重运用独特视角即时展现事件进程

在事件直播中，要注重运用独特的视角，使现场画面具有冲击力、震撼力、感染力与穿透力，让观众的观看体验丰富独特。例如，在抗洪一线直播报道《特殊镜头第一视角，贴身看战士们抗洪》中，记者将摄像头置于抗洪战士身上，给予观众“主观视角”体验，进一步深化了抗洪一线的临场感。在央视独家直播《湖北黄梅降水量破历史极值，城市内涝严重》中，摄像机镜头被安放在冲锋舟上，带领观众随着救援船只的前进走进内涝严重的市区。在这些直播中，记者都放弃了自身出镜的做法，而是将自己的声音作为对画面的解释和补充，最大限度地为观众呈现抗洪一线的真实场景，直播效果良好。①

在中华人民共和国成立70周年庆典直播中，前所未有的视角生动地展现了庆典场面。首次在金水桥头正中位置，架设可移动升降塔；首次在阅兵沿线外侧，使用移动拍摄车跟随拍摄；首次实现离中心区更近的索道摄像机架设；首次在前导移动拍摄车上增加陀螺仪、确保关键画面清晰稳定；首次设置近距离贴地机位；首次设置导弹视角、坦克炮口视角等。这些全新视角的实现，依赖于直播团队的创新探索。例如，当天被网友称为“网红”的贴地机位，它安置在天安门前长安街的中轴线地面上，在装备隆隆行驶过天安门时，通过高仰角的姿态带给观众“铁流滚滚”的震撼感受，如图7-5所示。② 这次直播系统包括1个总系统、6个分系统、88个机位，另有约50个微型摄像机安装在受阅装备和群游队伍中，主观视角与客观视角交融一起，让观众全方位感受到了壮观的庆典场面。

图7-5　长安街中轴线上的贴地机位仰拍装备车驶过天安门

① 朱辛未.灾害类事件新媒体直播报道探究——以央视新闻客户端抗洪报道为例[J].青年记者，2021(09):34—35.

② 鲁子奇.中央广播电视总台“新中国成立70周年”庆典直播研究[J].新闻传播，2019(21):36—37.

在事件直播中，根据事件的发展与观众的需求，直播拍摄要灵活随机。横摇、上下摇、升降镜头、推轨、变焦推拉、肩扛、航拍等移动拍摄方式要灵活运用，以独特的视角即时表现事件的进程。参与直播拍摄人员，除了记者、摄像师外，事件的参与者、目击者以及群众拍客均可提供直播素材，从而丰富直播内容。

三、使用多机位“慢直播”原生态记录事件过程

在事件直播中，慢直播是近年来诞生的一种特殊类型的直播。“慢直播”是指没有主播、没有现场解说与背景音乐，仅通过机位固定的监控摄像头全程记录事件完整过程的直播形式，“慢直播”是相对于有主播、信息量大、节奏明快、景别有变化的常规直播而言。“慢”具有两层含义：一是直播时间较长，二是直播节奏较慢。较传统直播而言，慢直播最大的特征是原生态：直播没有慢放、快放的镜头剪辑；没有后期的包装制作；没有主持人的介绍解说。慢直播具备自我阐释事件的能力，由一个或几个固定机位不间断地给受众提供实时信息。[①] “慢直播”大多用于自然灾害、疫情等重大公共事件的直播，真实完整记录事件过程，让人们随时了解事件的进展。根据记录事件的需要，慢直播中往往把监控摄像头安置在不同的地方，且各个镜头的景别不一样，有全景，有近景，既要让人们看到事件的全貌，也要让人们看清事件的局部。

2020年年初，中央广播电视总台在其新媒体平台央视频上推出《疫情24小时》慢直播，获得良好的社会效益。1月27日晚，央视频与中国电信合作开通了《与疫情赛跑——全景/近景见证武汉火神山医院崛起过程》《与疫情赛跑——全景/近景直击武汉雷神山医院建设最前线》的慢直播，两座医院的建设都有全景、近景两个镜头，共4个镜头24小时直播施工现场实况。2月2日早晨，于1月23日深夜开建的火神山医院完工。2月8日晚，于1月26日开建的雷神山医院交付使用。2月4日，观看人数突破1亿，同时在线观看人数峰值超8500万，极大地满足了公众的知情权与监督权，增强了公众参与的过程感与见证感。

此外，“慢直播”技术也被广泛应用于旅游景区直播。例如，2019年4月15日中央广播电视总台央视频5G新媒体平台联合中国电信推出“珠峰十二时辰”系列慢直播，首次向全国观众360°全景呈现了珠穆朗玛峰24时实时景观变化。广州日报打造“广州小蛮腰慢直播”，人们可以24时随时观看“广州CBD”的美景。“游云南”APP慢直播将高清摄像头架设在许多景点，给游客伴随式的直播体验。

---

① 杨雪，王天浩.媒体融合背景下重大公共事件报道的传播创新实践——以央视频《疫情24小时》慢直播为例[J].传媒，2021(06)：33－35.

四、适当运用全景 VR 直播

在事件直播中，要重视 5G 技术的运用，确保直播流畅，画面真实，声音还原到位；重视高清超高清技术的运用，确保画面清晰，色彩饱和，临场感逼真；重视拍摄辅助工具的运用，确保画面稳定，构图合理，拾音准确。在事件直播中为了全方位、多角度地展现事发现场，拓展信源，还可运用全景 VR 直播方式，为观众提供身临其境的沉浸感，增强用户的参与感，改善用户的观看体验。下面以央视频疫情直播与珠穆朗玛峰高程测量直播为例，介绍新传播技术与 VR 在直播中的运用。

中央广播电视总台央视频上推出《疫情 24 小时》慢直播中，采用“5G＋千兆光纤”方案，在火神山与雷神山的建设现场各架设了两个 4K 超高清摄像头，传输实时画面到客户端页面，为用户提供不同的观看视角。在此基础上，2020 年 2 月 3 日零时，央视总台、中国电信、华为、Insta360 共同携手，新增了不间断的全景 VR 直播《VR 全景见证武汉火神山医院崛起过程》，带来 360°的宽广视野，把观看的主动权与选择权交给用户。用户打开央视频 APP，或使用天翼云 VR 客户端，就仿佛来到了工地一侧的楼顶平台，能够全方位自由观看“楼下”工地的最新进展，亲身感受到工人们热火朝天的施工过程，[①]如图 7-6 和 7-7 所示。

图 7-6　VR 全景直播火神山医院建设工地

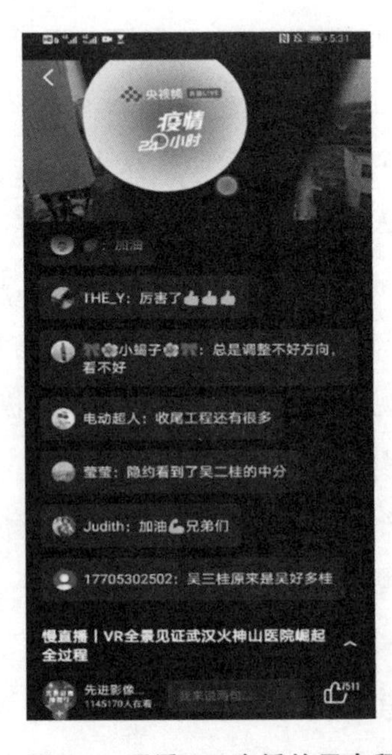

图 7-7　观看 VR 直播的用户留言

---

① 杨雪，王天浩. 媒体融合背景下重大公共事件报道的传播创新实践——以央视频《疫情 24 小时》慢直播为例[J]. 传媒，2021(06)：33－35.

2020 年 5 月 27 日 11 时整，珠峰高程测量登山队成功登顶世界第一高峰珠穆朗玛峰。在此次珠峰高程测量直播中，中国移动推出了“5G＋4K＋VR”云游珠峰慢直播，并联合新华社、中央广播电视总台等国家媒体直播高程测量登山队冲顶时刻，中国移动咪咕公司的超高清直播技术支撑了本次云端珠峰直播，确保了 4K 画面的传输和 360°VR 全景摄像的流畅呈现。VR 直播从海拔 5300 米升至 5800 米、再上到 6500 米，创造了国内海拔最高的 5G＋VR 直播纪录，把珠峰美景全方位多角度呈现给观众。

五、运用视频连线与多视窗画面

在事件直播中，有时将常规直播与慢直播结合，改变直播节奏，可传递更多的信息。常规直播与慢直播显著不同点在于：常规直播中有主播、节奏快、信息量大，主动权与选择权在于直播团队。虽然不能干涉直播事件的进程，但是可选择在事件的关键阶段和重要节点直播，突出事件重点，满足用户信息需求，节省用户时间。

在事件直播中，要不断创新直播形式，重视视频连线。通过视频连线，能在第一时间把两地或多地事件现场的真实情况呈现给观众，满足观众的信息需求。随着 5G 手机的普及，视频连线变得轻而易举，在事件直播中可以做到常态化。与此同时，要注重多视窗的运用，拓展直播信息量。通过不同视窗的使用与切换，改变直播节奏，引起观众的有意注意，提高传播效果。

例如，新华社在直播 2020 年珠峰高程登顶测量直播中，采用慢直播与常规直播相结合方式，全面展现了登顶过程。图 7-8 是测量大队成功登顶前的直播画面，图 7-9 是登顶时大本营工作人员与登顶队员的现场激动通话（因为信号问题，只有声音没有画面），图 7-10 是测量大队成功登顶后，主播连线中国科学院西北生态环境资源研究院副院长康世昌，讲述我国冰冻川情况以及珠峰冰川 20 多年来的变化。

图 7-8　测量大队成功登顶前的直播画面

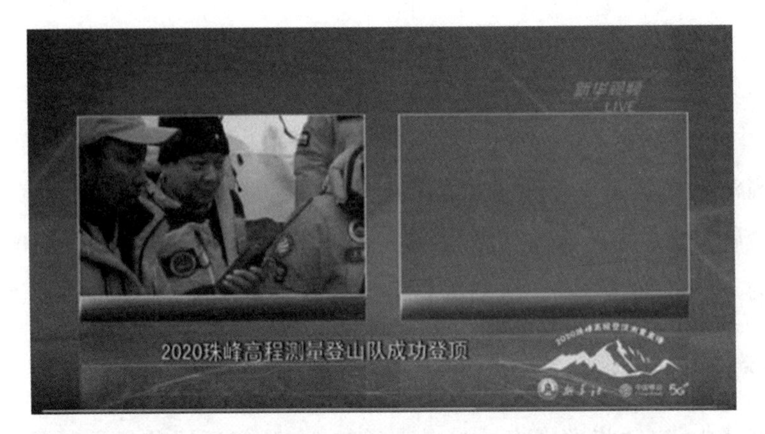

图 7-9 登顶时大本营工作人员与登顶队员的现场激动通话

图 7-10 测量大队成功登顶后主播连线珠峰冰川专家

再如，中央电视台新闻频道在 2021 年 10 月 16 日直播“发射神舟十三号载人飞船”事件中，演播室通过视频连线与多视窗处理，把发射前、发射中与发射后的重要信息全面多视角地呈现给观众，如图 7-11 是神舟十三号发射前记者在酒泉卫星发射中心发射塔架前现场采访，图 7-12 是发射前倒计时发射塔、地面指挥部、飞船内不同场景的直播画面。图 7-13 是发射成功后三名宇航员在太空与地面指挥部工作人员视频通话。

图 7-11 左画发射前记者在发射塔架前采访，右画是发射塔

图 7-12　发射前倒计时不同地点现场直播画面

图 7-13　三名宇航员在太空与地面指挥部工作人员视频通话

六、使用多链路直播拓展信源

在事件直播中，有单链路直播，也有多链路直播。单链路直播虽然简单，但是对主播的要求较高，考验主播直播的综合能力。直播前，既要及时登录直播平台，也要迅速联系后台工作人员。直播中，主播既可入镜介绍事件，也可出镜旁白解说事件；有时还承担主播与拍摄双重任务，既要直播事件的重要进程，也要交代事件有关信息；既要及时调整直播的对象，也要注重景别的变化等。单链路直播设备简单，人员可多可少，甚至一个主播也可完成，在突发事件中随时可用。不过，单链路直播由于信源单一，视角单一，信息量不大，因此，在事件直播中使用较多的是多链路直播。

多链路直播，事件信源多，观看事件的角度多，直播平台多，参与直播人员多，信息量大，能较好地满足观众的信息需求。在中华人民共和国成立 70 周年国庆阅兵仪式直播中，快手平台提供 7 路信号的直播模式：1 路主信号＋6 路特殊视角信号，把同一主题、不同视角、不同机位、不同空间相关联的直播内容传入多链路直播间，把选择权交给用户，让用户做导播，在多个直播间之间自如切换，选定自己想看的内容。在“珠峰十二时辰”慢直播中，直播团队一共安置了四路直播镜头：一路是 VR 直播镜头，用户可以自主调节观看角度;另外三路是高清 4K 直播镜头,分别对准珠峰 1 号大本营、绒布寺和珠穆朗玛峰,多角度呈现珠峰的美景。在抗洪抢险直播中,经常可以看到现场主播直播、慢直播、新闻发布会直播等围绕同一事件展开的、不同地点的直播,也是多链路直播的体现。

七、采用"三跨"联动直播增强直播效果

事件直播中,有些事件具有跨区域、连续性特点,如果仅在一个地方进行事件直播,则难以完整地展现事件的全过程,不能满足用户的信息需求。因此,需要采用跨媒体、跨区域、跨平台的"三跨"联动直播。跨媒体直播是指有多家媒体或不同形态的媒体合作共同参与事件直播。跨区域直播是指事件发生的完整过程涉及不同的区域,参与直播的媒体也在不同的区域。跨平台直播是指参与直播的平台不但有媒体客户端,还有第三方商业直播平台。"三跨"联动事件直播能显著提高直播效果。下面以援鄂医疗队返乡事件为例,阐述事件直播中如何运用"三跨"联动直播。

随着湖北新型冠状病毒肺炎疫情防控形势逐步转好,国家卫健委安排自 2020 年 3 月 17 日起,驰援湖北的 41 支国家医疗队 3675 人返程。在这个过程中,湖北日报联合央视新闻、沈阳晚报、福建日报、四川日报、天目客户端、西部网、北京日报等多个国家与地方官媒,推出了《援鄂医疗队圆满完成任务返乡》的系列直播。

湖北日报发挥本土媒体优势,以"送行"为题,在医疗队入驻酒店、即将返程的机场等多地设点,现场采访支援的医护人员,同时还与志愿者、客车司机、酒店厨师、服务员等后勤人员对话,深挖他们与"白衣战士"之间的故事。此外,实时跟拍湖北人民和湖北政府对援助医疗队以最高的礼仪送别,展现湖北和武汉的感恩之心,向白衣战士致敬,如图 7-14 与图 7-15 所示。

图 7-14　湖北日报直播浙江医疗队离汉

图 7-15　湖北日报与沈阳晚报直播医疗队返沈

支援省份媒体以"迎接"为题展开直播报道。天目新闻客户端、央视新闻等在接机现场、返乡医生隔离点等地设置报道点,以"迎接"为主题,实况直播家乡人民对英雄凯旋的

热烈欢迎，如图 7-16 与图 7-17 所示。

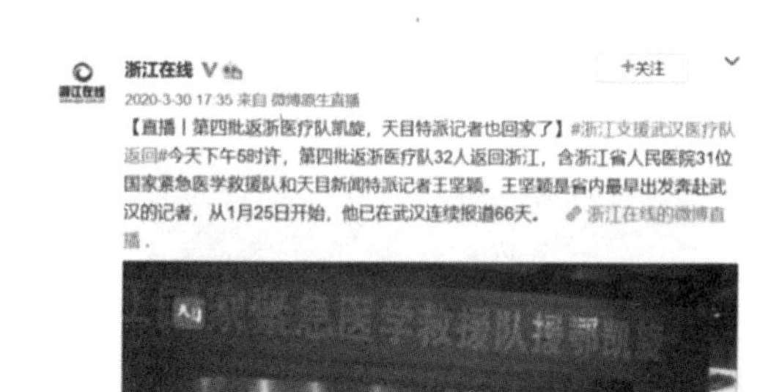

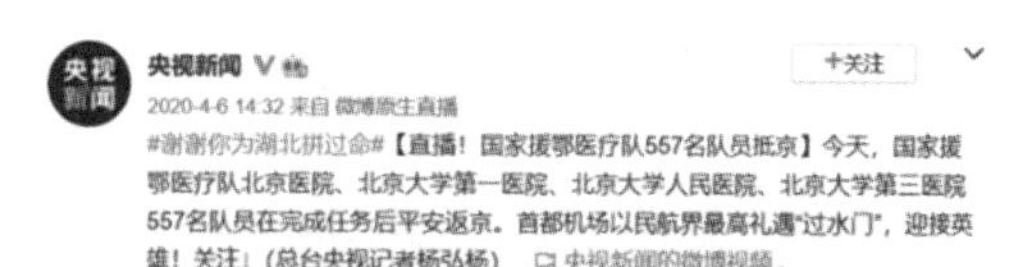

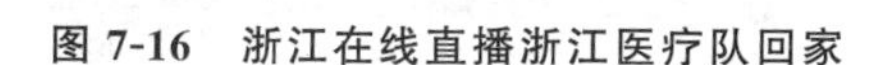

图 7-16　浙江在线直播浙江医疗队回家

图 7-17　央视新闻直播首都机场迎接援鄂医疗队

每场直播除了跨省联动官媒，还与腾讯视频、微博直播、头条、抖音、快手、百度新闻等多家具有传播属性的商业平台联动推广，形成强大的矩阵传播网，扩大了影响力。数据显示，参与此次系列直播的媒体的客户端、微信公众号、门户网站累计播出 17 场直播报道，总观看量超 1.9 亿，取得了良好的直播效果。①

当然，"三跨"联动直播中，跨平台直播是最容易扩展用户面和提升直播效果的渠道。例如，2019 年中华人民共和国成立 70 周年庆典直播，微博 10 月 3 日公布数据显示，70 小时国庆直播累计播放量达到 6.8 亿次，累计互动量达 1928 万次；快手官方数据显示，10 月 1 日直播 6 小时，网民通过快手平台观看央视直播的人次超过了 5.13 亿，最高同时在线人数超过 600 万。

八、搭建互动共享平台扩大信息量

在事件直播界面中，搭建信息互动共享平台，可以扩展直播信息量，调动观众关注并参与直播互动。信息互动共享平台上可以是直播方即时发布与事件相关的信息，也可以是观众参与互动，发表评论或发布其他相关信息。

央视频《疫情 24 小时》慢直播中设立了信息互动共享平台，该平台设有评论区、疫情数据、最新动态、战役一线、助力榜等信息互动和信息发布栏目，如图 7-18 所示，为广大网民提供了一个发声平台，有利于保障公众的监督权与表达权。在此次慢直播中，数千万网友自称为"云监工"，通过央视频的直播镜头监督火神山医院和雷神山医院的建设

① 陈亦帆，黄洁如．突发公共事件报道中跨媒体联动直播的实践与思考——以《援鄂医疗队圆满完成任务返乡》系列直播为例[J]．新闻前哨，2020(07)：38．

进度。为了方便观看，网友们在观看直播的同时，还开展了“在线取名”活动，在评论区为画面中的建筑物、施工设备取了“代号”，例如“送高宗”（高层吊车）、“送灰宗”（混凝土搅拌车）、“蓝忘机”（蓝色挖掘机）、焊舞帝（电焊工作组）等。

图 7-18　央视频《疫情 24 小时》

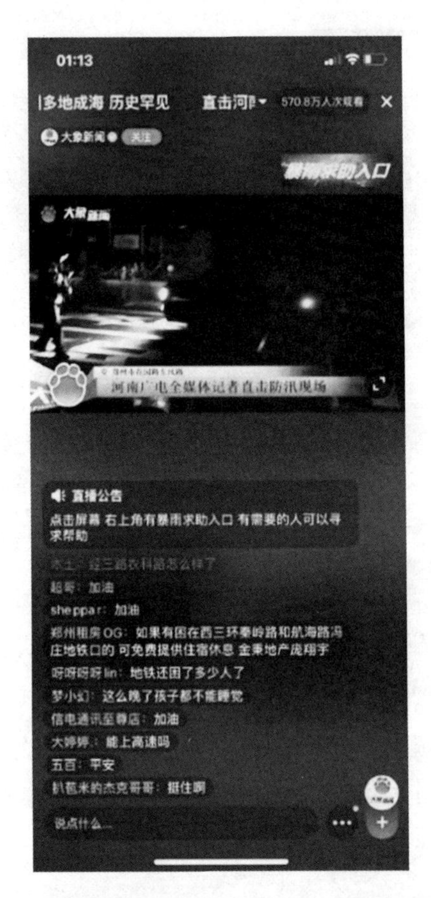

图 7-19　河南广播电视台主办的大象新闻客户端

2021 年 7 月，河南持续遭遇极端强降雨天气，河南广播电视台主办的大象新闻客户端整合河南广电的全部媒体资源，推出全天候不间断直播《河南广电全媒体记者直击全省防汛现场》，除了大象新闻客户端以外，还在抖音、西瓜视频、哔哩哔哩等多个平台进行内容分发，并上线了“暴雨求助”功能，让有需要的人可以寻求帮助，如图 7-19 所示。点击“暴雨求助入口”，即可输入救助信息：姓名、联系方式、发生地点、救助信息描述、上传相关图片或视频。

九、展现事件重点以突出现场细节

在事件直播中，要把事件发展过程中的重要内容展现给观众，因此要重视现场画面的拍摄与现场声音的拾音效果。在转瞬即逝的现场，直播人员（主播或摄像师）要有预判能力，迅速用镜头记录最能体现事件变化、事件冲突的关键环节或展现事中人物性格、神态的细节，确保展示事发过程的原生态，增强现场画面的感染力。

在直播突发事件时，直播人员要善于发现并重点直播事件冲突，其表现可能是人与人之间的冲突，也可能是人与社会、人与自然的观念冲突或价值冲突。事件冲突可提高直播的可视性。与此同时，直播人员还要机智而敏捷地拍摄到事件主体、陪体、前景、背景和周围环境，记录好人物运动及事件变化的过程，并即时完成画面构图与运动路线的预测等。

在直播事件发展过程中，直播人员在事发现场要善于发现和抓拍各种细节。细节是指推动事件发展、反映事物本质、深化直播主题、引起观众注意的画面与声音，细节的出现往往是事件发展的精彩之处。对于画面来说，细节是对表现对象及其变化的局部展示，常用特写镜头加以突出。有了细节，就能抓住观众的眼球，感染观众。直播中，要突出直播主题的细节、表现情感的动作细节、体现人物内心与个性的声音细节、渲染环境氛围的音响细节。

十、注重把精彩瞬间制作成短视频在多平台传播

事件直播后，把事件发生过程中颇有感染力、震撼力、令人难忘的精彩瞬间制作成短视频，上传至官方平台与第三方短视频平台，能进一步拓展直播效果，让错过直播的观众也能看到事件的精彩之处。在 2021 年大象新闻河南防汛救灾直播中，救灾中一些感人的场景就被制作成短视频，上传到多家平台进行二次传播，取得了非常好的传播效果。据统计，点击量过亿的短视频有 19 条，过千万的有近百条，例如在郑州陇海路，湍急的水流中一位行人被冲倒，眼看就要被冲走，一位大哥及时将他拉了起来的视频，播放量 4.1 亿，点赞 911 万次，并登上抖音热搜榜第一名；卫河鹤壁段发生决堤，附近村庄被淹没，水位不断增长，危急之下，多辆大卡车司机开着自己的车自愿填入，其中为保证填入位置准确，他们在车开进水里的最后一刻才跳下车的视频，在抖音的播放量达 1.9 亿，点赞 278.7 万次。①

在制作事件短视频的过程中，要注意以下几点：一是要精选事件过程的精彩瞬间或感人细节，突出一个主题；二是要确保瞬间过程的原生态，不能随意剪断；三是要适当添加字幕，交代事件发生的时间、地点、人物；四要保留现场声音，不要添加配音；五要控制时长在 2 分钟以内，确保有效的传播效果。在播放平台选择方面：一是要重视自家平台

① 大象新闻网. 镜头|暴雨下的城市温度》.[EB/OL].(2021－07－27)[2021－08－21]. http://news.hnr.cn/djn/article/1/1419989245497577472.

的传播，优先发布在两微一端（微博、微信、新闻客户端）与官网；二是要注重他方平台的转发，尤其是中央媒体的转发；三是要重视第三方商业平台的传播，例如抖音、快手、今日头条等平台。

第五节　科教直播技巧

科教直播是指以科学普及与知识传递为主要内容的即时传播活动。在疫情时期，观看科教直播成为人们宅家获取知识、满足兴趣的重要途径。科教直播的方式多样，既可以在室外进行，也可以在室内进行；既可以单人讲解，也可以有多位嘉宾讲解，直播内容可以是课程教学、讲座论坛，也可以是博物馆讲解、节日科普等。不同的科教直播侧重点不同，直播技巧也各有侧重，但都要在直播前进行科教选题、谋划环节等准备；在直播的过程中要注意镜头、音效、互动等，保持直播形式的多样性，提升讲解的科学性、故事性和趣味性；直播结束后，还要重视录播回放与视频推广。只有掌握好科教直播技巧，才能够让知识得到更好的传递。

一、精选科教选题与谋划直播环节

选题对于科教类直播来说至关重要，既不能过度追求热度，也不能闭门造车。主播可以通过微博等平台进行话题收集、话题讨论、投票等，参考大众的兴趣点，思考选题是否有趣、是否有直播价值、是否有丰富的内容等。确定了选题之后，设置一个好的直播题目可以引人入胜，引发人们的兴趣。

直播的环节和内容设置则是直播的“灵魂”，决定着科教直播应该讲什么、怎么讲，需要提前进行充分的准备。直播内容可分为两部分，其中，围绕主题而展开的资料文本和讲解内容是重中之重，需要反复推敲和充分准备，并提前思考在直播过程中观众可能会提的问题、可能涉及的知识点等。除主体内容外，各个环节的讲解脚本同样重要，推动着直播的顺利进行。

直播环节一般分为三个部分：开场、主体（其中包括互动）和结尾。在开场环节中，可以先简单介绍一下今日的直播主题、环节设置、直播时长等。在直播讲解中适当保持互动，把握节奏，可采用设问的形式引入下一部分内容。在完成部分直播内容之后通过有奖问答、计时答题等方式巩固知识点，也可以在直播中设置抽奖环节，营造气氛。在直播结束之前，可进行内容的回顾与总结，若为系列性的科教直播，需要做好下次直播的预告。有一些科教类直播是在户外进行的，需要提前设计好讲解路线。路线的设置应循序渐进、有序不乱，避免在同类型讲解对象上有过多的重复，以保持观众的新鲜感。

二、合理安排科教直播时段与巧设页面布局

首先，要选取合适的直播时段并提前预告。科教直播具有较强的知识属性，不适合碎片化的观看时间，也要求观众保持一定的精力，需要观众拥有一段较为完整的时间。此外，科教直播不同于生活、娱乐、游戏、电商直播，观众往往是对某一领域感兴趣，或基于学习的需求而选择观看直播，也就是说，科教直播从一开始就具备一定的观众基础，很少需要主播在凌晨等一些非热门的直播时间去积累人气。因此，科教类直播可以选择在周末、工作日的白天或晚上等具有连续性、闲暇性的时间进行。在直播前，可以先以文字、图片或短视频的形式做好内容预告，并提前告知观众直播入口，让观众提前了解直播内容、基础知识和背景知识等，可以帮助观众更好地理解直播内容，提高直播的关注度。2019 年 5 月，毕加索博物馆选择在星期六晚上 20:30 开始直播。在直播前一天，毕加索博物馆官博、微博大 V“巴黎有意思”联合发布预告，告知观众直播入口、时间，并附上微信公众号短文链接，文中对毕加索、毕加索博物馆以及本次直播主题作了简单介绍，让观众对背景有大致认知，如图 7-20 所示。

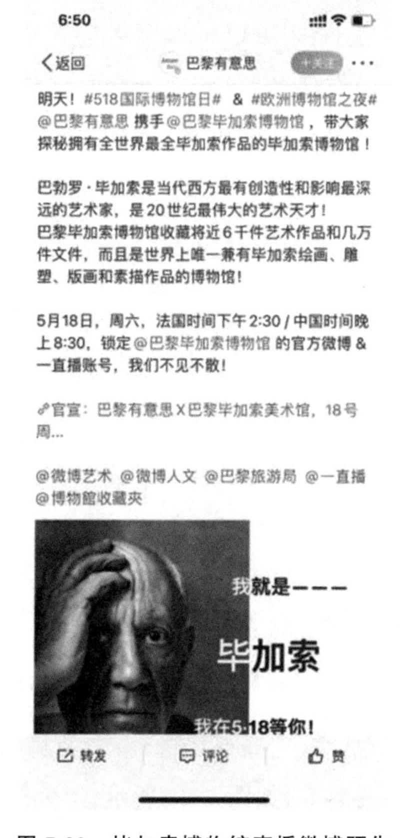

图 7-20　毕加索博物馆直播微博预告

其次，要根据科教直播的内容与形式来设置直播页面布局。对于有 PPT、图片、文字等内容展示的科教直播来说，重要的科教内容主体会占据直播界面的绝大部分版面，可以选择在页面左上角或右下角布局带有主播画面的画中画，如图 7-21 所示。当直播需要连线时，界面布局可以选择画中画的形式，或采用对半分屏形式。

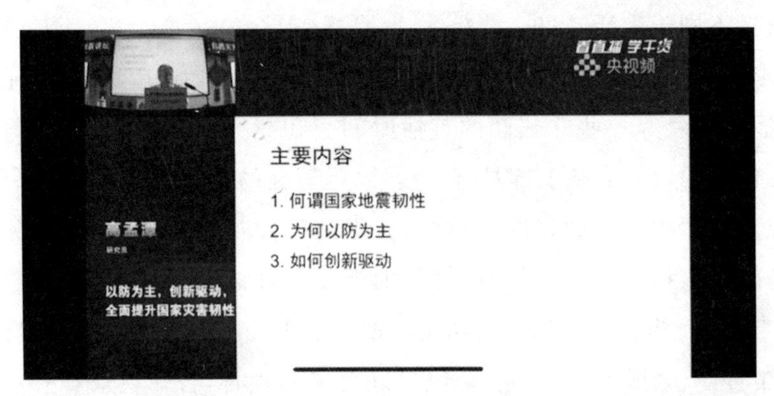

图 7-21　央视防震减灾云科普直播画面，主讲人在左上角以画中画的形式显示

绝大部分直播都需要设置留言区，可以按照实际情况设定留言区大小、位置等。例如，对于一些在户外的科教直播，观众需要观看到完整的、最好是无遮挡和无干扰的户外页面，对实时互动的需求不高，那么可以将留言区位置放在角落且考虑较浅颜色、较小的布局，或放在直播页面外的附加区域；对于一些互动性较强的科教直播如授课、访谈等，可以将留言互动区放在较为显眼的位置，增加其布局大小，有些直播还会设置答题区或采用答题插件，如图 7-22 所示。

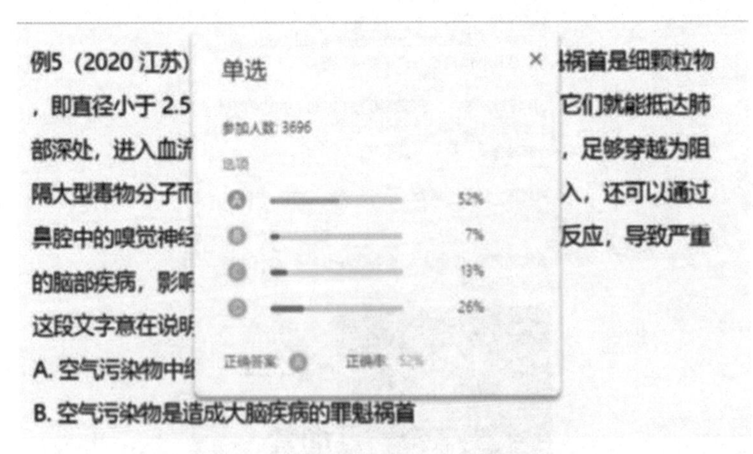

图 7-22　某课程直播画面中的答题插件

对于时间较长、内容较多、嘉宾（主播或主讲）较多的科教直播，还可以用屏幕文字呈现直播标题、人物、地点、主要内容等，如图 7-23 所示。

图 7-23　央视糖尿病在线义诊科普直播画面，屏幕文字显示直播标题与介绍人物身份

三、注重直播时镜头的切换与音效氛围

科教直播十分注重内容输出，因此，需要注重科教讲解的画面技巧。首先是要保证直播画面的清晰度，例如博物馆直播，要注意现场的打光和文物保护罩的反光，要让观众看到清晰的文物和细节。还有一些科教直播会直接展示纸笔，如做题思路、写作思路等，这个时候就要注意书写时的打光，减少干扰画面的灯光阴影。其次是镜头画面的切换影响着科教直播的讲解效果，要注意在不同直播场景下的镜头画面切换。例如在博物馆直播中，镜头不仅需要跟随主持人或讲解员的步伐，还需要在讲解不同文物时切换到文物本身上面，这样观众容易产生身临其境之感；同时，在初次进入某一场景或离开某一场景，或在介绍背景知识之时，可以给现场全景镜头，类似于电影中的“空镜”。在沙龙、讲座直播时，要注意不同嘉宾镜头的切换，一般是给到当前主讲人镜头；若有嘉宾之间的互动，则可以加入倾听者镜头、提问者镜头等。

音效氛围也是进行科教直播时非常重要的部分。科教直播的声音是讲解内容、输出知识的，是直接传达给观众或听众的，所以科教直播对于声音的清晰度要求也较高。特别是对于户外科教直播来说，需要提前调试好主讲人的麦克风，注意传递的声音的音量、在走路时是否容易出现杂音、是否会采集到现场杂音等。另外，有一些科教直播会用到同声传译，这就需要提前安排调试好讲解者与翻译者的声音，尽量避免声音杂乱、没有主次之分等。可以在科教直播时适当营造氛围，如在现场游览时、讲解时根据直播内容加入合适的背景音乐，让观众沉浸其中。

四、运用现场连线、图文、短视频等方式增添直播形式的多样性

科教直播可以采用多样的讲解形式提升讲解的效果。科教直播一般分为室内直播（主播不动，机位固定）和室外直播（主播走动，机位移动）两大类型，有时室内室外直播相结

合。例如,当科教直播内容既需要展示一些现场实物,同时又邀请了嘉宾以讲座的形式展开讲解的时候,就可以户外和户内直播穿插结合进行直播。当科教直播主体在不同地点时,也可采用现场连线的方式,达到时空的统一,如图 7-24 央视月食科普直播画面所示。

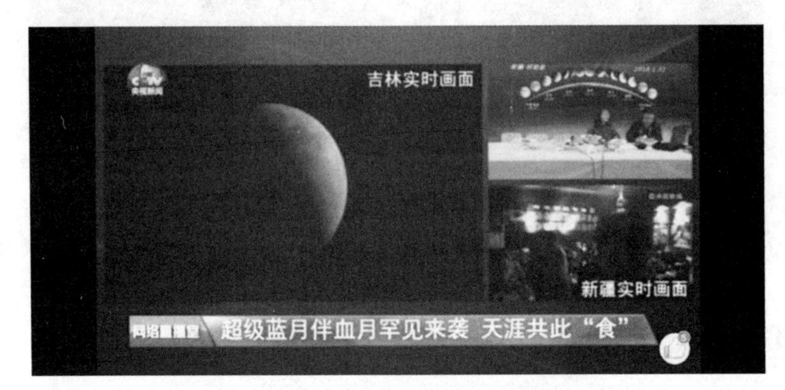

图 7-24 现场连线吉林与新疆月食实时画面

科教直播讲解中比较常用的内容展示形式有实物、图片、文字、PPT 等,这几种形式可以结合使用。例如,在陕西西安碑林博物馆直播中,主播白雪松选择在户内进行,仅用一部手机完成直播。虽然设备简单,但他利用平板,将文物照片清晰地展示给观众,解决了碑外层玻璃罩容易反光、文字过小不利直播的问题,如图 7-25 所示。

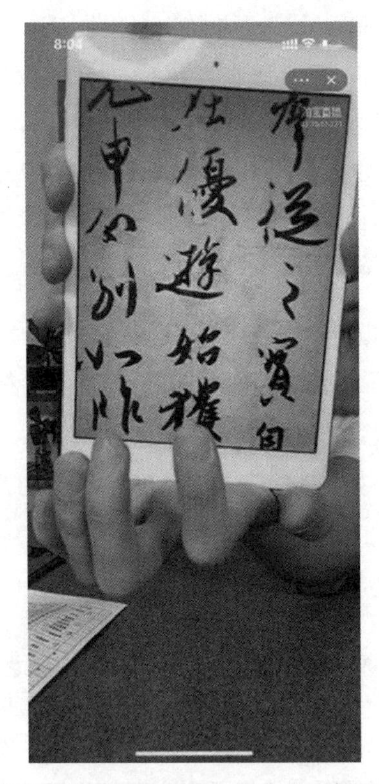

图 7-25 西安碑林博物馆直播画面,白雪松用平板展示文物书法细节

许多网课直播会采用画面直播演示的形式来配合讲解，有的则会用纸笔直接运算，如图 7-26 与图 7-27 所示。

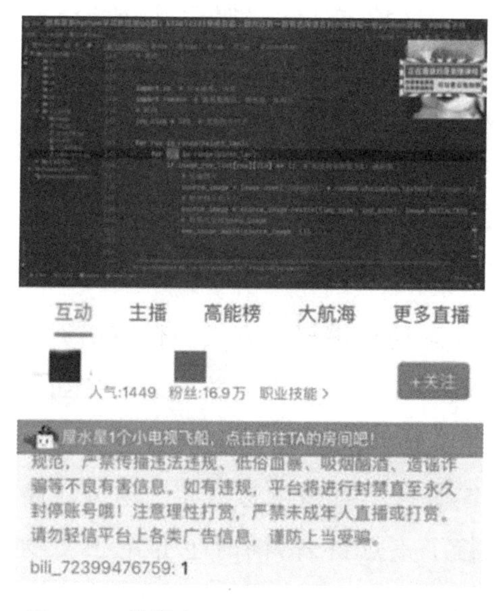

图 7-26　某博主 Python 教学直播演示画面

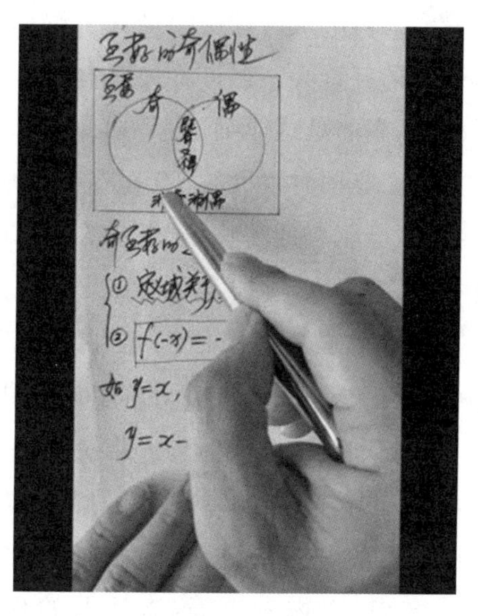

图 7-27　直播数学题目演算画面

在直播中插入短视频也能提升科教直播的讲解效果。短视频可分为预告式短视频与科普式短视频。预告式短视频一般在直播前循环播放多次，内容可包括本次直播背景、科普知识、嘉宾、内容与环节介绍等，将直播先预热起来，也给了观众一些准备的时间，如图 7-28 所示。在直播讲解中，播放提前制作或搜集好的科普式短视频可辅助讲解提升直播效果，如图 7-29 所示。

图 7-28　2020 届北京国际图书博览会直播前的短视频预告画面

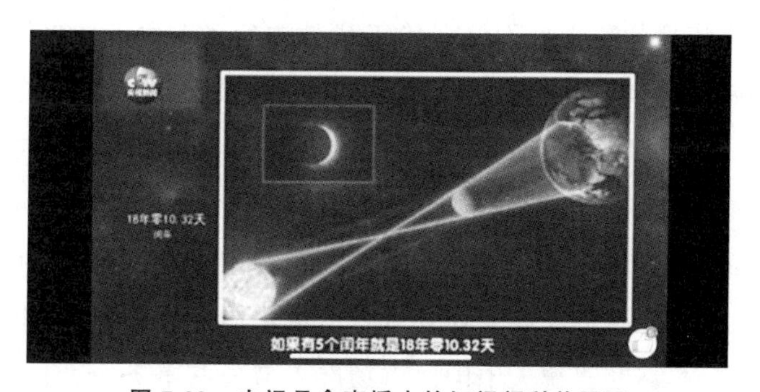

图 7-29　央视月食直播中的短视频科普画面

五、综合使用悬念式、发散式和穿插式的讲解方式

悬念式讲解是通过设问呈现讲解内容的方式，这种方式容易吸引观众的注意力与激起观众的好奇心。在讲解关键内容时，可用设问方式提出问题，如这个是什么、为什么会是这样、真的是这样吗等，诸如此类的问题来设置悬念引出下一个讲解部分，引起观众的好奇心。同时，可以适当营造一些神秘感：在讲解时对于后面会讲解的一些干货如书单推荐、会到来的嘉宾、会展示的文物或者会前往的地点等环节安排进行一定的前期铺垫，引发观众兴趣，将观众留在直播间。

发散式讲解是指对主要内容以及与其相关内容进行讲解的方式。在前期资料准备与讲解过程中，不仅要准备讲解主体本身的资料和文本，还需要发散式地准备如作者及其生平、时代背景、时代历史人物及其生平等，可以较为全面地让观众从宏观和微观上理解讲解主体本身。2020 年 2 月 23 日，甘肃省博物馆直播中选取了“丝绸之路文明馆”进行直播，讲解员针对其中的经典文物进行了重点讲解，同时也介绍了文物的历史背景知识、文物来历等，直播开始仅 10 分钟，网友实时在线观看人数达到近 30 万人。

当准备许多知识点的时候，需要将知识点进行系统化的梳理，适当采用穿插式的讲解方式，让观众更好地理解和加深记忆。主播可以进行纵向和横向穿插，纵向穿插是指以时间线为轴，穿插进不同时间的、与知识点有关联的内容；横向穿插是指以地点为轴，穿插进同一时间的不同地点的内容，如北方和南方、国内和国外，不同模块的知识如人物介绍、时代背景介绍等也可以互相穿插进入讲解中。

六、注重讲解的科学性、故事性和趣味性

科教内容的叙事模式无论是娓娓道来还是跌宕起伏，都离不开内容的真材实料。科教直播的科学性不仅有赖于科教内容的科学性，更有赖于专家的权威性和传播对象的针对性。2020 年 11 月 13 日，糖尿病科普、健康中国“E 起来”——2020 联合国糖尿病日主题直播活动在人民日报新媒体、新华网、央视频等同步直播。这一直播有三个亮点，其一抓住关键直播节点，当日时值第 14 个联合国糖尿病来临之际，正是糖尿病医疗科普的最佳时机；其二邀请行业权威，演播室邀请到健康中国行动推进委员会办公室副主任、国家卫生健康委规划发展与信息化司司长毛群安，北京大学人民医院内分泌科主任纪立农，诺和诺德大中国区市场准入与公共事务企业副总裁林敏，座谈会不仅科普糖尿病基本防治知识，还充分动员广大医务人员、志愿者等多方力量，参与到糖尿病预防的防治行动中；其三讲述真实故事，直播期间还连线奋战糖尿病一线的年轻护士、年轻患

者、康复病人等，由他人之口讲述真实“病例”，如图 7-30 所示。

图 7-30　糖尿病科普、健康中国“E 起来”直播画面

在兼顾科学性的同时，科教直播也需要加强直播的故事性，激发观众兴趣，丰富科普知识，提高直播效果。2018 年 1 月 31 日，央视新闻发起“超级蓝血月全食”微博直播，除了现场主播的实地播报，在场景转换的过程中，还以动画科普的形式穿插讲解“日食和月食为什么会出现”，用中国古代“天狗食日”等耳熟能详的故事将直播内容串联起来，实现科普输出的短、平、快，为后续的现场实地播报提前预热，如图 7-31 所示。

图 7-31　央视月食直播插入动画故事科普画面

在直播的过程中，为科教知识增加趣味性是留住观众的重要手段。在讲解的过程中，适当增加一些网络段子、搞笑的“梗”与冷笑话，能让讲解更加欢快。此外，增设一些现场表演的环节，能将知识点活灵活现地展现在观众面前。2020 年 3 月 1 日，苏州博物馆第二次开启“博物馆云春游”活动，在直播中邀请了“苏绣”“缂丝”两大非遗技艺匠人，现场展示传统技艺的绝活，同时增设“文人雅集”环节，通过花、射、茶、诗、谜、香游戏让观众在互动中了解古代文人“春游”时的赏玩内容，颇具趣味性，网友评论该直播为“像在看综艺”。

七、围绕科普内容设置互动方式

在科教直播中，与观众互动可以让观众真正参与到讲解和思考中来。

科教直播互动方式有多种。其一有奖问答方式，例如，在央视某次月食讲解与观测网络直播中，就采用了主持人在现场提出问题，随机抽取评论区正确答案或选择最快回答出正确答案的观众来送出月球灯礼物。其二计时答题方式，在直播课程中，利用计时答题与答案统计插件，让观众在一定时间内作答，并展示出选择各个选项的人数的统计结果和正确率。其三观众留言方式，除了设问与回答之外，还需要留言与观众进行互动。科教直播可以借鉴部分电商直播互动的技巧，让观众在留言区说出自己最想听的讲解内容、最想看的文物、最感兴趣的游览路线等，主播可以根据热度情况实时选择下一部分的讲解重点，及时调整节奏。其四抽奖方式，可以适当地在某些讲解节点设置抽奖环节，提高观众的积极性，留住观众。

八、做好知识主播与直播主持人身份匹配与转换

科教直播与其他直播不同，有时候主播不仅是讲解员，还要担任主持人的身份。讲解员在身兼主持人的直播场景中，不仅需要以主持人的身份进行直播的开场、讲解和结尾工作，有时候还需要与其他嘉宾(讲解员)保持互动，如图 7-32 和图 7-33 所示为英国维多利亚与艾尔伯特博物馆(通常缩写为 V&A)直播中讲解员兼主持人介绍直播中出现的嘉宾。

图 7-32 V&A 直播中讲解员兼主持人介绍直播中出现的嘉宾

图 7-33 V&A 直播中主播兼讲解员在为嘉宾讲解

图 7-34 2020 届北京国际图书博览会直播画面(左为主持人,中与右为本场直播的嘉宾)

在有的科教直播中,会有专门的主持人,主持人与讲解员的角色是分开的,那么就需要把握二者的职责分工与身份匹配。主持人承担着串场、把握整体节奏、推动直播进程等职责,作为知识性直播的主持人,需要对当场直播所涉及的知识和背景有所了解,这样才能更好地与讲解员进行互动,能够参与进观众与讲解员之间的讨论,更好地对整体直播节奏进行把控。讲解员与主持人之间也需要进行适当的互动,可以采用问答方式进行,注意把握互动话语的通俗性,讲解员和主持人之间互相配合对方的节奏,如图 7-34 所示。

九、用心做好科教直播录播回放和科教视频推广

科教直播的知识属性较强,需要做好直播的录播与回放,让观众可以随时随地观看回放进行知识点回顾。2020 年 9 月 22 日,卢浮宫博物馆开展第一次现场直播。在直播结束后,官博将直播内容分为四个部分分别发微博回顾,每个部分都有简单的环节主题介绍和时间轴介绍,十分清晰

明了。有的平台自带录播功能，但平台存储数量和时间可能有一定的限制。因此，除平台自带外，直播团队可以使用录播软件自行将直播画面录播下来并发布，发布时要注意告知观众观看入口。此外，可以在录播回放的基础上制作科教视频，视频时长可长可短，短视频主要用于推广，让更多人了解直播内容，剪辑时需要注意形式表现和感染力，选取剪辑直播中的精彩部分，在抖音、快手等短视频平台进行发布；长视频主要用于知识传播，注重内容输出，主要简单介绍与总结归纳本场直播知识点，可以发布在B站、微博等平台，如图7-35所示。

图7-35　卢浮宫博物馆微博页面

十、注重游览式、沙龙式、授课式和活动式科教直播的异同

科教直播不是只有一种类型，而是包含许多不同的种类，各个种类既有相同的需要关注到的直播技巧，又各有侧重点。一般来说，科教直播分为游览式、沙龙式、授课式和

活动式四种。

游览式科教直播，这类科教直播需要主播设计好游览线路，带领观众参观博物馆、名人故居等地，如淘宝、快手等平台在疫情期间推出的云游博物馆、博物馆直播首秀等活动，这就需要将清晰的、最好是无遮挡的画面展现在观众面前，且对声音设备要求较高，注意避开现场杂音。

沙龙式科教直播，这类科教直播一般在室内进行，机位较为固定，一般有人物访谈、博览会等，有主持人和多位嘉宾进行直播与讨论，快手曾推出的《2020世界阅读夜》，连续几天直播北京国际图书博览会的不同场次，每场有不同的主题，且大部分时间都是主持人与嘉宾在镜头前讲解和推荐书籍。在沙龙式直播中，主持人需要做好串场工作，把握直播节奏，在直播的过程中也要注重和观众的互动。

授课式科教直播较为普遍，主播就是授课老师，要注重突出直播内容，把控时间节奏，加强与学生互动，如疫情期间许多学校开设网上直播课程、学术讲座等，对主播的讲解技巧要求较高。

活动式科教直播，这类直播一般在户外进行，对一些与科普相关的节庆活动、自然现象等进行直播，并非单纯地画面直播，需要主持人或讲解员对活动进行科普性的讲解，与游览式直播一样，都需要注重现场画面切换、转播以及拾音效果。

第六节　娱乐直播技巧

娱乐直播是指以唱歌、跳舞等才艺表演为主导内容的直播。和其他类型的直播相比，娱乐直播社交属性突出，情感色彩强烈，能很好地展现主播的个人风格，加上娱乐直播的关注度高、变现快，成为很多新手主播首选的直播类型。由于娱乐直播的竞争相当激烈，部分主播为了吸引眼球、博取关注，大打法律的擦边球，宣扬浮夸、低俗、暴力内容的违法违规行为屡见不鲜。在2020年11月和2021年9月，国家广播电视总局和文旅部相继发布了《国家广播电视总局关于加强网络秀场直播和电商直播管理的通知》和《网络表演经纪机构管理办法》，持续加大了对娱乐直播的整治力度。随着直播行业的规范化管理，娱乐主播一方面要提高直播内容的观赏性和专业性，掌握娱乐直播技巧；另一方面也要不断地学习直播相关的法律法规知识，提高个人素质，打造积极形象。

一、设置吸睛的直播间特色封面和标题

用户观看娱乐直播的直接目的就是娱乐消遣，对直播间的选择有很强的主观性。在直播平台上，直播间的封面和标题给用户的第一印象非常重要，如果做不到让人眼前

一亮,用户就会失去点击进入直播间的兴趣。在如今这个"读图时代"里,直播间封面和主播头像是最先被用户所关注到的。对于娱乐主播而言,一个精致和有特色的封面可以快速吸引用户的注意力,激发用户点击进入直播间的兴趣,只有用户进入了直播间,主播才有发挥的空间。突出主播的个人形象是选取封面照片的一大准则,与主播个人形象无关的修饰元素不要过多,主播可以选择自己的艺术照、写真照、自拍照等经过后期精修的照片,再配合一些文字说明,切忌使用模糊不清、背景杂乱、主题不突出的照片作为封面。

主播还要结合直播间封面,设置简洁概括、特点鲜明的封面标题,让用户能够快速地获取直播内容的相关信息。设置直播间的标题可以从三方面进行考虑:一是突出主播鲜明的人物特征,比如"新主播求守护""全职妈妈 xxx""80 后袖珍夫妻"等,将主播的人物特点写进标题,有助于引起一些用户的共鸣,吸引他们进入直播间。二是展示具体的才艺内容,标题可以采用"才艺+主播+时间+具体活动"的结构,比如"xx(地名)跳舞主播今晚 7 点开播""古筝主播 xxx 求亮灯"等,将具体的直播内容一目了然地展示出来,能更有目的地吸引到对特定内容感兴趣的用户。三是利用福利吸引用户,比如"点进来发红包""点赞满 1000 抽奖""免费设计签名"等,给予用户一些小福利吸引他们进入直播间。只有不断吸引用户进入直播间,提升直播间热度,直播才能更好地进行下去。

二、使用专业设备以呈现良好的娱乐直播效果

对于娱乐主播而言,直播间就是他们的个人舞台,尽管绝大多数网络直播的直播间无法与明星的专业舞台相媲美,但是随着娱乐直播竞争日渐激烈,仅凭一个摄像头再加一个耳机就开启直播的主播越来越少。毕竟用户同样在追求更高质量的直播内容,娱乐直播的表演性质决定了,相比起其他类型的直播,其要优先保障直播的声音效果和画面效果。在经济条件允许的情况下,主播应该使用专业的直播设备以呈现更好的直播效果。

在歌唱表演类直播中,声音效果比画面效果更重要,主播可以选择使用外接专业级声卡和电容麦克风。声卡的基本功能是将来自话筒、磁带、光盘的原始声音信号加以转换,输出到耳机、扬声器、扩音机、录音机等声响设备,[①]外置声卡能解决内置声卡接口少、有延迟和电磁干扰等问题,让主播的声音更加清澈透亮,给予观众更好的听觉体验。电容麦克风能够将声音转换为电能信号,在收音上相比动圈麦克风有更好的音域延伸性和更强的弱声感应性,是歌唱表演类主播原音重现的最佳选择。使用专业的声音收

---

① 李小平. 多媒体技术[M]. 北京:北京理工大学出版社,2015:9.

录设备，主播可以尽可能突出自身的声音优势，同时应用技术手段可以弥补一些声线、音域或技巧上的不足。

在舞蹈表演类直播中，画面效果的重要性高于声音效果，在设备方面应该更加注重灯光的配置和摄像工具的选择。这两者相比之下，摄像工具的要求更容易满足，随着手机摄像技术的提高，使用手机也可以轻松达到直播的基本要求。反倒是灯光设置的重要性被不少主播所忽略，由于大多数的娱乐直播都在固定场地上进行，灯光在主播形象的展示和直播间的氛围营造上有相当重要的地位。主播要重视直播间的灯光配置，多尝试不同的打光组合，不断调整实际效果，找到最适合主播和最契合内容主题的打光设置。

三、重视直播中表演与互动的设计以控制好直播节奏

虽然延长直播时长有利于吸引更多的流量，但是要求主播在连续几个小时的直播中一直处于表演状态，显然是不现实的。除了表演环节之外，主播需要设计好非表演环节的内容，整个直播进程要松弛有度，控制好恰当的直播节奏，延长用户留在直播间里的时间。

重视直播的开场与结束。对于有固定观看习惯的用户而言，设计形式相对固定的开场和下次直播的安排，有利于加深用户对主播的记忆。直播开场时，主播不需要急着开始表演环节，可以播放一些轻松、欢快的歌曲，与直播间里的观众进行一波互动，根据观众的反馈调试直播设备，先炒热直播间的氛围。等到设备调试完毕，主播进入状态后，就可以开始表演。在即将结束直播的时候，主播应该对整场直播进行简单的总结，感谢点赞和打赏的粉丝，也感谢直播间里陪伴自己的观众，并对下次开播的时间和特色内容进行预告。

直播中途注意欢迎新人。在直播过程中，直播间随时会有新的观众进入，主播要尽可能欢迎每一个进入直播间的新人。如果主播正在表演环节无法立即表示欢迎，也应该在表演告一段落后，对新近进入直播间的观众道一声欢迎，向他们做简单的自我介绍并展开互动，让他们感觉到主播在关注自己。在互动内容上，主播可以从用户的角度出发，比如结合一些富有趣味的用户昵称延伸出话题，让用户感觉到自己是直播间中独特的一员，激发他们的讨论兴趣，活跃直播间的氛围。

表演和互动穿插进行。在一场直播中，表演环节不宜安排得过满，一旦主播的体力和精神跟不上，表演质量就会急剧下降，加上不少主播所擅长的才艺比较单一，不断重复类似的表演内容，难免会引起用户的审美疲劳。但是，如果用户在主播的非表演环节进入直播间，等待片刻后依然没有看到表演，很容易会失去耐心，转向其他有表演的直

播间。因此，主播需要平衡好表演与休息的时间，在表演的间隙需要加强与直播间里的观众互动，预告接下来的表演内容，吸引他们继续留在直播间。

四、直播内容中融入当代流行元素

娱乐直播的观众中有大量的年轻用户，主播可以考虑在直播中融入一些年轻人所喜闻乐见的流行元素，比如进行“角色扮演”(Cosplay)和使用虚拟形象等，在给予用户新鲜感的同时，能提高直播的观赏度，丰富用户的视觉体验。

“角色扮演”是指利用服装、饰品、道具以及化妆来扮演动漫、游戏及影视作品中的人物角色，简单理解就是虚拟角色的真人化。“角色扮演”文化发展至今，已经成为青少年娱乐亚文化的重要组成部分。在万圣节、圣诞节、生日聚会、动漫展会等特殊的节日和场合里，“角色扮演”能增添趣味、活跃气氛。主播通过“角色扮演”改变日常的直播着装样式，并一定程度上转换直播风格，既能让粉丝眼前一亮，又能吸引到一些喜爱主播所扮演角色的用户，起到扩大主播观众群体的作用。比如，知名娱乐主播“冯提莫”就经常在直播中扮演游戏角色来增加直播间的热度，如图7-36所示。

图7-36　主播冯提莫在直播间扮演“春丽”

虚拟形象在青少年娱乐亚文化中也是常见的事物，“洛天依”“初音未来”就曾经引领了虚拟偶像文化在音乐领域流行。如今仍有一些主播使用静态的虚拟形象，以语音为主要呈现形式，进行不出镜的直播。随着技术的进步，借助3D渲染软件和摄像头的动态捕捉，真人的实时虚拟角色化已经实现，如图7-37所示，B站知名UP主“泛式”就使用过实时的虚拟形象替代自己的真实样貌出镜直播。使用虚拟形象的优势主要有三点：一是使用虚拟形象后，主播的形象呈现会偏向于脸谱化，能使用户把注意力更加集中于直播内容身上；二是主播面对摄像头时，可缓解紧张的情绪，能更放开地进行表演和互动；三是作为代表主播的特色数字IP，虚拟形象对主播的网络形象展示、社交互动和内容传播有一定的营销价值。

图 7-37　B 站主播“泛式”的虚拟形象

五、娱乐表演中融入传统文化元素

从具体的直播内容上看，演唱流行歌曲和表演时尚热舞占据着娱乐直播的主流，这两类内容的观众年轻化特性突出。目前，娱乐直播的竞争日趋激烈，观众群体覆盖到了各个年龄阶段，主播要想从众多主播中脱颖而出，就需要跳出盲目跟风流行内容的束缚，以深入了解大众的喜好，结合自身实际选取特色内容。比起流行文化，主播可以尝试从传统文化中汲取灵感，在直播中融入传统元素，与其他主播形成差异以提高自身的竞争力。

将传统文化内容作为辅助元素，即把一些体现我国传统习俗文化的物件融入直播中。比如，主播在表演时身着汉服；直播间背景布置带有传统元素的装饰，如将绢扇、瓷器等传统手工物件作为背景点缀；把古典音乐、古风音乐和民歌作为直播时的背景音乐等。这些传统文化元素的融入，能在精神风貌和个人气质上将主播与其他主播区别开来，同时可给予观众特别的文化体验，对直播的传播会有助推作用。

将传统文化内容作为直播核心，即把传统文化才艺作为直播的主要内容，如传统戏曲和民族舞蹈的表演，琵琶、二胡、唢呐等传统乐器的演奏，甚至是糖画、剪纸和捏面等手工艺的现场制作等。这些才艺都要求主播具备过硬的专业功底，才能保证比较好的呈现效果，只要内容质量过硬，同样能收获用户的喜爱。陌陌主播黄梅玲儿从小学习黄梅戏，在直播间里她会用正宗的安庆方言演唱各个经典的黄梅戏桥段，并能熟练切换花腔、彩腔和主调。她 2017 年在陌陌开播后，短短 10 个月的时间里就积累了超过 27 万的粉丝。① 如果主播能充分利用直播的互动性、代入感、感染力，让传统文化与潮流创新结合起来，可以使传统文化在直播中焕发出新的生机。

六、与其他娱乐主播连麦吸引更多的流量

制造新鲜感是主播提高直播间热度的重要方法，如果一直是主播一人在唱独角戏，用户难免会心生厌倦，而且主播只守在自己的“一亩三分地”，对提升直播能力和扩展影响力也是不利的。主播应该重视与其他主播的互动，通过连麦交流可以持续为直播间带来新流量。

连麦交流主要有两种形式：一种形式是邀请其他主播作为嘉宾，参与到直播进程中来。与其他主播建立合作关系，邀请他们来到直播间，既能丰富表演的内容，又能给粉丝带来新鲜感。如果能邀请到粉丝较多的大主播连麦交流，就会有更好的连麦效果：一方面，借助大主播的人气，可以提高自己的知名度，让更多的用户了解自己，吸引他们的关注；另一方面，可以从实战的角度，学习到大主播如何带动直播间氛围和吸引粉丝消费等实用技巧。

另一种形式是与其他主播进行连麦 PK(Player Killing，起源于网络游戏中对手之间的对决)。连麦 PK 是主播在直播的过程中，向另一位主播发起挑战，双方在规定时间内比拼人气值的游戏，是当前娱乐直播中流行的互动方式。主播接受挑战之后，就会连麦进入 PK 模式，直播间的画面一分为二，两位主播各占一半，在两个直播间里的观众也能同时看到两位主播。在直播间页面上，两位主播会有不同颜色的进度条，用来显示粉丝点赞和刷礼物所产生的人气值，PK 结束后人气值较低的一方为输家，相应的惩罚由主播在 PK 前自行商量。很多娱乐主播非常青睐连麦 PK 这一互动方式，PK 可以增加主播的曝光率，尤其是挑战一些粉丝较多的大主播，就能够借助大主播的影响力给自己吸引流量，同时 PK 还能适当刺激粉丝的消费，为粉丝刷礼物创造由头。连麦 PK 需要注意以下四点：一是不要一开播就进行连麦 PK，最好直播一段时间聚集了一定人气后，再与其他主播 PK；二是不要因为害怕输而拒绝 PK，主播间的 PK 无论输赢都是增加曝光率的良好途径；三是不要只会吆喝粉丝们刷礼物，PK 时要表演真材实料的才艺；四是不要在 PK 结束后拉踩其他主播，如果 PK 输了，就要兑现事先协商好的惩罚承诺，不能言而无信。

---

① 中娱网. 陌陌直播成黄梅戏表演新舞台 曲艺传承者受网友追捧[EB/OL].(2017－05－24)[2021－03－24]. http://news.yule.com.cn/html/201705/241164.html.

七、及时回馈用户的情感需求

用户的打赏是主播收入的重要来源，相较于其他类型的直播，娱乐主播的用户打赏更为频繁，大多数用户会期待通过打赏获得主播的关注，并得到与主播互动的机会，频繁的打赏行为意味着其所附带的情感需求是显性而强烈的。主播在直播的进程中，给予用户充分的参与感和被关注感是留住用户的重要举措。

发送弹幕和打赏礼物是用户与主播进行交流的两大方式。有研究显示，主播回应用户的积极性高低会对用户的态度产生一定的影响，“进入直播间后主播主动打招呼会让我觉得很热情，就会想回应”，“打赏后主播会谢礼物，谢礼物时念到自己的 ID 就会感到特别地开心和幸福”。[①] 可以看出，在用户表达了自己的交流欲望后，如果主播及时给予回应，无论是请求支持还是表示感谢，都能一定程度上使用户获得情感上的满足感和成就感，促进用户进一步做出关注主播、支持主播的行为。

主播要时刻留意用户在直播间中的行为，及时的回应会给用户创造与自己一对一交流的机会。比如，直播中遇到有趣的弹幕，可以将其作为话题进行延伸，邀请发送该弹幕的用户一起参与讨论；当用户送出了大额礼物时，可以将礼物的特效和告示截图挂在直播间里一段时间，表达对用户支持的感激。主播这种有明确指向性的关注，能有力地回馈用户的情感需求，进一步深化用户对主播的良好印象。

八、做好直播后的互动以提高粉丝黏性

主播与用户的互动交流不应只停留在直播的几个小时里，直播后的时间同样需要主播加以利用，通过线上和线下的同时发力，与用户建立更深入的联系，更牢固地确定用户的粉丝身份，并利用积极的互动逐步提高粉丝黏性。

线上方面，主播可以建立粉丝群将粉丝聚拢在一起，把粉丝群作为与用户在直播外互动的主要阵地。从工作内容和粉丝构成上看，娱乐主播是与传统明星最相似的主播类型，借鉴明星粉丝后援会的玩法，娱乐主播也能建立起结构类似的粉丝组织，进行粉丝管理和运营。主播的粉丝群能起到通知发布、互动交流、筛选核心粉丝等作用，帮助主播构建属于自己的“私域流量池”，为直播间持续引导流量。

线下方面，原则上不建议小主播和新人主播组织与线下的粉丝见面，因为小主播普遍缺乏专业的组织能力，粉丝数量不多且鱼龙混杂，应该先集中精力运营粉丝组织。粉丝组织结构比较健全且运作良好的主播可以尝试开展线下活动，主要有两种方式：一是

---

① 张文慧. 泛娱乐直播中大学生打赏行为影响因素的质性研究[D]. 内蒙古师范大学，2021.

开展聚餐、游戏和聊天等线下聚会，聚会过程同样能进行直播。通过线下聚会，主播与粉丝的联系能从线上延伸到线下，能有力促进双方的情感交流。二是联合其他主播共同举行粉丝见面会，这通常是由平台和MCN机构举办，由于主角众多，粉丝一般很难与主播有深入交流，但这种活动有助于让主播被更多用户所认识，丰满主播的个人形象。

九、不断学习提高个人技能和修养

脱胎于秀场直播的娱乐直播起步早、发展快，竞争十分激烈，部分主播为了吸引眼球，直播时大打“擦边球”，言语粗俗、穿着暴露、行为举止出格。这种做法的确能获取一定的关注度，但久而久之会给部分用户留下主播缺乏内涵、只会博眼球和搏出位的刻板印象，终究不是长久之计。娱乐主播想要长久地发展，必须不断学习提高个人技能和修养，生产更多的优质内容，坚决不搞低俗的直播内容。

提高个人技能的核心在于全面发展。对于娱乐主播而言，单凭“颜值”已经很难从众多的主播当中脱颖而出，如果主播没有足够的才艺傍身，粉丝终究会迎来审美疲劳的一天。主播应该根据自己的爱好特长，进行一些专业技能的培训，比如唱歌主播要学习如何科学地发声，舞蹈主播要保持日常练习的强度等，将自己的技能做精做强。同时，主播也要积极走出自己的“舒适区”，以自己的特长为主延伸发展技能，比如唱歌主播可以尝试学习一种乐器、学习作曲和填词，舞蹈主播学习其他舞种来取长补短。主播通过不断学习提高自己的技能，既是增强自身竞争力，也是不断给予粉丝新鲜感的积极做法。

提高个人修养的核心在于增强价值判断力。什么是真善美？什么是假恶丑？什么事情可为？什么事情不可为？主播心里应该有一把标尺来衡量自己的所作所为。尤其在一些社会热点问题上，主播更需要有基本的价值判断，坚决不做触及民族情绪和违背社会伦理纲常的事情，始终保持正确的政治立场和道德立场。

十、要注重输出正能量以引导粉丝群体

观看娱乐直播的用户往往带有明确的情感需求，相比起用“博眼球”行为吸引用户的方式，主播树立积极向上的阳光人设，能与用户建立更持久的情感关系。传播正能量正向影响用户的主播，更容易获得用户的支持，更有利于将用户转化为自己的粉丝。

粉丝对主播的打赏行为具有情绪感染性的特质，包含着对主播的支持和期许。尽管他们所支持的主播可能在才艺能力上有所欠缺，但是由于主播态度谦逊，也在努力地练习和提高，粉丝会从鼓励主播的角度，做出点赞、评论和打赏的行为。[①] 这说明，除了

---

① 张文慧. 泛娱乐直播中大学生打赏行为影响因素的质性研究[D]. 内蒙古师范大学，2021.

主播的个人能力以外，主播的人格特质也是吸引粉丝关注和打赏的重要因素。一个认真、负责、努力的主播能为直播间营造出积极向上的氛围，在这种氛围下，粉丝会愿意与主播有更深入的交流，提高付出的意愿。

另外，粉丝群体本身是极容易被煽动情绪的，主播作为粉丝群体的召集者，有义务引导粉丝群体形成良好的风气，减少“群体极化”的风险。所谓“能力越大责任越大”，主播通过直播获得了影响力和号召力，就有责任回报社会，输出正能量。常见的做法就是参与社会公益活动，主播个人可以通过捐资捐物、看望老人、购买赠送爱心早餐等方式回馈社会，也可以参加平台和 MCN 机构统一组织的活动，比如斗鱼就成立过“主播公益团”，在湖北省鹤峰县、丹江口镇、红安县、蕲春县等多个地区的贫困山区开展“助农直播”，为各地带来了数十万元的特色农产品订单。

本章小结

网络直播中，为了提升直播效果，主播要根据直播领域掌握相应的直播技巧。电商直播技巧有：精心策划电商直播流程，严控质量并遵守直播带货相关伦理法规，做到人、货、场相匹配，做好电商直播内外沟通协调工作，主推所售商品最突出的亮点，以主播营销的引导力、亲和力与感染力形成鲜明人设、运用多种促销手段增粉留粉提高成交率，注重互动内容与形式的多样化，直播后及时复盘并重视售后服务工作，清晰定位并多向优秀电商主播学习。游戏直播技巧有：精心设计游戏直播界面，使用实拍真人形象或虚拟形象，声音采集保质有特色，提高实时弹幕观看体验，广告位置设计与个人引流并重，注重游戏直播标题、简介与动态的发布，合理选择游戏直播时段，适时把控直播节奏等。生活直播技巧有：在平凡的生活内容中寻找亮点，根据直播内容灵活匹配开播时间，根据直播场景和直播内容确定画面呈现，根据主播的个人气质形成独特的直播风格，注重口语化和生活化的语言表达，加强直播互动以提升用户的参与感等。事件直播技巧有：选择具有“四性”特点事件确定直播重点，注重运用独特视角即时展现事件进程，使用多机位“慢直播”原生态记录事件过程，适当运用全景 VR 直播，运用视频连线与多视窗画面，使用多链路直播拓展信源，采用“三跨”联动直播增强直播效果，搭建互动共享平台扩大信息量，展现事件重点以突出现场细节等。科教直播技巧有：精选科教选题与谋划直播环节，合理安排科教直播时段与巧设页面布局，注重直播时镜头的切换与音效氛围，运用现场连线、图文、短视频等方式增添直播形式的多样性，注重讲解的科学性、故事性和趣味性，围绕科普内容设置互动方式等。娱乐直播技巧有：设置吸睛的直播间特色封面和标题，使用专业设备以呈现良好的娱乐直播效果，重视直播中表演与互动的设计以控制好直播节奏，直播内容中融入当代流行元素，娱乐表演中融入传统文化元素等。

思考与练习

1. 电商直播中主播需要掌握哪些直播技巧?
2. 如何提高游戏直播的效果?
3. 运用本章所介绍的生活直播技巧,进行一场户外生活直播。
4. 如何提高突发事件直播的影响力?
5. 如何采用多种方式提高科教直播效果?
6. 在娱乐直播中如何融入当代流行元素与传统文化元素?

第八章　网络直播的商业模式

学习目标

1. 理解各类网络直播商业模式的基本概念。
2. 了解网络直播常用商业模式的发展、类型与定位。
3. 掌握多种网络直播商业模式的核心资源与盈利模式。
4. 理解不同商业模式的区别，灵活运用各类直播商业模式。

商业模式是一个非常宽泛的概念，较早的定义认为商业模式是指产品、服务和信息流形成的体系，描述了不同参与者和他们的角色以及这些参与者潜在利益和最后利益的来源。① 从经济逻辑、运营逻辑、战略逻辑和价值逻辑等方面也可以对商业模式进行不同的解读，但其核心就是要解决三个问题：面对什么样的用户，利用什么样的方式，获得什么样的收益。网络直播作为一种新的商业形态具有丰富的用户、广阔的市场、巨大的收益，已成为互联网行业的新风口，各领域相继试水“网络直播”探索其商业模式，“虚拟道具打赏”是网络直播行业较早探索出的商业模式。然而随着“直播＋细分垂直行业”的发展，直播已从最初的游戏直播、体育直播扩展到电商直播、科教直播、泛娱乐直播等领域；同时5G的普及、VR、AR技术的应用也给网络直播的发展带来新机遇，内容的泛化、技术的提升，使得网络直播的商业模式不断创新和完善。目前较成熟的直播商业模式有“直播＋电商”模式、“直播＋打赏”模式、“直播＋广告”模式、“直播＋游戏”模式、“直播＋会员”模式等。本章将针对当前网络直播较成熟的几种商业模式以及其他创新型直播商业模式进行具体分析。

第一节　“直播＋电商”模式

“直播＋电商”即直播电商的销售能力不容小觑，近年来头部主播纷纷创下令人瞩目的成绩，其销售业绩让“直播＋电商”的模式受到各界的关注，店铺老板、明星艺人、主

① Timmers, P. Business Models for Electronic Markets[J]. Electronic Markets, 1998, 8: 3－8.

持人、政府官员、企业家等开始担任主播在直播间卖力带货。淘宝直播的带货能力则在2019年全面爆发，积累4亿用户，全年成交总额超2000亿元，[①]淘宝直播的大获成功推动了京东、快手、抖音等平台加快“直播＋电商”布局。此外，在新型冠状病毒肺炎疫情的影响下，实体零售业受到了极大冲击，大量线下购物被迫转为线上购买，这给快速发展的直播电商带来了新一轮的发展机遇，2020年中国直播电商市场规模超1.2万亿元，年增长率为197.0%。[②] 与此同时，“直播＋电商”带动了疫情之后经济的快速恢复。

一、模式概述

“直播＋电商”模式是一种新的销售手段，给用户制造“边看边买”的购物体验感，可以看作以传统电商为基础，直播工具的推广应用；也可以看作以直播为工具，传统电商的转型升级。参考中国商业联合会媒体购物专业委员会发布的《视频直播购物运营和服务基本规范》，可以将“直播＋电商”模式定义为：结合“直播”和“电商”而产生的一种通过互联网信息网络以直播的方式销售包括实体和虚拟商品在内的经营活动。[③] 总的来说，“直播＋电商”模式是直播行业与电商行业深度融合下形成的新兴业态，当传统电商面临流量增长放缓、流量获取成本增加、流量红利逐渐减弱的问题时，直播平台收获的无数流量急需变现，二者融合共同打造直播平台和电商平台的桥梁，是互联网经济发展的必然趋势。

从发展历程上看，“直播＋电商”模式在中国兴起于2016年，历经3年时间达到爆发期，如今直播带货已成为各平台的标配。2016年是直播电商的探索期，蘑菇街、淘宝、京东等各大平台相继试水直播，在此期间直播带货平台多为电商平台，主播以各大网红为主，服装和美妆则是主要的带货品。2017年到2018年可以说是直播电商的成长期，直播平台和主播类型更加多元化，带货种类也更加丰富，苏宁开启电商直播，快手、抖音相继上线直播功能，MCN机构入场，2018年头部主播在双十一活动中的直播带货能力，则刷新了公众对直播带货的认识。2019年直播电商则迎来了爆发期，直播平台已涵盖阿里系（淘宝）、腾讯系（微信）、短视频（快手）等各类玩家，主播类型也从网红发展到明星、官员、企业高管、主持人等，带货品种有服饰、美妆、食品，甚至还有房子、汽车，可以说是包含了“衣食住行”的各个方面。

---

① 艾瑞网.淘宝直播火爆升级，年度用户超4亿，线下门店开电商直播或成趋势[EB/OL].(2020－04－14)[2021－12－30]. https://column.iresearch.cn/b/202004/886635.shtml.

② 艾瑞网.2021年中国直播电商行业研究报告[EB/OL].(2021－09－10)[2021－12－30]. https://report.iresearch.cn/report/202109/3841.shtml.

③ 豆丁网.直播电商产业链研究报告[EB/OL].(2020－11－09)[2021－12－30]. https://www.docin.com/p－2493705018.html.

"直播 + 电商"这一模式有多种分类方法，根据平台性质不同则可以分为两大类：一类是"电商平台+ 直播"，即电商平台借助直播技术开展电商直播，依托电商成熟的产品供应链，开启直播功能，将电商传统的"人与商品"关系转换为"人与人"的情感交流，从而拉动消费，提高成交率，淘宝、京东、拼多多等电商平台归属于这一类。另一类是"直播平台+电商"，即直播平台嵌入电商系统进行流量变现，借自有的海量主播以及多名头部主播，通过在直播间内加入商品购买链接、与第三方零售服务公司合作、开设自有小店等，实现直播变现的最后一步，抖音、快手则归属于这一类。

不管是以淘宝、京东为代表具有丰富商品品类遵循电商逻辑的平台，还是以抖音为代表主打娱乐社交内容遵循内容逻辑的平台，其运用"直播+电商"这一模式的价值实现就是达到商品营销，即通过直播的形式对商品进行充分的展示，在直播过程中买卖双方相互交流，从而促进用户的购买行为，商家达到营销的目的。因此这一模式的定位就是借助直播的高展示性和即时互动性，为消费者构建全新的消费场景，为商家提供全新的销售渠道。这也决定了直播带货的目标用户必须具有较强消费需求和消费能力，例如在淘宝和抖音的直播电商用户中多数为女性，且属于年轻群体，其中淘宝的用户多分布在一二线城市，四五线城市也有覆盖，抖音则主攻一二线城市。[①] 因此其客户定位是以一二线城市中追求时尚、偏爱消费、具有收入来源的年轻人为主，并更加注重针对女性这一消费群体的营销。

二、核心资源："主播"+"产品"+"场景"

"直播+电商"模式的成功之处在于通过直播这一技术实现了从传统电商中"货与人"单向交流向直播电商中"人与人"双向交流的转变，通过对"人－货－场"的重构与设计，营造出充分体现产品特质的体验情境，创造出一种沉浸式体验，帮助提高品牌商、供货商、消费者的链接效率，大大提升了网络电子商务产业链的完整性和运转速度，[②]因此其核心就是"人""货""场"三要素的选择以及三者之间相互关系的维护。

"人"——带货人，谁能带货、谁能带好货？成功的主播首先要具备一定的粉丝基础，直播带货具有粉丝经济的特征，下单的消费者往往就是主播的铁杆粉丝，[③]粉丝因为喜欢或信任主播会在一定程度上消除对商品不了解而产生的疑虑，从而购买主播推荐的货物；其次要具备专业性，例如在化妆技巧、服装搭配、美食品鉴、运动指导等某一方面掌

① 道客巴巴．市场部必须了解的 20 个直播平台[EB/OL]．(2020－05－05)[2021－01－05]．https://www.doc88.com/p－28247330614735.html.

② 宋亚辉．网络直播带货的商业模式与法律规制[J]．中国市场监管研究，2020(08)：9－15＋27.

③ 刘涛，曾岑．直播带货的商业模式、配置要素和演进趋势[J]．视听界，2020(04)：15－19.

握大量信息和专业知识，将自己打造成某一领域的专家。例如，某头部主播，有着资深化妆品导购的经历，能在一万多支口红中迅速找到顾客需要的产品，并能复述出该产品的相关特征功能，他的专业性是他成功的重要原因之一。如果主播的专业度不够而导致对销售的商品没有充分的了解，在直播过程中无法回答消费者的提问，会大大增加消费者的质疑。最后要具备一定的议价能力，价格是促使用户在直播带货这一消费狂欢中进行决策和购买的关键因素，头部带货网红在与供货方商洽时往往具有很强的议价能力并可以拿到具有竞争力的价格。

“货”——带货品，什么样的货好带、不同货的带法有何不同？货可以是推销的实体产品，也可以是服务，但现在的直播带货更多的是指实体货物。并不是所有的货都适合通过直播的形式销售，很多直播带货效果不理想不是因为无品可选，而是因为不会选品。货品的需求性、价格高低、打折情况、品牌声誉、功能品质、售后服务等各方面因素都会影响带货效果。在长达几小时的直播中，各类货品要组合销售以满足不同人群的需求，例如，利润较低的货品，用以获取流量、信任，维护直播间的人气和热度；当季热卖产品，可以满足大部分人的消费需求；在供应链上具有优势且质量好的非标品、白牌产品可以带来高利润；具有特色的私人定制或紧缺产品，可以收获忠实粉丝并利于后期直播带货的开展。此外，要注意到食品饮料、服饰鞋靴、美妆个护是各平台主播优先选择的三种品类，而箱包、厨具、厨卫电器、3C 数码则较少被选择。

“场”——带货场地，如何选对网络平台、不同平台有何差异？任何汇聚了流量和人气的网络平台都可以成为直播带货的“场”，每一个“场”的氛围不同，因此，要选择适合主播、适合货品的场地。目前淘宝、抖音、快手、微博、拼多多、京东、小红书、哔哩哔哩、花椒直播、蘑菇街等都是可以选择的直播平台，以有内容直播平台和电商直播平台两大类为主。在内容直播平台上进行直播带货的主播一般是具有流量和话题的网红、明星等，在这一带货场地里是以人为中心，更加注重对主播自身、直播内容、场景构建的运营，消费者对于直播这一活动的关注度可能会高于商品，因此更加适合新奇独特、功能简单、不用太多讲解展示的产品。在电商直播平台进行直播带货的主播多为卖家自己而不具备太多的流量和话题，也有少部分是网红，在这一带货场地里是以商品为中心，更加注重对商品的展示、讲解及试用，相对于关注主播以及和主播进行互动等方面，消费者会更加注重商品的质量、价格、用途等。

一场成功的直播带货还要重视“人”与“货”之间的关系、“人”与“场”之间的关系、“货”与“场”之间的关系及“人－货－场”三要素之间的良性互动循环。主播的类型不同，货物的品类不同，平台的选择不同，都会产生不一样的直播带货效果，每一场直播要根据这三个核心要素选择最佳的成功路径。

三、盈利方式

直播电商的盈利方式比较清晰，主要依靠成交额来确定佣金即 CPS 模式(Cot Per Sales，按照销售成功支付佣金)，简易的流程如图 8-1 所示。直播电商产业链的上游品牌商、经销商或制造商等，根据下游消费者的购买情况，与中游平台、MCN 机构、主播等商定佣金所占交易额的比例，佣金一般为交易额的 20%～30%，也会由于主播、产品、品牌等方面的不同有所变化，头部主播在擅长的产品领域佣金可达 30%～50%，确定佣金比例后，直播电商产业链上的平台、MCN 机构、主播等进行分成。[①] 就目前直播电商的发展趋势来看，平台借助在流量、技术、供应链等各方面的优势而占据主导地位，因此平台方先从佣金中收取各项服务费，余下的部分由主播和 MCN 机构继续分佣，如图 8-1 所示。然而，由于直播电商产业链上的各方博弈，每一场直播带货的佣金规则都不尽相同，以 CPS 为主并呈现灵活多变、复杂动态的特点。

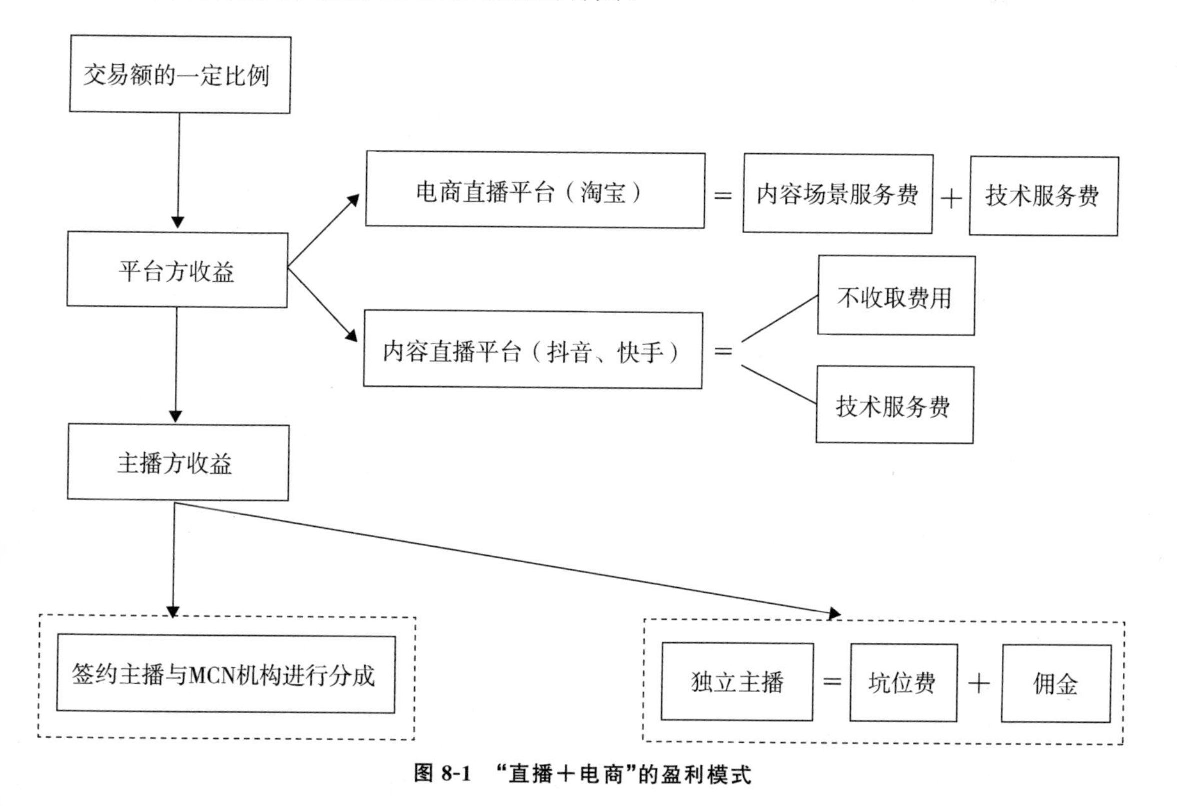

图 8-1　“直播＋电商”的盈利模式

直播平台目前的收益主要是从佣金中抽取内容场景服务费、技术服务费、外链接服

① 艾瑞网. 2020 年中国直播电商生态研究报告[EB/OL]. (2020－06－30)[2021－03－30]. https://report.iresearch.cn/report_pdf.aspx? id=3606.

务费等各项服务费用，以快手、抖音、淘宝这三大平台为例，各平台都具有不同的结算规则。例如以成交额的20%作为佣金，在快手平台中，如果货品来源是淘宝（即需要跳转到淘宝平台完成交易），则淘宝先收取成交额的6%作为内容场景服务费，再收取剩余佣金的10%作为技术服务费，在淘宝平台抽成完成之后快手则再扣除余下佣金的50%作为平台服务费；[①]对于来自拼多多的货品（即需要跳转到拼多多平台完成交易），首先拼多多抽取佣金的2%作为技术服务费，之后快手收取剩余佣金的50%作为平台服务费用；[②]对于来自快手小店的不含推广佣金的商品，则只有快手平台收取成交金额的5%作为技术服务费。[③] 抖音与快手类似，对于来自淘宝、京东、唯品会等电商平台的货品，在各电商平台扣除佣金后，抖音针对不同的电商平台扣除剩余佣金的0%至10%作为技术服务费。[④] 因此，淘宝的收入主要是内容场景服务费和技术服务费，抖音和快手不收取服务费或只收取小部分作为技术服务费。

主播方在各平台抽取服务费之后，在剩余的佣金中按照相应的比例进行分成，主要涉及MCN机构和主播个人。与MCN机构签约的主播则要按照事先约定的规则获取相应的收益，独立主播的收益主要是“坑位费＋佣金”，二者共用或者在二者之间选择一个为主，坑位费是上链接费，主播级别不同，坑位费也是几万到几十万不等；佣金则是平台抽成后剩余的佣金。目前直播带货的市场中，少数的头部主播赚取了绝大多数的收入，头部效应十分明显，坑位费一般要几十万起步，抽成基本在15%到20%左右，[⑤]单场直播收入可达上千万。

第二节 “直播＋打赏”模式

“直播＋打赏”是网络直播中主播与平台获取收益的主要途径，[⑥]也是最直接的变现方式。截至2020年年底，直播平台打赏收入占行业收入的75%左右，占主播总收入的

---

① 豆丁网. 直播电商产业链研究报告[EB/OL]. (2020－11－09)[2021－12－30]. https://www.docin.com/p－2493705018.html.

② 艾瑞网. 2020年中国直播电商生态研究报告[EB/OL]. (2020－06－30)[2021－03－30]. https://report.iresearch.cn/report_pdf.aspx? id=3606.

③ 豆丁网. 直播电商专题报告—产业链、商业逻辑、他山之石[EB/OL]. (2021－03－20)[2022－12－30]. https://www.sohu.com/a/324125263_649045.

④ 道客巴巴. 直播电商底层逻辑和趋势思考[EB/OL]. (2021－07－08)[2022－12－30]. https://www.doc88.com/p－78673078060573.html.

⑤ 腾讯网. 一晚或收入6到8亿科普网红主播是怎么收费抽成的[EB/OL]. (2020－10－23)[2021－05－23]. https://new.qq.com/rain/a/20201023A02JNL00.

⑥ 央广网. 网络打赏的正确姿势是怎样的 打赏成收入来源[EB/OL]. (2016－07－19)[2021－12－30]. http://gongyi.cnr.cn/list/20160719/t20160719_522719116.shtml.

35%至45%。[①] 用于打赏的虚拟礼物各式各样，如图8-2所示，有“鲜花”“邮轮”“糖果”“钻戒”等，有免费礼物也有需要花钱才能获得的礼物，虚拟礼物的价格大多数较低，只有少部分的价格偏高，如斗鱼和虎牙的虚拟礼物“超级火箭”和“超时空战舰”的价格就在千元以上。打赏的金额一般在几块钱到上万元不等，大部分直播的观看用户不会花重金购买虚拟礼物去打赏主播，只有少数“土壕”粉丝，能花费上万元甚至百万元购买虚拟礼物打赏自己喜欢的主播。

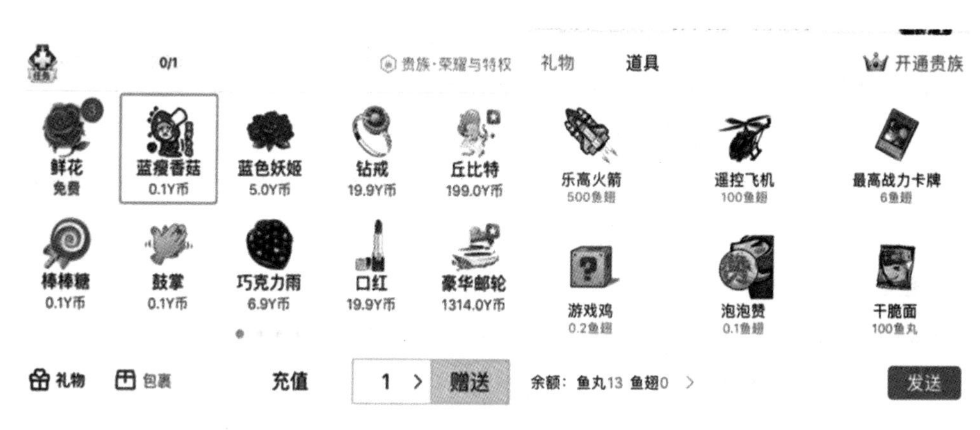

图8-2　直播平台的虚拟道具

一、模式概述

“直播＋打赏”是在直播过程中，主播通过多种方式向用户展示自己某一方面的特长，可以是靓丽的外表、幽默搞笑的语言、独特的才艺技能等，以赢得用户的喜欢，并引导用户通过平台购买虚拟礼物作为奖励向自己打赏，主播与平台按一定比例对打赏获得的收益进行分成。粉丝会根据对主播的喜欢程度以及自己的经济情况对主播打赏不同价值的礼物，可以是一两元的小礼物，也可以是成百上千的大礼物，粉丝打赏的礼物价值越大在直播间的待遇就越好。而主播为了获得更多的礼物，在直播的过程中也会主动提醒用户打赏礼物，还会向已经打赏的用户表示感谢或者进行互动，以营造直播间的氛围。

从发展历程上看，打赏模式是基于PC端的秀场直播而发展起来的一种盈利模式，自直播1.0时代，YY、9158等平台就探索出这一经典的盈利模式，用户主要对主播的个人才艺进行打赏。在直播2.0时代游戏直播和移动直播兴起，主播可以依靠自己对游戏的理解来对用户进行各种技术的展示，以此赢得用户的认可和礼物。到直播3.0时代泛

① 中研网.中国直播平台行业现状及发展前景分析[EB/OL].(2021－11－08)[2021－12－30].https://www.chinairn.com/hyzx/20211108/160406776.shtml.

娱乐直播的形成，直播内容涉及文学、动漫、影视等各个不同领域，粉丝打赏的范围和打赏的道具也越来越丰富。然而，“直播＋打赏”模式作为发展时间最长，较成熟的商业模式却也存在不少问题，例如“未成年人未经家长同意花上万元打赏主播”“员工为了打赏主播而挪用公款”“迷上主播没钱打赏盗窃财物”等乱象，严重影响了“直播＋打赏”模式的健康发展。为此国家互联网信息办公室、工业和信息化部、公安部等七部门对直播打赏做出“不得向未成年人提供充值打赏服务”“应当对单个虚拟消费品、单次打赏额度合理设置上限”“必要时设置打赏冷静期和延时到账期”等相关规定，[①]以规范对直播打赏的管理，促进网络直播行业健康有序发展。

根据用户打赏行为的动机不同可以将直播打赏分为“低目的打赏”和“高目的打赏”。[②] 低目的打赏的用户一般是为了满足社交需求和获得参与感，希望通过少量的虚拟礼物打赏，寻求与主播的简单互动。因此低目的打赏的动机也相对简单，主要有犒劳主播辛苦、支付观看报酬、单纯喜欢支持。[③] 高目的打赏的用户则是为了满足优越感、仪式感、荣誉感、社会认同感等高层次需求，希望通过打赏较多的礼物，引起主播及其他用户的关注，成为直播间的重要人物。从而高目的打赏的动机则相对复杂一些，主要有与主播进行单独互动、获得主播个人信息、在打赏榜单中排名靠前。[④] 也可以将其细分为攀比型打赏、补偿型打赏、炫耀型打赏、爱好型打赏和爱心型打赏等。[⑤]

腾讯研究院对用户“是否愿意为主播付费打赏”的调查显示：愿意付费打赏来创造互动机会的用户占 33.3％，表示不确定打赏的用户占 44.4％，表示不愿意打赏的用户占 22.3％，由此可见，靠打赏获取收益具有较大的风险性。[⑥] 因此采用“直播打赏”模式的直播平台定位多数都是围绕“以广泛、有趣、高质量的直播内容满足更多用户对于泛娱乐直播的需求”这一中心展开，例如映客直播的定位是“泛娱乐全民直播”，花椒直播的定位是“全民直播”，YY 直播的定位是“中国最大的娱乐直播平台”。因此这一模式目标用户较为广泛，但目前各平台还是以年轻群体为核心，YY 直播用户群体年龄范围主要集中在 20～39 岁，男性用户多于女性用户；[⑦]此外映客直播以“90 后”为核心用户，花椒

① 国家互联网信息办公室. 关于印发《关于加强网络直播规范管理工作的指导意见》的通知[EB/OL]. (2021－02－09)[2021－12－30]. https://www.chinairn.com/hyzx/20211108/160406776.shtml.

② 张雪妍. 网络直播的个性化研究[D]. 华中师范大学，2017.

③ 同上.

④ 同上.

⑤ 搜狐网. 网络直播打赏的法律定性之探讨[EB/OL]. (2021－07－26)[2021－12－30]. https://www.chinairn.com/hyzx/20211108/160406776.shtml.

⑥ 搜狐网. 2016 年中国互联网内容产业全景数据解读[EB/OL]. (2017－01－03)[2021－11－03]. https://www.sohu.com/a/123298641_586041.

⑦ 刘爽. 泛娱乐网络直播商业模式研究[D]. 上海师范大学，2018.

直播聚焦“90、95后”生活，这两大平台当前的用户情况和YY直播十分相似。

二、核心资源：优质内容＋IP主播＋平台品牌

“直播＋打赏”这一模式是互联网产业中一次重要的消费升级，但是这一模式存在一定的弊端，用户自愿为有价值的内容付费是一种鼓励性的、非强制的消费。这一模式对用户的偏好依赖性很大，且只有少数人愿意花重金进行打赏的，因此，通过打赏获得的收入不稳定，具有较大的风险性。2016年的“千播大战”过去后，短短几年间网络直播平台历经数次洗牌，不少直播平台违法违规、关停倒闭、欠薪跑路，历经市场筛选的直播平台不足百家，美女帅哥、资本资金、互联网流量的红利正在消失。随着用户对直播新鲜、好奇、围观等心理热度渐渐退去之后，其对打赏内容的要求也不断提升，面对同质化的内容、无差异化的主播、定位不明的平台，用户自然不愿意付费。因此，采用“直播＋打赏”模式的网络直播平台若想继续生存下去，生产新颖优质的内容、依靠具有个人IP的主播、打响品牌及知名度将是必不可少的。

在“内容为王”的时代，对于网络直播来说，生产新颖优质的内容才是其发展的重点，[①]也是吸引用户、增加用户黏性的关键。消费者渴求优质内容，根据艾媒咨询统计数据显示，有63.5%的用户是由于节目内容有亮点而选择打赏消费，[②]由此可见直播内容的质量在很大程度上直接影响用户是否打赏。然而目前各平台输出的内容严重同质化，表现为内容多以聊天、唱歌、跳舞等形式来展示；内容往往是由美女帅哥、网红、段子手等类型的主播来传递；内容多涉及才艺、颜值、搞笑、刺激、猎奇等主题，甚至有的平台主播为了博眼球，不惜直播打架斗殴、捉弄恶搞等相关内容。这些乱象已引起了相关部门的高度重视，在持续的规范监管下，同质化、低俗化、庸俗化、媚俗化的直播内容逐渐陷入发展困境中，如果没有新颖优质的内容替代，用户打赏的力度将大大下降。

直播平台为了留住知名主播不惜支付百万、千万的签约费和高比例的打赏分成，而在利益驱动下优质主播为了获得更高薪的收入也是频繁跳槽。主播去哪，粉丝就去哪，艾媒咨询的调查报告也显示，85.7%的受访网民表示“会跟随主播一起更换平台”[③]，优质的主播对网络直播平台的发展有较大影响。然而大部分网红带来的只是短时流量，很容易被用户遗忘，也不具备持续获取打赏的能力，因此，为增强核心竞争力，主播需要

① 付业勤，罗艳菊，张仙锋．我国网络直播的内涵特征、类型模式与规范发展[J]．重庆邮电大学学报(社会科学版)，2017，29(04)：71－81．

② 艾媒网．2018Q1中国在线直播行业研究报告[EB/OL]．(2018－05－28)[2021－01－22]．https://www.iimedia.cn/c400/61402.html．

③ 中国广告网．2017—2018中国在线直播行业研究报告[EB/OL]．(218－01－28)[2021－03－28]．http://www.cnad.com/show/1352/288507.html．

利用自身优势打造人格化IP(Intellectual Property,知识产权),颜值主播、才艺主播、素人主播等都要具有个人长板,通过出色的外形、过人的口才、鲜明的个性等形成个人IP"知识产权",走职业化、专业化、精品化发展道路。例如,papi酱具有出色的自导自演和吐槽能力,吴晓波在财经领域具有权威性和独到见解,秋叶老师张志拥有制作高颜值PPT的技巧。这样具有个人"知识产权"的优质主播将成为未来平台间争夺的主要资源。

正所谓"得品牌者得天下",知名度和品牌对企业长期发展至关重要,尤其是在竞争越来越激烈且同质化越来越严重的直播行业中,良好的知名度和品牌形象能够帮助直播平台在众多竞争对手中迅速脱颖而出,对于直播平台来说知名度和品牌形象就是一种长期积累及不可替代的核心资源。映客直播在自身知名度和品牌形象的打造的过程中,抓住热点话题,邀请体育名人傅园慧在映客进行直播,取得了极高的关注度;[①]在三档奥运节目投放映客直播的广告,扩大平台知名度;还借助公益活动"2016Music Radio我要上学,映客直播助学行动",提高品牌美誉度,[②]映客通过多种形式提升自身知名度和品牌形象,并取得了一定的效果。

总的来说,以虚拟道具打赏为商业模式的直播其核心资源还是要回归到直播内容本身,具有个人IP的主播直播平台的知名度和品牌是主要竞争力,都是为了形成直播平台优质的内容体系而服务,只有从内容上自主创新,不断创造高质量的内容,才能吸引用户心甘情愿地为真正有价值的内容打赏。

三、盈利方式

"直播+打赏"的盈利模式主要是打赏分成,即用户通过向平台支付一定的费用以获取平台上相应价格的虚拟礼物,再将虚拟礼物打赏给喜欢的主播,平台就可以根据与主播事先协议好的比例对其费用进行分成,此外一部分打赏还需支付给主播经纪公司,从而形成一条直播平台、主播经纪公司、主播的三级产业链,如图8-3所示。在这个过程中,用户购买虚拟礼物的费用先到达平台,平台掌握着打赏的现金流,大多数平台在分成时抽取的比例较高,一般按照平台、主播、主播经纪公司,6∶3∶1左右的比例分配打赏收益,[③]但当主播的粉丝多、关注度高、变现能力强时,各方的抽成比例会有所调整。例如,YY直播平台的抽成比例约为六成,映客直播抽成比例则要高一些,平台与主播的

① 傅裕.网络直播平台盈利模式浅析[J].新闻研究导刊,2018,9(07):220-221.
② 李妍.移动视频直播平台研究[D].兰州大学,2017.
③ 钟丹.场景理论视域下网络直播平台传播策略研究[D].湖北大学,2018.

分成比例约为 7∶3；[①]而花椒直播则恰恰相反，平台与主播的分成比例为 3∶7，即主播可以获得打赏收益的 70%左右。[②]

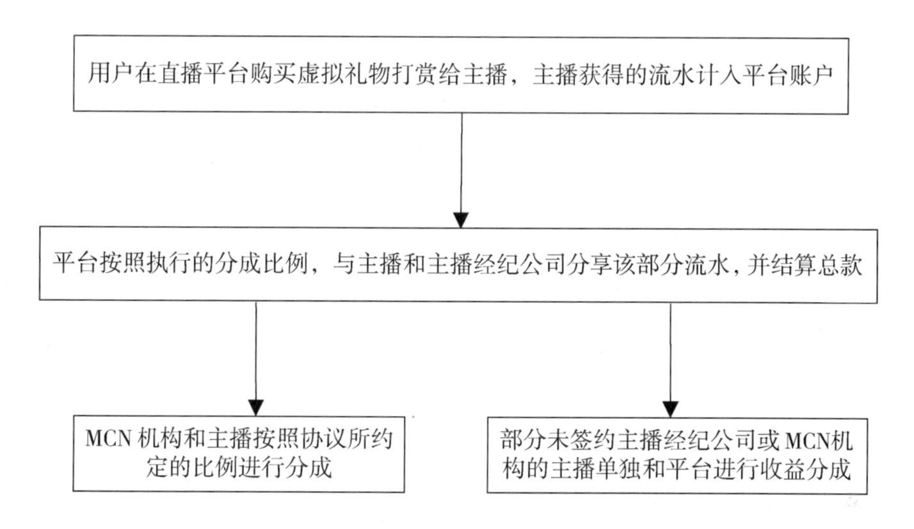

图 8-3 "直播＋打赏"的盈利模式

映客直播是最早将打赏功能应用在直播领域的平台，对"直播＋打赏"模式探索的时间相对较长，形成了比较完善的虚拟礼物系统。因此，下面以映客直播为例，对"直播＋打赏"的盈利模式进行阐述。

用户想要给喜欢的主播进行打赏，首先要利用京东支付、支付宝或微信等支付方式中的一种，在映客直播平台上充值以获得虚拟货币"钻石"，最低 1 元购买 10 个钻石，298 元则可购买 3070 个钻石，买的越多赠送的钻石也就越多。其次用充值所得的钻石在平台上兑换为价值不等的虚拟礼物，其中较便宜的虚拟礼物有棒棒糖、冰淇淋、家族纸鹤等礼物只需要 1 个钻石，较贵的礼物有告白气球、梦幻城堡、豪华车队等礼物则需要上万个钻石。最后再将这些虚拟礼物打赏给喜欢的主播。

映客直播平台的账户记录着用户在平台上购买虚拟礼物的消费以及各主播获得的虚拟礼物数量，平台确定最终收入后进行抽成，剩余的部分由主播、主播经纪公司或 MCN 机构来分配。主播进行直播时也会划分一定的等级，通常情况下，主播的等级越高，那么平台抽成的比例也相应越低。据统计，2018 年第一季度，映客直播平台平均月活跃人数高达 2525 万人，平均月付费用户 72.9 万人，付费用户月均充值金额为 540 元，

---

① 孟立涵. 网络直播赢利模式探析[J]. 中国报业，2017(16)：12－13.

② 人民网. 分成高达 70%花椒直播连续两周主播收入超千万[EB/OL]. (2017－05－09)[2021－01－01]. http://media.people.com.cn/n1/2017/0509/c14677－29263753.html.

第一季度总充值金额近12亿元,[①]一些人气主播只开播三四个月就能够收获300万左右的映票,可兑换近十万元的人民币,收益相当可观。[②]

第三节 “直播+广告”模式

2016年4月,papi酱一条贴片广告拍卖至2200万元,是“中国新媒体的第一次广告拍卖”,papi酱也被称为“网红第一人”;[③]同年的双十一狂欢节中,映客直播承接天猫双十一的广告任务,为天猫活动造势提供营销服务,获得了千万级广告费用。这两次千万级的新媒体广告活动,让各界充分意识到网络直播平台已经成为全新的广告投放平台,各直播平台也开始重视对“直播+广告”这一商业模式的探索,斗鱼、花椒、映客等直播平台在APP端和Web端都分别设置了广告窗口位置,例如,虎牙直播设置了开屏必看全量触达的客户端闪屏广告,如图8-4所示,基于场景定向用户的客户端网幅广告,长时间曝光效果持久的直播间悬浮球广告等。此外,一些主播直播教化妆、服饰搭配,直播中用到的化妆品、衣服等物品基本都是由商家提供的,这也是一种广告投放的形式。[④] 广告投放对于传统的电视媒体和视频网站来说都是主要的收入来源,对于网络直播平台亦是如此,且会发挥越来越重要的作用。

图8-4 虎牙直播客户端闪屏广告

① 东方财富网.映客上市!手握超30亿现金,直播行业进入整合深耕期.[EB/OL].(2018-07-12)[2021-02-22].http://caifuhao.eastmoney.com/news/20180712101045104520450.

② 赵琳琳.“烧钱大战”拷问直播盈利模式[N].中国产经新闻报,2016-06-30(5).

③ MBA智库文档.“papi酱”话题微信公众号热点洞察报告[EB/OL].(2016-04-04)[2021-06-01].https://doc.mbalib.com/view/62a4ed53ca73cb16da31d8cd86fa16d1.html.

④ 江芳.网络直播的四大商业模式选择[J].传媒,2019(04):45-46.

一、模式概述

"直播＋广告"模式与传统的网络广告模式十分相似。网络广告模式是指网站的所有者提供了一些内容和服务来吸引访问者，通过向在其网站上加入标志、按钮或使用其他获得访问者信息的方式的广告客户收取广告费用来获取利润的商业运作模式，[①]它是搜狐、新浪、网易、腾讯等门户网站赚取第一桶金的重要渠道，已成为各大互联网公司主要的盈利模式之一。

网络直播平台的广告投放和其他类型的广告没有本质的区别，直播平台只是广告投放的新型媒介而已，[②]但与其他媒介相比网络直播平台聚集了具有相同爱好和兴趣的群体，内容多样形式灵活，直播中主播和用户可以及时沟通互动，因此具有精准投放、场景带入、实时互动等优势，因此，各广告商也是纷纷将广告投放的视野转移到了网络直播平台上。结合网络广告模式的概念，"直播＋广告"模式是广告主结合品牌属性和直播平台的特征，将品牌广告创意以 Logo、产品展示、外链接等形式在直播平台的广告位置中投放或在直播间中植入广告，直播平台根据广告展示的区域、时段或点击情况等向广告主收取广告推广费用。恰当运用"直播＋广告"这一模式，广告主可获得曝光机会达到宣传目的、平台赚取广告费增加收入、用户接收有用信息，是一个直播平台方、广告投放方、用户方等多方共赢的商业模式。

从发展历程上看，大众媒体时期广告模式开始引入并成为媒体的主要收入来源，互联网时期网络技术优化了广告模式使其适用范围更加广泛，[③]各互联网平台通过广告获得收益，互联网产业在扩大广告市场规模的同时也侵蚀了传统媒体的广告市场。同样在网络直播领域，广告也是正在探索的商业模式之一，直播平台也在不断瓜分互联网产业的广告市场。在直播 1.0 时代，网络直播广告模式刚刚出现，主要是直播平台承担广告任务，如 2007 年的奔驰车北京发布会，就是由六间房进行的网络直播，有效地宣传了奔驰的新车，六间房发布会直播业务也赢得了肯定。[④] 直播 2.0 时代，游戏直播的兴起将一群游戏玩家聚集在平台上，他们大多数是游戏产品和电子产品的消费群体，此类产品的商家开始在游戏直播平台上有针对性地投放与游戏相关的产品广告。直播 3.0 时代，网络直播的细分化和垂直化使得直播内容越来越丰富，广告投放的形式也拓展至主播推广、定制节目、直播间的广告植入等。直播 4.0 时代，技术大幅提升，沉浸式的直播

---

① 搜狗百科."网络广告模式"词条[EB/OL].(2021－04－23).https://baike.sogou.com/v72501708.htm?fromTitle=%E7%BD%91%E7%BB%9C%E5%B9%BF%E5%91%8A%E6%A8%A1%E5%BC%8F.

② 贺丹.我国网络直播平台广告的价值研究[D].华中师范大学，2017.

③ 王成文.内容创业的十种商业模式[J].中国出版，2018(07)：21－25.

④ 王秋茹，张雅璇.网络直播广告形态的演进与传播策略[J].西部广播电视，2019(17)：18－19.

效果可让用户更好地感受产品特征，为直播广告的发展提供了无限可能，直播广告将会是更多品牌商投放广告的选择。

“直播＋广告”的分类方式有多种，根据广告投放的位置不同可以分为两种：一种是在网络直播平台上发布广告，如在网络直播平台首页、列表页的不同位置发布的页面广告、网幅广告等。另一种是在直播间投放广告，如在直播页面添加产品广告的二维码，新产品发布会的链接等。根据广告展现形式的不同可以分为网幅式广告、通栏式广告、弹出式广告、插播式广告等。① 根据广告投放的目的不同可以分为为了提升品牌知名度、美誉度的品牌广告和为了促进产品营销的效果广告。还可以分为硬广告和软广告。硬广告是指在直播平台或直播间中直接展示介绍产品或品牌，此形式较为生硬，如首页的闪屏广告、列表页的网幅广告和直播间的悬浮球广告都属于这一类。软广告也可以说是广告植入，不直接介绍产品或品牌，而是在直播过程中自然而然地插入与产品或品牌广告有关内容，于无形之中达到品牌宣传、商品营销的目的，如美妆主播利用美妆产品化好妆容讲述自己的使用体验，在直播间将宣传的产品摆放在显眼的位置，以产品或品牌冠名的主题活动等则属于这一类。除上述的几种分类之外，“直播＋广告”还有许多其他分类方法。

广告即广而告之之意，不管是传统媒体广告还是互联网产业下的广告乃至“直播＋广告”，其本意都是面向大众传播信息以营销推广，利用用户注意力换取广告费用。“直播＋广告”这一模式，不同于“直播＋电商”“直播＋打赏”“直播＋游戏”等商业模式，需要通过满足C(Customer，消费者、客户，简写为C)端个人用户的需求来实现商业变现，它主要面对的是广告主即通过满足B(Business，企业、商业，简写为B)端企业用户的需求来实现商业变现。这一模式的定位可以概括为“在积累用户和流量的基础上，借助直播特有的优势与各品牌形成个性化合作，满足B端用户需求，进行有偿广告传播”。因此其目标客户不再是个人用户而是各大广告主，不同平台的目标广告商也有所不同，斗鱼直播已与400多个品牌达成合作，腾讯游戏、贪玩游戏、游族网络等娱乐游戏企业是其主要的广告商，除此之外也有京东、福特、联合利华等其他领域的广告投放；虎牙直播合作的广告商则较为广泛，例如华为、OPPO、华硕、天猫、维他柠檬茶、妮维雅、奥迪、戴尔、长隆等品牌的企业。

二、核心资源：集聚流量＋精准投放＋即时互动

本质上，网络直播平台是互联网产业下广告主投放广告的新媒介，在网络直播迅速

① 艾瑞网. 网络广告的分类[EB/OL].(2008－04－01)[2021－02－03]. https://www.sogou.com/link?url=6YUuC6e6hWbC7AwFrvNQauvaygOUx_5UqwOknDqNs－Wm9R2FFiH326FhrhcFlAaM.

发展的情况下直播平台聚集了大量的用户和流量，为赢得曝光量和关注度的广告主自然而然就把广告投放的媒介锁定在直播平台。直播平台也成为搜狐、百度、网易等各网站在广告市场上强有力的竞争对手，此外直播平台之间在广告市场上也是竞争激烈。“直播＋广告”模式除了具有网络广告模式的特点之外，还具有直播的独特优势，直播平台若想更有效地瓜分广告市场，就要利用直播的广泛性、时效性、互动性、真实性等特点[①]提供有别于综合门户网站的广告投放。因此“直播＋广告”的核心资源是其可以在短时间汇集大量流量、精准定位目标用户以及能够实时交流互动的能力。

汇聚大流量是“直播＋广告”模式可行的基础。流量＝钱，说的就是人口红利，有人的地方才有钱。对于广告投放来说，有人的地方才有浏览量和点击率，才能将广告转化为最终收益，流量越大用户活跃度越高的地方广告的价值就越大。网络直播平台就具有流量这一核心资源，据第 49 次《中国互联网络发展状况统计报告》显示，截至 2021 年 12 月，我国网络直播用户规模达 7.03 亿，其中电商直播用户规模达 4.64 亿，游戏直播用户规模达 3.02 亿，真人秀直播用户规模达 1.94 亿，演唱会直播用户规模达 1.42 亿，体育直播用户规模达 2.84 亿。[②] 直播可以在短时间内聚集大量流量，一场直播可以在短短几个小时之内吸引大量的用户观看，形成流量池聚集流量，例如 papi 酱的直播首秀，1.5 小时左右的直播时间里，最高同时在线人数达 2000 万。[③] 流量越大，投放的广告便可以被更多的用户关注到，广告的点击率和购买率就越大，广告的变现水平也就越高。[④]

精准定位用户是“直播＋广告”模式的优势。广告对有需求的人是信息需要，对无需求的人是信息骚扰，要想获得好的广告效果，就要结合产品的功能、价格、定位等特质，瞄准目标用户有针对性地进行宣传。“直播＋广告”模式就具有精准定位用户的能力，一方面因为网络直播平台垂直化发展，直播平台根据直播内容逐渐细分，在音乐、体育、游戏、购物等领域形成平台特色，在满足不同用户需求的同时，也将具有相同爱好和兴趣的群体聚集在一起，因此广告主可以根据品牌类别选择适合的直播平台进行广告投放，例如，运动品牌多选择体育类直播平台，美妆护肤类品牌则喜欢“小红书”这类平台，游戏类、电子商品类的品牌多选择游戏直播平台。另一方面，网络直播平台依托大量的数据，

---

① 李文立. 网络直播的特点及发展[J]. 数字传媒研究，2016，33(08)：74－76.

② 中国互联网络信息中心. 第 49 次《中国互联网络发展状况统计报告》[EB/OL]. (2022－02－25)[2022－04－20]. http://www.cnnic.cn/hlwfzyj/hlwxzbg/hlwtjbg/202202/t20220225_71727.htm.

③ 搜狐网. 八大直播平台，自带流量的 papi 酱想做什么？[EB/OL]. (2016－07－14)[2021－02－14]. https://www.sohu.com/a/105789238_400331.

④ 网易订阅. 透视互联网的灵魂，详解广告新变局[EB/OL]. (2020－07－01)[2021－12－30]. https://www.163.com/dy/article/FGESS5FD0519901L.html.

利用技术分析用户的性别、年龄范围、兴趣爱好、消费习惯、活跃时间等基本属性，可以为广告主找出更为相似的目标用户群体。精准定位用户这一核心资源对广告主具有非常大的吸引力，企业不需要再广撒网式地投放广告，只需将有价值的广告推送给最需要它的用户。

即时互动能力则有助于提升“直播＋广告”模式的效果。互动性是网络传播的主要特征之一，直播更是最大限度地发挥了互联网时代媒体的交流互动性，[①]投放在网络直播平台上的广告借助主播与用户进行的随时随地互动，提高了广告传授双方的沟通效率。特别广告主、直播平台及主播之间进行合作，进行精心的品牌营销策划，在直播间投放的内容中植入广告，比传统的买版面、买时长的广告形式更有效果。这种场景化的营销，在主播与用户的沟通互动过程中将产品的广告传播出去，用户也可以实时地反馈意见，完全自由且投入地参与到交流中，在这种实时互动机制下，品牌拉近了与用户的关系，用户获得了极强的参与感及成就感。[②] 此外直播间的连麦技术和实时弹幕更是有效地促进了“直播＋广告”模式下两方的实时交流互动。在连麦技术下，实现了两人及多人在直播间进行音视频通话互动；直播间的实时弹幕可以说是直播间内容的一部分，在广告信息发出之后，用户针对这一信息可以在弹幕中用文字和图画来发表评论表达自己的看法，主播和用户都可以看到弹幕的信息，主播可以根据评论对直播进行及时有效的调整，用户也可获得更多的信息。

此外，与传统广告和综合门户网站的广告相比，“直播＋广告”还具有投放成本低、形式多样、时效性强、广告更形象化、传播范围广等优势。随着网络直播行业的进一步发展，网络直播广告凭借用户和流量的优势，利用智能化和场景化的技术，会有更大的发展潜力、玩出更多的新花样、开拓更广阔的广告市场，具有集聚流量、精准投放、即时互动这三个核心资源的“直播＋广告”模式未来可期。

三、盈利方式

品牌广告的收入对于网络直播平台而言还是十分可观的，2019 年斗鱼的广告收入达到 5.02 亿元，虎牙的广告收入 3.96 亿元，2020 年第一季度斗鱼和虎牙的广告收入同比增长 22.2％和 74％，[③]可以说广告收入在网络直播行业增长迅速。但是相比于“直播＋电商”“直播＋打赏”，“直播＋广告”模式的商业效果没有那么直观，主要是因为广告

① 张晓楠. 网络直播平台广告受众的态度研究[D]. 湖南大学，2018.

② 周盈. 全民直播时代移动直播平台的广告价值研究[J]. 出版广角，2018(22)：66－68.

③ 搜狐网. 中国 22 大互联网公司广告收入榜 |2020 年 Q1[EB/OL]. (2020－06－08)[2021－01－03]. https://www.sohu.com/a/400391445_329837.

投放后很难在短时间内产生巨大的消费，甚至有时候很难分辨广告的投放效果到底如何，点击率、浏览量、注册率、成交量等都可以表示广告的投放效果，也都可以作为网络直播平台及主播与广告主结算广告费用的依据。因此网络直播平台采用这一模式的收益方式有很多种，主播通过广告获益的方式也是各式各样，不过可以简单地划分为两类：广告主在直播平台上投放广告，直播平台获取广告费用；有主播参与下的广告投放，直播平台与主播共享广告费用，如图 8-5 所示。

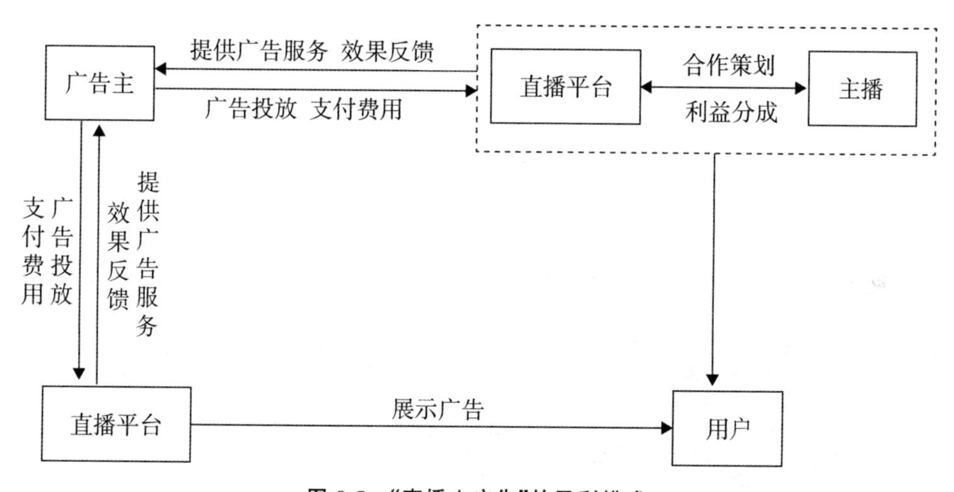

图 8-5 “直播＋广告”的盈利模式

在此模式下网络直播平台的广告费用收取方式和综合门户网站广告费用的收取方式比较相似，大多根据广告在平台上的投放时间、投放区域、投放形式等的不同收取价格不等的广告费用。具体的有 CPM 方式按广告浏览次数付费，即广告信息每显示 1000 次的费用；CPC 方式按每次点击付费，即根据广告被点击的次数收费；CPA 方式按每次行动付费，即根据每个访问者对广告所采取的行动收费，行动可以是完成一次交易、一次注册等，还有 CPTM(经过定位的用户的千次印象费用)、PPL(按广告产生的引导付费)、PPS(以直接销售数量付费)等各种收费方式。[①] 以虎牙直播为例，其 APP 闪屏广告、首页信息流大图广告、直播间角标广告等均采用 CPM 的模式，即按千次曝光付费。

此外，主播也是可以依靠这一模式赚取大量的广告费用，一些广告主也会看中某个优质主播所带来的人气，直播平台则会和主播进行合作，策划在直播间植入广告，直播平台收取大部分的广告费和一定的服务费，主播也会相应地获得一定的广告费。另外，类似于明星为商品代言，部分网红主播也会通过代言商品获得广告费用，有些超级网红

---

① MBA 智库百科. 网络广告[EB/OL]. (2021－02－22)[2021－12－30]. https://wiki.mbalib.com/wiki/%E7%BD%91%E7%BB%9C%E5%B9%BF%E5%91%8A#.E7.BD.91.E7.BB.9C.E5.B9.BF.E5.91.8A.E8.AE.A1.E8.B4.B9.E6.96.B9.E5.BC.8F.

的代言费用已经和大牌明星持平。

第四节 “直播＋游戏”模式

“玩游戏”已成为大众休闲娱乐的选择之一，游戏行业和电子竞技类游戏更是迅猛发展，这也促使了游戏直播平台的发展日渐成熟。据《2020年中国游戏直播行业研究报告》显示，2019年中国游戏直播平台用户规模达到3亿人，较2018年增长15.4%，独立游戏直播平台市场规模超过200亿元，①已成为整个网络直播行业中的重要板块。同时，游戏行业的竞争愈发激烈，游戏厂商将产品向目标用户进行推广的成本升高，还要承担巨大的风险。在此情况下，拥有相当数量忠实用户的游戏直播平台就吸引了游戏厂商的注意，双方一拍即合对游戏产品进行联合运营，如图8-6所示，就形成了游戏直播平台不同于其他直播的变现模式——“直播＋游戏”的游戏联运模式。

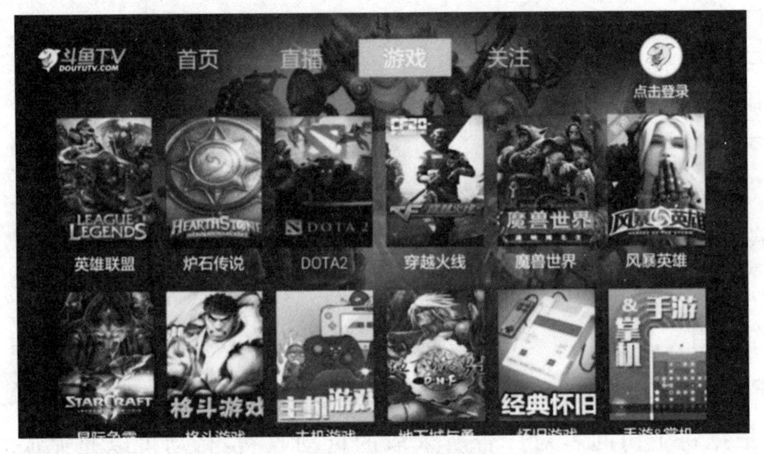

图8-6 斗鱼TV游戏联运展示图

一、模式概述

“直播＋游戏”形成的游戏联运模式和品牌广告模式一样都是面向B端进行变现的商业模式，也可以说是一种特殊的广告模式，游戏厂商希望借助直播平台大量的自有用户营销推广游戏产品。因此“直播＋游戏”模式可以定义为游戏厂商和直播平台在平等的基础上形成优势互补风险共担的合作，游戏厂商将游戏入口镶嵌在直播间中，用户在

① 艾瑞网.2020年中国游戏直播行业研究报告[EB/OL].(2020－07－31)[2021－02－21]. http://report.iresearch.cn/report/202007/3625.shtml.

观看直播时下载了游戏，则游戏厂商和平台进行分成。[①] 这实际上也是双方资源的整合，即游戏厂商负责提供游戏产品的客户端、更新包、客服系统等必要资源，[②]直播平台负责提供运营推广以及用户资源的支持及服务。借助此方式，游戏厂商不必单独培养自己的客户群体，可以很好地控制游戏推广成本，降低风险，提高企业灵活性，专注游戏开发研究。直播平台一方面很好地将用户基础转化成利润来源，另一方面可吸引更多的用户，借游戏增加用户黏性，总之双方互利互惠，可达到共赢的目的。

从发展历程上看，游戏联运并非缘起游戏直播平台，而是与游戏行业的兴起有直接关系，自2007年网页游戏行业兴起以来，大批网站空有流量而无法变现，一批网页游戏能让网民心甘情愿地掏钱玩游戏，于是，网站提供流量，网页游戏提供产品，就诞生了游戏联运这个模式，百度、搜狐、天涯等门户网站以及迅雷、酷狗、风行等客户端软件都有采用游戏联运这一模式。然而，游戏直播平台在2008—2011年间处于萌芽状态，并非主流；2012—2014年游戏直播从直播领域中独立出来；2015—2017年游戏平台高速发展各资本市场、网络巨头纷纷涌入，游戏直播平台竞争激烈，商业模式开始多样化。“直播＋游戏”形成的游戏联运的模式也是在2015年才开始在游戏直播平台上出现，这一时期不仅游戏直播平台快速发展积累了大量的用户，游戏市场也是蓬勃发展，游戏产品在质量和数量上都有了很大的进步，这两方面为游戏联运提供了契机和探索空间。2017年之后游戏直播平台的发展趋于稳定，虎牙和斗鱼稳居前二，游戏联运也成为直播平台重要的变现途径，斗鱼联运的LOL和绝地求生游戏都取得了不错的效果。

游戏联运模式可以分为页游联运模式和手游联运模式。页游联运模式是指页游开发商以游戏产品为基础与直播平台合作进行页游游戏联运，例如虎牙联运的“裁决战歌”游戏，即用户可以通过点击链接直接进入游戏，无需下载游戏客户端。手游联运模式是指手游开发商以游戏产品为基础与直播平台合作进行手游游戏联运，例如斗鱼联运的“绝地求生”游戏，此模式下用户需要利用手机下载游戏客户端，而用户往往因为网速、流量、内存等原因拒绝下载，导致联运效果受到影响。但根据《2019年中国游戏产业报告》数据显示，2019年网页游戏营销收入为98.7亿元，同比下降22.0％，用户规模下降至1.9亿人，同比下降15.2％，在页游市场下滑趋势极为明显的情况下，[③]游戏直播平台页游联运情况也不乐观，斗鱼、龙珠等直播平台开始探索手游联运业务。

“直播＋游戏”下的游戏联运模式虽然与“直播＋广告”下的品牌广告模式都是面向

---

① 金聪昊.中国网络直播平台盈利模式分析[J].经贸实践，2017(15)：169.

② 陈昊.我国网络直播平台的运营发展研究[D].江西财经大学，2019.

③ 中国行业研究网.2019年中国游戏产业报告[EB/OL].(2019－12－27)[2021－02－11].https://www.chinairn.com/news/20191227/110220465.shtml.

B端厂商的，前者帮助厂商进行游戏推广，后者帮助厂商进行广告推广，但是二者还是有较大的区别。“直播＋广告”下的品牌广告模式是广告主将广告投放在直播平台的广告位置上或在直播间中植入，广告主以展示时长、展示位置、点击量等为依据向平台结算广告费用，主要满足B端用户的需求即可。但“直播＋游戏”模式是直播平台吸引用户点击游戏链接，注册成为游戏用户，并最终实现付费玩游戏，这样游戏厂商和直播平台才能对获得的收益进行分成，所以游戏联运模式不仅要考虑B端厂商游戏推广需求，还要尽可能满足C端用户需求。因此“直播＋游戏”模式的定位是“对上承接好游戏厂商对游戏产品的开发、测试、更新、维护等流程，对下做好游戏宣传和展示，鼓励更多用户点击、下载游戏”。其目标游戏厂商可以是个人、独立工作室、大公司旗下工作室、游戏研发公司，例如腾讯游戏、游族网络、搜狐畅游等。目标游戏用户集中在三线及以上年轻男性用户身上，据《2019虎牙年度大数据报告》显示，“90后”用户超过八成，男女比例为7∶3，多位于三线及以上城市。[①]

二、核心资源：用户留存度＋游戏运营团队＋游戏产品

直播行业的核心资源就是流量，也就是活跃用户数量，[②]在“直播＋游戏”下的游戏联运模式里，直播平台作为一种游戏推广营销的渠道，其核心也是通过用户流量实现变现。虽然都是依靠流量，但是采用游戏联运这一模式的直播平台要比运用其他商业模式的直播平台具有更好的用户留存度，且用户集聚度也较高；同时相比于门户网站、客户端软件以及各种论坛，采用这一模式的直播平台可以运用更丰富的手段进行游戏推广；此外游戏联运模式下的直播平台多与各游戏厂商具有深度的合作，可以获得较多较好的游戏产品。因此“直播＋游戏”模式的核心资源可以总结为三方面：一是具有良好的用户留存度，二是专业的游戏运营团队，三是高质量的游戏产品。

“直播＋游戏”模式中的平台多为游戏直播平台，与其他直播平台不同的是这类平台用户的留存度更好，这一差异就是其可以运用游戏联运模式的核心竞争资源。主要是因为用户的忠诚度不仅来自对主播的还来自对游戏的，首先游戏本身就具有大量的用户群体和粉丝群，如英雄联盟、王者荣耀、穿越火线等爆款游戏就自带流量和话题。其次，游戏类直播对主播的要求较高，靠颜值、猎奇、搞笑等博眼球易复制的行为在游戏直播中是很难赢得游戏爱好者的关注的，因此游戏类主播通过自己对游戏的理解展示各种技能，这样的直播内容复制性较低，对于游戏爱好者具有很强的吸引性，主播可以获

① 光明网.2019虎牙年度大数据报告[EB/OL].(2020－01－17)[2022－03－17].https://tech.gmw.cn/2020－01/17/content_33490056.htm.

② 李彦霖.网络直播公司盈利模式发展中的风险管理[D].江西财经大学，2019.

得高忠诚度的用户。此外，游戏直播平台主要聚集的就是对游戏感兴趣的用户及潜在用户，可以更精准地对接用户，这足以使游戏厂商对游戏直播平台青睐有加。

游戏联运顾名思义是一种资源合作的运营模式，平台的主要任务就是负责对游戏进行推广和日常运营，然而联合运营是一个需要精细化管理的商业模式，具有专业的游戏运营团队对直播平台来说必不可少，直接影响游戏联运的效果。

专业的游戏运营团队要做到基本的三点：一是选择适合的游戏厂商，运营合适的游戏产品，并不是所有的游戏厂商所有的游戏都适合接入直播平台进行联运，直播平台要结合所拥有用户的特征，选择恰当的游戏合作厂商和与目标人群相吻合的游戏产品，例如B站运营的游戏大多是与二次元有关的，符合平台二次元和泛二次元用户的偏好。二是新颖丰富的营销策略，通常的宣传策略有如下几种：在直播间的广告位上放置链接或二维码，游戏主播大力推荐，在APP上进行推送，[①]此外用户在游戏里完成任务还会得到平台的奖励，以鼓励用户继续使用。然而这些宣传策略同质化严重，怎样利用宣传资源创新营销策略更值得运营团队思考。三是高质量的客服服务，也可以说是良好的双边沟通，不仅可以及时解决玩家提出的问题，还要将运营中的技术、商务、市场等问题与游戏厂商进行沟通。虽然和“直播＋广告”类似都是进行营销推广，但游戏联运对运营团队有更高的要求，只有在做好这些的基础上才能实现双赢。

高质量的游戏产品是各个平台抢夺的首先资源，与合适的游戏厂商合作，通过游戏厂商接入更多优质的游戏产品，不仅可以保障游戏联运的成功，同时也会为直播平台带来更多的用户。制作精度低、画面感差、观赏性弱、高难度技术缺乏的游戏很难给玩家带来良好的体验，自然不会吸引大量的玩家，付费玩家更是有限。然而，游戏的开发、设计、更新、维护都是由游戏厂商完成，厂商拥有游戏版权。平台只是运营，多数情况下还不是独家运营，许多游戏产品在联运之后因同质化问题严重而导致用户迅速流失。因此，加强与上游游戏研发公司合作，将更多高质量的游戏产品接入平台，甚至拿到独家代理权，对游戏联运这一模式至关重要。

三、盈利方式

游戏直播平台的主要收入来源并非游戏联运，但经过近年来的发展，“直播＋游戏”联运模式发展已比较成熟，游戏厂商与直播平台对于盈利的分成方式相对简单清晰，厂商游戏产品开发完成后，以合作的方式转接入直播平台，直播平台再进行推广与宣传，根据用户下载量、注册数量、平台在线时长及游戏充值付费等指标和游戏厂商进行利润

① 喻洁.熊猫TV直播平台盈利模式优化研究[D].江西财经大学，2019.

分成,[①]因此游戏联运的盈利首先涉及游戏厂商和直播平台的分成,其次直播平台依靠主播进行的推广要与主播进行分成,如图8-7所示。

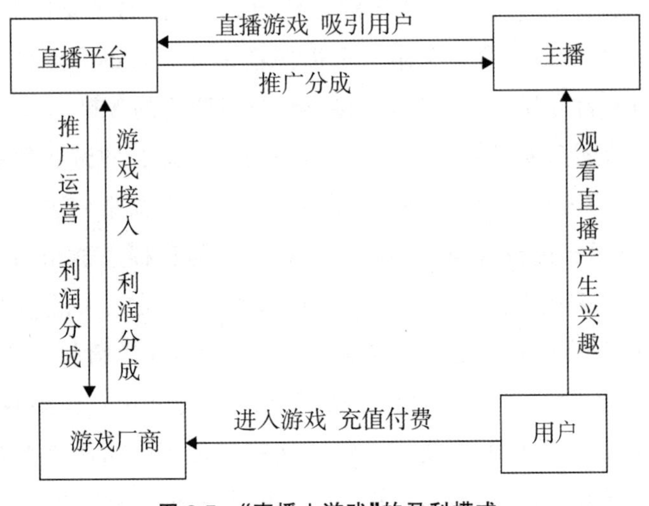

图8-7 “直播+游戏”的盈利模式

直播平台较青睐游戏联运这一模式,主要就是直播平台掌握分成的主动权,首先,获得的收入先到达直播平台,与“直播+广告”模式不同,“直播+游戏”模式不是厂商向平台结算广告费用,而是由直播平台向游戏厂商结算费用。其次,对于分成比例,理论上没有上限约束,游戏厂商与直播平台会事先进行约定,一般直播平台可以获得70%的分成,而游戏厂商最多能获得30%的分成,并且当游戏产品的流水越多直播平台获得的分成比例就越高,相应的游戏厂商能获得的分成比例将会下降,最低时游戏厂商只能获得20%,有的分成可以达到五五平分。最后,游戏厂商的游戏币和直播平台实际收取的货币都可以作为结算货币,采用游戏币进行核算则对游戏厂商比较有利。

直播平台还需要依靠主播进行游戏推广,给主播一定比例的分成。例如,斗鱼直播提出的“斗鱼手游推广计划”,主播最高收益可达游戏充值流水的15%,按照“手游推广计划”配置游戏的具体分成比例,以自然月产生的充值流水为基数,进行分成,[②]具体流水数据以斗鱼官方后台数据为准,具体有按用户充值分成(CPS)和按用户下载分成(CPA)两种方式计算收入,主播收入分别为“推广用户付费金额×分成比例-其他税费”和“下载用户数×CPA单价-其他税费”,斗鱼还会对推广流水较高的主播给予一定的活动奖励。此外,合作的主播可以在直播过程中向用户推销游戏道具及游戏周边产

① 李彦霖.网络直播公司盈利模式发展中的风险管理[D].江西财经大学,2019.

② 斗鱼网.斗鱼手游推广计划 开启直播第二收入[EB/OL].(2018-03-27)[2021-01-17].https://www.douyu.com/cms/huo/201803/27/7451.shtml.

品，对于增加的营收，主播、平台及游戏厂商三者可以按相应比例进行分成。[①]

第五节　“直播＋会员”模式

“会员”的汉语意思是指某些团体或组织的成员，即通过正式手续加入某个会社或专业组织的人，[②]在日常生活中会员更多的是指我们平时所讲的VIP客户，成为VIP客户就会获得更好的服务、拥有相应的特权。常见的在购物场所会员享有更多的折扣或者可以用会员价购物；在娱乐场所会员往往享有优先权可以免排队或可以挑选更优质的服务。同样在优酷、腾讯、爱奇艺等视频网站中的会员也享有各项特权，如跳过广告、加速下载、热剧抢先看、会员免费片库等，用户成为会员可获得更好的观看体验，视频网站收获会员费用增加收入。在直播行业这种模式依然具有可借鉴性，例如数据显示59％的用户为了观看更高清的游戏直播画面愿意付费，[③]此外付费会员的人数也是大幅增加，截至2019年年底，斗鱼平均付费会员用户为730万人，同比增长70.8％。[④]

一、模式概述

在很大程度上，“直播＋会员”模式借鉴了腾讯QQ会员、各大视频网站的会员制度、游戏运营商的会员体系等已有会员模式的经验，再结合直播平台的特征形成直播行业中的会员订阅模式。“直播＋会员”模式可以定义为用户通过支付一定的费用成为直播平台的会员，直播平台为会员用户提供普通用户所不具有的功能与特权，如跳过广告、个性点赞、头像美化、尊贵身份标识、优先进入某些现场表演、观看指定频道等。一般会员按照享有权限的时间分为一个月、三个月、半年、一年等，时间越长，用户需支付的费用越多，直播平台也借此获得收入。另外，交付的会员费用不同会员等级自然不同，例如，YY直播给用户划分了七个等级，依次为勋爵、男爵、子爵、伯爵、侯爵、公爵、国王，开通最高级“国王”首次需花费12万Y币，之后每月续费需3万Y币。[⑤] 虎牙直播也将会员分为剑士、骑士、领主、公爵、君王、帝皇、超神帝皇，开通“超神帝皇”第一个月需要150万

---

① 胡文峰．我国网络直播平台法律监管研究[D]．云南财经大学，2018．

② 搜狗百科．“会员”词条[EB/OL]．(2021－03－22)．https://baike.sogou.com/v181206568.htm? fromTitle＝％E4％BC％9A％E5％91％98．

③ 沈驰．浅析电子竞技及游戏直播平台的商业模式[J]．新闻研究导刊，2017，8(18)：277－278．

④ 东方财富网．营收超预期、月活用户微增 陌陌探索多元化业务求变[EB/OL]．(2020－03－19)[2021－03－12]．http://finance.eastmoney.com/a/202003191425043460.html．

⑤ YY直播．娱乐商城[EB/OL]．(2022－01－09)[2022－01－12]．https://www.yy.com/web/entertain/mall－index.html＃！/gz．

虎牙币，之后续费每个月 50 万虎牙币，[①]会员级别越高享受的服务和特权就越多，开通会员的费用也就越高，直播平台获益越大。

从发展历程上看，中国知网等各类数据库是最早把会员制模式引入的，之后部分门户网站尝试采用会员付费模式，[②]但长期以来互联网领域更适用免费模式，消费者付费成为会员获得权益的意愿并不强，然而随着人们消费的升级，对品质的需要、对特权的追求再次使会员制模式成为主流。网络直播平台作为互联网领域的新起之秀也早早地尝试了此模式，YY 直播通过借鉴 QQ 会员制度较早地打造了自己的会员体系，早在 2011 年 YY 语音就推出了付费享受特权的 YY 会员，发展至今 YY 直播的会员制度相对比较完善。目前，会员制是大部分直播平台都会使用的一种模式，但仍处在初级阶段，还在不断探索新的玩法。

“直播＋会员”形成的增值服务，根据面向的对象不同可以分为用户会员增值服务和主播会员增值服务两种，[③]用户和主播在直播平台付费后成为会员，获得平台给予的服务和特权，主播和用户一样，会员等级越高享受的服务和特权就越多。对于会员用户，直播平台可以提供等级特权，如在线状态特权、排队优先、排名靠前等；炫耀特权，如尊贵图标、炫彩字体、会员皮肤等；基础特权，如成长值详表、等级加速等；还有实用特权、内容特权等。对于会员主播，直播平台可以提供身份特权，如尊贵勋章、升级提速、首页推荐等；功能权限，如添加场控、收入翻倍、开通私密直播室等。[④] 此外，国外的直播平台 Twitch 将会员分为网站会员和频道会员，前者每个月花费 8.99 美元，后者每个月花费 4.99 美元，享受的服务有所差异；也有直播平台将会员分为付费会员和非付费会员。[⑤]

用户数量对于直播平台的发展是最有利的资源，然而不少直播平台面临着窘境，即一边不断地挖掘新用户，一边又要面临老用户的流失，并且开发一个新用户的成本越来越高，维系一个老用户的成本却相对低一些。对于直播平台采用“直播＋会员”增值这一模式来说有很多好处，例如满足用户获得身份感和荣耀感的需求，为打赏行为创造很多的机会，获得稳定的会员费用，但是最大的好处还是体现在对用户的留存上。所以“直播＋会员”模式的定位还是以“提高用户黏性，吸引和保留更多用户，保证用户在一段时间内成为直播平台的常客”[⑥]为主。因此“直播＋会员”模式的目标用户更多的是观众，由于部分等级的会员需要支付的费用较为昂贵，所以主要还是依靠老用户中的少数“土

① 虎牙直播. 虎牙直播贵族[EB/OL]. (2020－01－02)[2022－01－12]. https://hd.huya.com/web/nobility/.

② 王成文. 内容创业的十种商业模式[J]. 中国出版，2018(07)：21－25.

③ 纪昌龙. Y 公司网络直播业务竞争战略研究[D]. 对外经济贸易大学，2017.

④ 邹旭. 映客网络直播商业模式优化研究[D]. 江西财经大学，2018.

⑤ 王学涛. 网络直播平台盈利模式形成机理研究[D]. 北京工业大学，2017.

⑥ 孟立涵. 网络直播赢利模式探析[J]. 中国报业，2017(16)：12－13.

豪”群体，通过这部分用户带动更多“草根”用户成为会员，[①]平台在留住用户的同时获得不菲的收益。

二、核心资源：价值内容＋优质服务＋会员归属感

会员制推行之初，由于消费者付费意识不强、会员制度不成熟等，会员制发展缓慢。随着观众付费意识的不断增强和市场需求的不断拓展，会员收入在各平台的盈利收入中占据了越来越大的比例。在会员价格水涨船高的条件下，各直播平台若想用户付费成为会员并形成习惯，一定是给予了让他们无法抗拒的好处，用户才会做出行动。网络直播平台除了具有价值性、特殊性的内容外，还要提供持续优质的服务以及不断满足用户获得身份感、荣耀感需求的能力，形成独特的直播平台会员增值服务优势。

人们为具有价值性、特殊性的内容缴费成为会员，是直播平台会员增值的核心，同时也会成为整个互联网行业的常态，会员制模式有效地满足了人们在互联网时代面对海量信息内容时，对获取有价值性、新颖性、特殊性内容的需求。但在互联网时代内容同质化的问题是会员制最大的困扰，一个内容往往可以快速地在多平台传播，对于用户来说选择哪家平台都可以，或者可以通过一些途径免费获得，甚至给用户带来不好的印象，造成用户流失。因此，网络直播平台想要发展会员增值模式就要打破同质化的困境，具有越多优质而独特的直播内容，用户付费成为会员的欲望就越强，其会员的内容特权就越有吸引力，如一些教育、医疗、技能等方面有价值的直播内容和一些独家直播的赛事、演唱会、发布会等有特殊性的直播内容就容易增加会员量。

在市场竞争日益激烈的情况下，直播平台若想通过提供有特色的独一无二的会员特权或服务，使得会员制模式明显地优于竞争对手是很难的，然而通过提供持续优质的服务使顾客满意则是可行的。直播平台提供的会员服务决不能是“一锤子买卖”，要有持续性，说到底实行会员增值就是直播平台要与用户建立长期的互利关系。会员制模式重在后期的增值服务，会员通过付费可以获得特权及享受相应的服务，这种特权可以是更大的自由、更广的选择、更多的便利；这种服务可以是专业化的、人性化的、个性化的，甚至可以是达到会员满意为止。

满足会员获得身份感、荣耀感的能力，是“直播＋会员”模式的重要资源。人们在社交、尊重、自我等方面具有需求，总是希望可以在一个群体中得到关注、照顾或者重视等与众不同的待遇，否则可能会感到没有依靠、被孤立、不快乐。因此会员增值服务强调金钱以及物质并不是吸引用户的唯一动力，身份感、荣誉感、归属感等更高级需求的满足

---

① 甘利. 从“打赏分成”到“游戏分发”——直播平台的赢利模式探讨[J]. 中国记 68 者，2016(12)：88－90.

也是吸引用户非常重要的因素。因此“直播＋会员”模式就利用这一特点，在用户成为会员后给予其头像美化、尊贵勋章、入场特效、会员标识等身份特权，以满足“土豪”会员想在直播间用户中突显自己尊贵身份，以及引起主播的关注、照顾、重视，从而满足其获得身份感、荣耀感等心理需求。

三、盈利方式

“直播＋会员”模式中直播平台收入就是用户首开会员的付费和之后每个月的稳定续费，用户通过成为会员所获得的身份特权、内容特权、功能特权等基本都由直播平台提供，所以这一模式下大部分的收入都流入直播平台。主播通过介绍推广会员体系可以获得一定的提成，主播经纪公司作为管理主播的一方在会员增值模式中也可获得一定收益。通常直接在直播平台上开通会员的收入全归平台所有，主播和主播经纪公司没有分成，在直播间开通会员的收入，平台会与主播、主播经纪公司进行分成，且仅限于首开费用，续费时一般主播和主播经纪公司没有分成，相应的分成模式如图 8-8 所示。

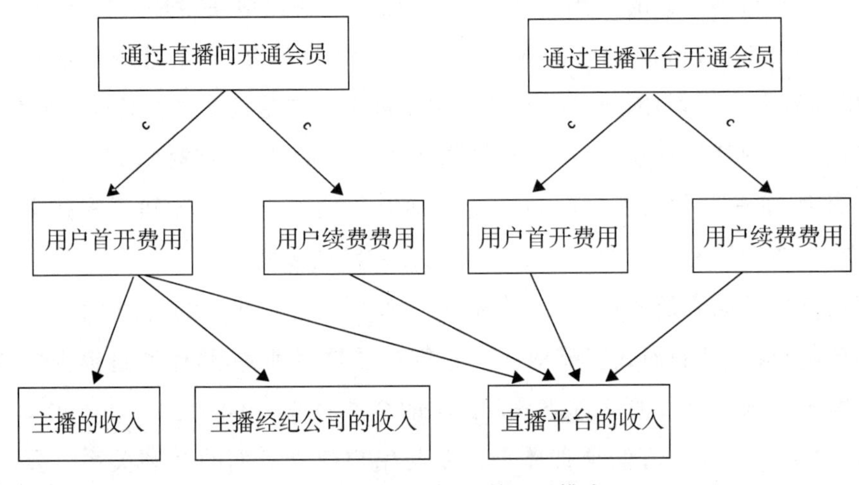

图 8-8 “直播＋会员”的盈利模式

以虎牙直播为例，用户在虎牙个人中心、微信公众号上开通的贵族，收入全归平台所有。用户在主播直播间，点击贵宾席或礼物栏旁边“开通贵族”按钮，选择相应的贵族身份进行开通，主播可以获得约为 20％的提成，主播经纪公司可以获得 10％的提成，且提成仅限首开，续费无提成，此外还规定用户开通骑士或剑士时主播经纪公司无提成，开通“超神帝皇”时主播和主播经纪公司也不会获得分成。YY 直播给予主播的分成较高，无签约的普通主播最多可获得 70％的分成，[①]签约的星级主播获得的分成更多，同虎

---

① 刘凤婷，李丹. YY 直播平台盈利能力分析[J]. 现代商业，2019(07)：8－9.

牙直播一样主播经纪公司也会相应地从中分成。

第六节　其他创新商业模式

随着"直播+"的纵横向深入发展，网络直播的场景仍在丰富，技术仍在进步，各类商业模式也在不断地拓展和完善。除了上述的几类相对成熟、运用较多的商业模式外，赛事竞猜模式、O2O 模式、付费内容模式这三种创新型商业模式也值得关注。

一、赛事竞猜模式

直播平台的赛事竞猜模式是用户利用虚拟货币作为竞猜币，对直播中的电子竞技游戏、体育赛事、趣味性小游戏或者其他主播提前设定好的内容等具有未知结果的事情进行猜测，猜对的用户获得一定虚拟货币的奖励，平台与主播从用户消耗的虚拟货币中抽取一定比例作为收益。可以看出赛事竞猜模式有些类似于赛马或彩票等活动，都是对某一不确定的事物进行猜测并用有价值的东西作注，以期猜对结果赢得胜利，不同之处是，赛马或彩票作注的一般是人民币，而赛事竞猜中作注的一般是直播平台中使用的虚拟货币。例如，虎牙直播的竞猜虚拟货币是"银豆"和"金豆"，通过看直播，用户有机会获得赠送的银豆，也可以花钱购买银豆，而金豆则只能通过购买获得，银豆的价格为 1 元 1 万银豆，金豆的价格为 10 元 1 万金豆。斗鱼直播的竞猜虚拟货币是"鱼丸"，与虎牙不同，斗鱼用户无法直接购买"鱼丸"，可以通过下载注册、关注签到、好友分享等途径获得免费的"鱼丸"，也可以通过充值"鱼翅"获得赠送的鱼丸。但是这一模式目前处于监管薄弱的状态，游离于法律边缘地带，未来发展的边界在哪里，是否可以持久下去还有待探究。

赛事竞猜模式极大地丰富了用户在直播平台的玩法体验，首先赛事竞猜多数通过一些趣味性小游戏来吸引用户押注，押注的金额不会太大且使用的是虚拟货币，主要还是为了增加直播中的趣味性，重在"彩头"并非"博弈"，可以说是直播间里的一种娱乐方式。其次投注的用户会很关注结果，具有很高的积极性，而没有投注的用户由于好奇心也会围观结果，这促进了主播与用户以及用户之间的交流互动，可以极大地活跃直播间的氛围。最后，用户购买虚拟货币并押注预测比赛胜利的队伍，若预测正确则可以赢得相应的虚拟货币，反之则输掉。由于存在"赌徒心理"，输了的用户不甘心，想要把输掉的虚拟货币赢回来；赢了的用户不满足，想要赢得更多的虚拟货币。这促使用户持续参与其中，同时也刺激了用户对平台虚拟货币的消费，但目前竞猜功能的定位是为了提高主播和用户之间关系的活跃度而并非变现。因此对赛事竞猜模式来说，设置具有高竞猜性的游戏、营造良好的直播间氛围、形成庞大的押注资金池,可以在更大程度上发挥赛事竞猜的规模效应。

总的来说,目前采用赛事竞猜模式的平台相对较少,在游戏直播和体育赛事直播的平台中较常见。例如,虎牙直播、斗鱼直播等平台的赛事竞猜模式基本一致。首先在直播中主播发起竞猜,会有不同的竞猜主题供用户选择。然后分为"开猜"和"竞猜"两种方式:开猜是指用户自己设置竞猜题目,选择认为会赢的一方,设置赔率一般为0.1~9.9之间,设置低金数额是最低的限制,点击开猜则其他用户便可以在此竞猜题目下投注;竞猜是指在已开盘的竞猜题目中选择自己认为会赢的一方,再选择一定数量的虚拟货币进行投注即可。最后在竞猜结束后,主播提交竞猜结果,平台根据赔率和底金自动计算输赢双方的得失,竞猜胜利获得的虚拟货币可以继续参与竞猜或购买虚拟礼物送给主播。在此模式下平台是最大的赢家,只要开局进行竞猜平台就有赢家,平台就能从中抽取一定比例的金额作为收益,对平台来说稳赚不赔。[①]

二、O2O 模式

O2O 模式(Online To Offline)在2010年由美国 Trial Pay 的创始人提出,"团购"就是这一模式的雏形,发展至今不仅代表"线上—线下"一种互动关系,还可以表示"线下—线上""线上—线下—线上""线下—线上—线下""线上—线上"这四种线上互联网与线下实体商务的依存关系。[②] 但 O2O 模式的经典模式仍然是线上引流购买、线下消费体验,即把线下的商务机会与线上的互联网结合,让互联网成为线下交易的前台,[③]例如美团、携程、滴滴、苏宁等都采用过这一模式。网络直播平台采用 O2O 模式同样也是将线上直播与线下实体商务结合起来,主播在直播间试吃小吃美食、试玩景点乐园、接受美容服务等,向用户全面真实地、有互动性地展示自己的现场体验感,引起用户的兴趣,达到营销推广的目的,并在直播间内放置购买链接,促使用户在直播平台上完成选择、预定、支付等一系列的交易程序,然后到线下实体店去消费,通过直播为实体店带来客流量。

网络直播平台采用 O2O 模式与直播带货模式极为相似,都属于电子商务的范畴,都是为了向用户推广销售商品,不同的是,O2O 模式下营销推广的商品更多的是餐饮、旅游、美容、酒店住宿等需要消费者实地去使用的服务型商品;直播带货模式下营销推广的商品多为衣服鞋子、生活用品、家用电器等可以通过物流将商品送到消费者手中的实物型商品。

---

① 雷作声.从战旗 TV 看游戏直播类网站的运营之道[D].山西大学,2015.

② 吕玲.移动互联时代的 O2O 模式研究[D].黑龙江大学,2016.

③ 谭畅,贾桦,杜港,蒋丹.浅析网络直播的定义、特点、发展历程及其商业模式[J].现代商业,2018(19):165-168.

网络直播平台采用O2O模式是具有一定优势的，首先就是直播具有即时性，可以给用户展示真实的现场体现感。其次是直播具有互动性，用户可以随时与主播沟通获得自己想要知道的信息。再者具有用户基础，很多主播拥有一定数量的粉丝，很容易达到推广的目的，甚至会打造出类似网红美食、网红打卡地的标签。直播平台采用这一模式，线上营销购买带动线下经营和消费，对实体商家、用户、直播方都有益。对实体商家而言：增加了宣传的形式与机会，增加了争取客源的渠道，有利于合理规划经营；[①]对用户而言：真实地感受商品的信息，既可以在线上享受丰富的选择和优惠的价格，又可以在线下享受实地服务；对直播方而言：在帮助商家宣传的同时，为直播提供新的内容场景，吸引更多线下用户，将不经常接触直播的用户转化为直播用户，增加直播的用户量，此外平台最重要的是可以从线上购买中抽取盈利。

例如，直播平台和线下旅游项目结合起来就可以采用O2O模式，主播可以直播自己的旅游情况，内容包括交通出行、景点风景、酒店住宿、特色美食等等与旅游项目有关的直接及间接活动，在直播过程中与用户进行互动交流，让用户更加真实地感受认识旅游项目，并在适当的时候发放优惠券进行促销活动，以刺激用户通过直播平台在线上购买，在线下旅游地区进行消费。此外，直播平台O2O模式在教育培训行业的应用推动了整个在线教育的发展。对于教育培训机构来说，一场课程直播的传播速度及广度远远超过线下课程。直播可以迅速提升机构及教师个人的知名度，吸引更多用户关注在线教育，也拓展了用户市场，可以同时提高线上及线下的报名率。诸如此类，直播平台可以收取合作方的广告宣传费用，也可以按销量进行提成。

三、付费内容模式

互联网的开放互通性给用户提供了很多免费的资源，如免费的电子书、视频、新闻、文件、学习资料等，但随着知识经济的到来，人们对于知识的渴求愈发强烈，愿意为获得含金量高的知识产品付出一定的费用；[②]另外人们生活水平逐渐提高，消费理念也在转型升级，对于文化教育、艺术欣赏、休闲娱乐等无形劳动成果方面的消费需求也越来越高。在这样的环境下，优质的、专业的、稀缺的内容永远不会缺少愿意付费的用户，因此无论是内容生产者还是内容传播平台，都持续加大对内容付费业务的投入。网络直播行业，也在内容付费的浪潮中积极探索，付费内容模式由此产生，某些直播内容需要用户单独付费才有资格观看，这和会员增值服务有些类似，所不同的是，会员增值服务是

---

① 方艳丽.O2O电子商务新模式的浅析[J].无线互联科技，2013(06)：132.

② 孟立涵.网络直播赢利模式探析[J].中国报业，2017(16)：12－13.

一段时间内的特权和服务获取，付费内容只是为某一次观看而支付费用，随着付费直播发展日渐成熟，平台与内容提供方将按照一定比例对付费收入进行分成。此外。付费问答（在直播中用户付费获得问题的答案，平台与回答者进行分成），付费教育（类似于网络课程，教育者在直播平台开设直播课程，用户需要付费才有资格收看，平台与课程提供者对所获收入进行分成），付费演唱会、付费体育赛事、付费音乐节（平台分别与演唱会、体育赛事、音乐节的主办方合作，获得在线直播权，用户通过网络以较低的价格便可同步观看，平台与主办方进行分成）等都可以说是付费内容模式。

付费内容模式给教育、音乐、体育等传统产业一个新的值得尝试的方向，尤其是在此次疫情的影响下，很多线下的活动受到限制而纷纷取消或延期，而也有不少活动赛事则转战线上，将目标锁定发展势头迅猛的网络直播平台。例如，受疫情影响，大中小学校学生延迟开学，在教育部“停课不停学”的倡议下，校内教师及校外培训机构纷纷利用网络直播开设课程，极大地帮助了特殊时期居家学习者，也推动了线上教育的发展。同样受疫情影响的演唱会借助直播，可以让用户用远低于线下门票的价格观看一场高质量的、有互动的、真实的实时演出，也会给演唱会带来新的收益渠道。然而，同样依靠内容的打赏模式的打赏金额可多可少，用户自己可以决定，一些新鲜、有趣、好玩的内容有可能获得用户的打赏。而付费内容模式下的费用用户是无法决定多少的，观看演唱会或赛事的门票以及直播课程的价格都是已经确定好的，用户直接购买即可，因此付费内容模式下用户对内容的要求会更高，这也决定了付费内容模式一定是要靠优质的、专业的、稀缺的内容满足用户的精神消费需求，促使用户通过购买观看直播。

目前，采用付费内容模式的网络直播平台，其输出的内容大多数是由专业机构或人士提供的，因此直播平台的付费内容模式多采用与内容提供者合作或买断版权两种方式。以直播演唱会为例，网络直播平台与音乐公司及音乐人多采用合作的方式，直播平台负责场地、直播团队、直播技术、直播设备等方面的事务，音乐公司及音乐人则负责舞蹈、服装、调音等方面的事物，演出结束后双方根据线上及线下的门票收入在扣除成本后按一定比例分成。针对体育赛事直播的不少平台采用买断版权的方式，例如早前腾讯就买断了 NBA 比赛在国内的网络直播权，用户需要在腾讯视频平台上充值才能观看直播。但这一模式的发展也面临着较大的障碍：一方面网络直播很多为一次性的，只能当时观看，没有办法重复回看；另一方面就是盗版问题，直播过程中有用户进行录屏、录音就很容易使直播内容泄露出去，在网络上形成盗版资源。[①] 获得独家的、优质的、有价值的内容，培养用户为内容付费的消费习惯，以及加强网络直播内容的版权保护，将会

① 叶永豪，周钰林. 网络直播平台盈利模式及问题研究[J]. 商业经济，2019(05)：71－74.

是网络直播平台在这一模式上需要探索的方向。

本章小结

直播本质上就是一种流量变现的渠道，网络直播的商业模式也围绕着“聚集更多流量”“不断挖掘流量价值”“为流量找到良好的变现途径”等方面，不断地拓展和完善。随着“直播+”的纵横向深入发展，网络直播的商业模式逐渐多元化，除了上述的“直播+电商”“直播+打赏”“直播+广告”“直播+游戏”“直播+会员”等几种成熟的商业模式外，还有赛事竞猜模式、O2O模式、付费内容模式、版权发行模式、付费问答模式等多种商业模式。虽然网络直播的各类商业模式在战略定位、核心资源、盈利方式上存在较大的差异，但均以用户为基础、以产品和服务为核心、以盈利为目的。当前网络直播面临行业增长过快且产品变现能力匮乏的困境，为此各直播平台要依据自身的战略定位及核心资源，整合客户需求、产品供给、盈利方式，探索适合自身发展的商业模式，形成一个强大的运营系统以提高自身的竞争能力，才是网络直播得以长期良性发展的根本之道。

思考与练习

1. 网络直播包含哪些商业模式？
2. 电商直播模式主要是哪种盈利方式？
3. 网络直播商业模式之间在哪些方面存在差异？
4. 网络付费内容模式的发展前景如何？

第九章　粉丝的经营与管理

学习目标

1. 了解粉丝的定义和粉丝群体的主要特点。
2. 熟悉粉丝的类型及其特点。
3. 掌握粉丝经营的具体路径与方法。
4. 掌握粉丝维护的具体路径与方法。
5. 熟悉粉丝管理的基本原则及其对应的策略。

粉丝是主播生存的关键，只有不断积累粉丝量、提高粉丝忠诚度，才能保证主播的长久发展。主播和粉丝是互相影响、互相满足、互相成就的关系。每个主播都要充分认识到经营和管理粉丝的重要性、长期性和系统性，不断提升个人的技能水平和直播素养，满足新老粉丝的需求，通过社群培育赢得粉丝的坚定追逐和持续关注，构建以特色内容为基础、以情感体验为核心的粉丝群体，进而获取稳定流量，与粉丝共同成长。

第一节　粉丝概述

何谓"粉丝"？"粉丝"是英语单词"fans"的音译，《新华字典》的解释是"迷恋、崇拜某个名人等的人"，强调的是"粉丝"的情感态度属性。[①] 随着"粉丝"的概念被运用到越来越多的领域，其具体含义在不同的语境下显然就有了差异，明星的"粉丝"指的是追星族，相声的"粉丝"代表了相声迷，某支球队的"粉丝"则是球队的忠实追随者。引申开来，网络主播的"粉丝"可以理解为主播的支持者，是主播推进直播事业的重要力量。主播在进行粉丝的经营和管理之前，要对粉丝有基本的认识，对粉丝的类型及特点有确切的理解。

一、粉丝与粉丝群体

主播把握粉丝的相关概念可以聚焦于三个问题：怎样的用户能定义为主播的粉丝？

① 中国社会科学院语言研究所. 新华字典(第12版)[M]. 北京：商务印书馆，2020：131.

主播的粉丝群体有什么突出特点？维系主播的粉丝群体存在的关系基础是什么？对这三个问题的回答，能够获得对粉丝和粉丝群体的基本认识。

（一）粉丝的定义：围观群体不是粉丝

网络主播的“粉丝”和明星的“粉丝”有着显著的不同。目前，明星的“粉丝”已经演变成一个泛化的概念，其中既包含主动为明星控评、打榜、做数据的“死忠粉”和“真爱粉”，也包含数量庞大的“路人粉”。在明星与其“粉丝”的关系中，明星通常身居高位，“粉丝”在时空意义和心理意义上普遍与明星保持着相当的距离，无论是“死忠”还是“路人”，他们的关注和行动都能给明星带来曝光、热度和流量，区别只在于贡献度的不同。粉丝基数作为明星商业价值的最重要体现，粉丝基数的大小决定了明星潜在的商业变现价值的多少。因此，对明星而言，其“粉丝”的所指范畴相对宽泛。

相较明星高高在上的“距离感”，网络直播更强调直接互动的“亲近感”。对网络主播而言，用户的“陪伴”和“消费”行为才是激励主播的最大动力。主播关心的重点不仅在于用户订阅量和实时观看数，还在于直播间中的活跃用户，因为活跃用户才是主播的核心用户群——粉丝群体。

如何判断一名用户是否为某个主播的“粉丝”呢？可以从两方面入手，即是否存在与主播的互动，以及是否在直播间进行了经济消费，互动数量的多少和消费金额的高低可以衡量用户的粉丝黏性程度。只有进行过互动并完成了消费的用户才算作加入自己的“粉丝”行列，这已经成为大多数主播的共识。

流量作为网络直播的主导性资源，其最直观的呈现形式是用户订阅量和实时观看数，然而由于种种原因，这两个数字是带有一定欺骗性的。仅仅是订阅关注、默默陪伴主播的用户大多是直播间的旁观者或者游客，这些围观用户尽管占据着订阅量的大部分，但基本属于无效的沉默群体。只有与主播进行互动，融入直播间氛围，并完成礼物打赏、带货购买等消费行为的活跃用户，才能视作是主播的粉丝，这一过程体现出消费式融入的特点，即通过消费行为完成粉丝身份的确认。[①] 没有进行过消费的用户，其身份是模糊不清的，消费额度的高低则决定了其在直播间的地位。在直播机制和资本规则的限定下，网络主播的“粉丝”含义是狭义的，粉丝身份的确认过程中，互动和消费行为缺一不可。

（二）粉丝群体的特点：独立自主、流动频繁、差异显著、等级分明

围绕着网络主播所聚集的“粉丝”群体，具有自主性强、流动频繁、差异显著、等级分明等突出特点。

① 艾小雅.基于我国网络直播场域的用户打赏机制研究[D].暨南大学，2018.

用户在直播平台上，既可以接受算法推送的内容，也可以通过关键词检索和查看热度排名，自由选择想要观看的内容。在不同的直播间中，用户的具体表现不一，完全随个人意愿转化，是自由且不受控制的。哪怕在同一个直播间中，面对不同的内容，用户也存在着不同的态度，纯粹消遣时就只是简单的看客，而在遇到感兴趣的信息时，才有可能会选择与主播展开互动或进行消费。用户对自身粉丝身份的确认，拥有充分的自主选择权。

在每个直播间中，绝大多数的观看用户属于沉默群体，活跃用户始终是少部分，说明用户的精力是有限度的，对不同主播的关注也是有侧重的。普遍来说，一个用户会同时关注多个主播，但在不同主播身上分配的注意力是不一样的。如果主播提供的内容不足以吸引用户的兴趣、质量不够优质，用户就会把注意力转移到更符合自己兴趣需求、更能提供优质内容的主播身上，用户的注意力转移往往就伴随着粉丝身份的改变。

网络主播的粉丝群体作为线上的虚拟社群，社群成员流动频繁，加上缺乏现实规则的约束，使得其内部结构不稳定，社群规则的约束力普遍较低，社群管理的成效高度依赖成员的个人自觉性。这种相对松散的组织架构有利于容纳各种类型的粉丝，与主播有过直接的互动，并在直播间进行过消费，可能是粉丝间仅有的共同点。尽管他们拥有着相同的粉丝身份符号，但除了这层网络身份以外，粉丝之间在现实社会地位、真实性格特征等方面会存在着巨大的差异。

对一个网络主播而言，如果能获得一批粉丝的长期固定追随，是相当难能可贵的，这需要粉丝持续地投入大量的时间、精力和金钱。相应地，主播对这类高黏性粉丝的诉求自然会有更积极的回馈，比如邀请其成为直播间的“房管”，为其设置显眼的高阶“铁粉”标识，直播时优先满足他们的要求等。由此，粉丝群体内部会形成地位层级结构，对地位层级的追求是保持粉丝认同的重要动力。

（三）主播与粉丝的关系：情感关系是核心

人具有社会性，一个人是难以脱离集体而独立存在的，他必然要与家庭、邻里、社区、民族、国家甚至虚拟社区相连接，只有在社会关系中，个人价值才得以显现。线下社群非常重视空间感的营造，真实的社交环境既是人际关系维系的重要纽带，也是社群规则约束力的主要来源，传统的血缘、地缘和业缘关系都能明确地划分出社群的界限，开辟出实在的社交空间。相对应地，线上关系在形态上是虚拟的，在连接上是自由的，具备了更多的不稳定因素，线上社群要形成并得到发展，必须有一种能够超越空间维度，纯粹建立在关系维度上的核心关系作为构建关系网络的基础，情感关系就具备了这样的条件。线上的情感关系一经形成往往能够较好地维持，而且拥有持续深化的能力，支撑社群的不断成长。

德国哲学家马克思·韦伯提出了“情感社群”的概念，他认为教会是典型的情感社群，对某个神的特定信仰以及对先知的精神崇拜是其关系网络的基础。韦伯所指的“情感社群”可以定义为一种不同于“经济的、财政的或者其他政治原因社会化了的”共同体，是短暂的、多变的组合。[①] 在一个情感共同体中，情感关系是基本的关系形态，所有成员会无意识地采取与他人同样的行动，共享相同的价值观，进而重塑自身的基本价值观，满足自己特定的情感需求。扩展来说，共同信仰、价值理念、兴趣爱好等都能成为情感共同体的基础。

网络主播的粉丝群体从形成过程和关系建构上看，其本质就是情感共同体。网络直播平台一方面是可供用户实时在线观看和交流的线上场所，另一方面也是用户分享生活、展示自我、寄托情感的虚拟互动空间。作为一个精神服务类职业，网络主播的职业目标就是要满足用户特定的精神需求，粉丝的认可是评判网络主播的最主要标准。在直播间中，主播尽情表演，粉丝进行弹幕交流或礼物打赏，主播与粉丝、粉丝与粉丝的一系列互动，催发了相互之间的情感共鸣，最终聚集为虚拟的网络社群。这实际上就是韦伯所言的“情感社群”，其存在基础是情感体验的交换。粉丝加入社群是建立在对某个主播的特定信仰上，主要出于对他的喜爱甚至狂热；而粉丝与粉丝之间的相处主要依靠“共情”——我们因喜爱同一个人而聚集，有相似的趣味，能共享爱好和激情。[②] 以情感关系为基础的网络主播粉丝群体，更需要强化身份认同、归属感和自我价值的建设，只有情感关系保持稳固，粉丝们才会一直跟随主播。

二、粉丝的类型及特点

目前，网络直播已经成为社会娱乐生活的重要组成部分。尽管用户观看直播的原因五花八门，但只有主播提供的内容或者某方面特质满足了用户的需求，用户才会选择去观看。直播用户的观看需求能归纳为六大核心诉求，分别为：寻求陪伴、娱乐放松、消磨时间、信息获取、知识学习、追星。[③] 基于这六大核心诉求，可以对主播的粉丝群体进行分类。用户不同的核心诉求，会产生直播沉浸感的差异，同时也决定了其粉丝黏性程度的上限。当然，一个主播的粉丝群体必定存在着不止一种类型的粉丝，主播要了解自己粉丝群体的类型结构，判断是否与预设的目标一致，以便进行直播策划的调整。

---

① 马克斯·韦伯. 经济与社会(上卷)[M]. 林荣远，译. 北京：商务印书馆，1997：509.

② 董金权，罗鑫宇. “情感”视角下的网络直播——基于30名青年主播和粉丝的深度访谈[J]. 中国青年研究，2021(02)：90－96.

③ 艾瑞咨询. 2017年中国泛娱乐直播用户白皮书[EB/OL]. (2017－02－28)[2021－01－11]. http://report.iresearch.cn/wx/report.aspx? id=2955.

(一)寻求陪伴型粉丝:注重亲密的互动

寻求陪伴型的粉丝观看直播的主要目的是寻找真实的陪伴感。在直播时,尽管主播与观众之间的实际物理距离可能相当遥远,但观众透过直播间的摄像头,能在视觉上产生一种主播就在眼前的错觉,这种心理会转换为对主播的亲近感。加上主播的直播场景日趋生活化和私人化,相似的生活元素更容易带来情感共鸣,使观众获得"进入"感与"在场"感,主播和观众双方就仿佛身处在同一个空间之中。在接近的心理距离与相似的虚拟空间下的日常互动,就会产生直播的陪伴效果。另外,主播与粉丝在严格意义上属于生活中的陌生人,所产生的互动属于陌生人之间的偶然相遇与相互陪伴,是虚拟的、带有想象性的亲密关系。尽管这种关系难以获取到实际的社会资源收益,但一朝的"萍水相逢"在帮助人减轻孤独感的同时,又不会带来过多的心理负担。这与 QQ、微信等强关系社交平台正好相反,在强关系社交中,人们会对私人空间和日常活动的呈现进行修饰,互动时也会有更多的顾虑,反而不利于陪伴感的产生。

寻求陪伴型的粉丝以单身人士居多,会每天多次、花费较长时间观看直播,是直播软件的重度使用者。这类粉丝喜欢互动频度高的主播,更偏好内容丰富的大型直播平台,以便找到更符合自己审美和精神需求的主播。除了与主播频繁互动以满足陪伴需要之外,他们有着很强的消费意愿,会通过打赏等方式来进一步维护和强化与主播的关系。这类粉丝的黏性程度也很高,一般只会给喜欢的主播打赏,并对喜欢的主播有较强的心理依赖感。

(二)娱乐放松型粉丝:注重有趣的内容

娱乐放松型的粉丝观看直播的主要目的是娱乐消遣。在社会生活节奏日益加快的今天,每个人或多或少都面临着职场焦虑和家庭压力,如果不能及时排解焦虑情绪,会使身体长期处于疲惫不堪的状态中,从而大大降低生活质量。观看直播作为一项低门槛、易开展的低成本娱乐方式,其简单明了的视听内容不会带来过多的认知负担,不需要观众集中太多的注意力,还能一定程度上让观众忘记现实中的烦恼,带来难得的欢乐和笑声,观看直播成为很多人舒缓日常压力的重要休闲方式。

正所谓"萝卜青菜各有所爱",每个人的娱乐需求都带有很强的主观色彩。娱乐放松型的粉丝对直播内容的选择基于个人喜好,会有一套独特的判定标准。但凡主播有一点特质戳中他们的兴趣,就有机会获得他们的垂青,可能是主播有很高的颜值,或者是主播有独特的才艺,抑或是主播有幽默的谈吐,有趣的直播是他们所追求的内容。这类粉丝大多都会有比较固定的平台喜好,关注主播的平均时间相对较长,会对长期青睐的主播进行打赏。当主播的直播内容质量下滑而不再具有新意,或者主播的风格已经不符合自己口味的时候,这类粉丝就会选择取消关注,去寻觅更能满足自身娱乐需求的主播。

(三) 消磨时间型粉丝:注重使用的随机性

消磨时间型的粉丝观看直播的主要目的是打发闲暇的无聊时间。一场直播中,主播的表演和展示内容通常不会编排得很满,漫无主题的闲聊和与粉丝的互动占据着大部分的时间。虽然这类内容实际价值不高,但确实是主播用来填充直播时间和维持直播间热度的重要手段。同理,对于闲暇时间较充裕的用户来说,看直播是无聊的时候用来消磨时间的利器,内容质量的高低不是其关注的重点。用户甚至在观看直播的同时,还在一并处理着其他事情,听到感兴趣的话题才会集中精力去留意具体的内容,如果直播内容的信息量过于充盈,带来了额外的认知负担,反而偏离了纯粹打发时间的本意。

相比起娱乐放松型的粉丝,消磨时间型的粉丝有更大的流动性,也更容易喜新厌旧。他们的主要需求是随时随地都有直播可看,因此,这类粉丝会订阅非常多的主播,但是花在每个主播身上的时间都不会很固定,什么时候有空打开直播时正好遇上某个主播开播,就会进入观看,有很强的随机性。这类粉丝中有大量的中老年群体,他们会专注使用人气旺盛或是得到朋友推荐的直播平台,并热衷在熟人圈中分享内容,通常不喜欢主播主动讨要礼物的行为,打赏很看重眼缘。

(四) 信息获取型粉丝:注重信息的价值

信息获取型的粉丝观看直播的主要目的是获取有决策价值的信息。信息获取是上网的基本需求,每个人都要通过信息获取了解身处的社会环境,以做出对应的决策。第三方研究机构艾媒咨询(iiMedia Research)的数据显示,2020 年中国在线直播行业用户规模已达 5.87 亿人。① 尤其在"新型冠状病毒肺炎"疫情期间,一些高度依赖线下场景的行业纷纷利用直播进行自救,直播的内容形态渗透到了娱乐、购物、教育、出行、社交以及旅游等多个领域之中。如今,直播已经演进为一种兼具强互动性和高实时性的信息传播渠道,普罗大众可以通过直播了解到最前沿的信息资讯、看到更广阔的世界,直播不仅是休闲娱乐的一大手段,也是信息获取的重要渠道。

信息获取型的粉丝观看直播带有明确的目的性,只要主播提供有价值的信息,就能获得这类粉丝的认可。比如在电商直播中,信息获取型的粉丝重点关注两大类核心信息:一是产品信息,包括商品本身的特点,是否满足消费需求等;二是优惠信息,包括折扣的力度,优惠后的价格是否已经达到心理价位,这两类信息是影响购物决策的关键性资讯。对于这类粉丝而言,主播更类似于一个信息的整合者和发布者。信息获取型的粉丝

① 艾媒咨询. 2020—2021 中国在线直播行业年度研究报告[EB/OL]. (2021－03－15)[2021－04－17]. https://www.iimedia.cn/c400/77452.html.

会游走于多个直播间之中，获取所需的信息，并在综合所得信息的基础上，做出最终的行动决策。

（五）知识学习型粉丝：注重知识和技能的获得

知识学习型的粉丝观看直播的主要目的是学习知识和技能。在互联网时代，知识的获取越来越便捷，知识内容的生产和传播门槛也越来越低。知识作为推动社会进步的基础资源，其更新速度日益加快，一个人只有通过终身学习，才能不断完善自身的知识体系以适应社会的发展。毕竟基于经验主义所能积累的知识始终是有限的，利用知识学习提升认识水平并不断习得新技能，是重要的社会生存之道。随着版权保护意识的增强，线上的知识共享和知识付费模式逐渐成熟。直播以其丰富的展现维度，能够连接更多的人、事、物，使知识的传播更加真实、生动和富有趣味。

知识学习型的粉丝对内容质量的要求较高，注重知识内容是否有实用价值，是否有足够的专业性。这类粉丝会根据自身需求，主动挖掘目标的知识内容，比如游戏技巧、烹饪厨艺、美妆穿搭、时尚资讯、时事政治、法律常识等。虽然知识具有客观性，但是知识内容的整合和表达需要创作者在理解的基础上进行重新诠释，由此知识内容就会烙上创作者的个人印记。知识学习型的粉丝选择主播的主要依据是认知喜好，一旦遇到符合自己认知方式的专业主播，会更容易产生认同感和信赖感。在持续接受主播的知识输出后，如果认同感和信赖感能够持续加深，这类粉丝会将主播奉为值得长期信任的意见领袖，并有持续打赏的支持行为。

（六）追星型粉丝：注重与明星的零距离接触

追星型的粉丝观看直播的主要目的是体验与明星的零距离接触和互动。这里的明星不仅仅指传统意义上的偶像明星，还包括一些高人气的网络红人，比如电子竞技职业选手、体育运动员、健身教练等。对于明星主播而言，直播不是他们的本职工作，更多情况下属于与粉丝沟通的一种手段，目的是拓宽沟通渠道以进一步强化粉丝的黏性。由于明星主播的粉丝盘相对固定，且明星本身就自带了曝光度和话题性，但凡开播，他们的直播数据都比较稳定。

追星型的粉丝对明星主播的追捧是基于对他们的崇拜感，打赏和互动的主要动机是拉近与明星之间的距离。只要所崇拜的明星能在直播中对自己有直接回应，他们就会感到非常满足，极少意图索取其他的回报。这类粉丝会同时使用多个直播平台，以便跟随明星本人的直播路径进行平台的迁移，毕竟直播不是明星的唯一主业，追星型的粉丝追随着明星来到直播平台后，就成为平台的用户，除了明星主播以外，他们也会去观看其他主播的直播。对于追星型的粉丝来说，明星主播出勤是否稳定、言语是否风趣幽默都不重要，只要明星主播的本职工作发展稳定，比如演艺明星的作品口碑持续向好，体育运动员和电竞选手有出色的比赛成绩，他们就会一直追随。

第二节 粉丝的经营与维护

从直播用户进入直播间开始，其粉丝身份转化、情感等级进阶乃至脱粉离开的整个过程，都离不开主播的有意引导和主动干预。粉丝的经营和维护是一项系统性工程，粉丝经营的重点在于如何吸引粉丝，快速聚集粉丝以扩大粉丝基本盘；粉丝维护的重点在于如何留住粉丝，更好地与粉丝沟通以维持粉丝基本盘。粉丝的经营与维护是主播从"新人小白"走向"江湖老手"的必修课，粉丝的转化和留存充满了偶然性和不确定性，一些不起眼的小细节会直接影响到粉丝的流动。主播在不断提升直播能力的同时，要时刻保持理解粉丝和关爱粉丝的态度。

一、粉丝经营的路径与方法

（一）吸引用户进入直播间：做好封面和标题，提高人气值

对于新人主播来说，吸引用户进入直播间至关重要。只有用户进入直播间观看，主播向用户充分地展示自己，才有机会开启粉丝转化的进程。在直播平台上，各种类型的直播间应有尽有，用户的观看选择极其丰富，如何能快速地抓住用户的眼球，吸引用户进入直播间呢？

用户选择直播间主要通过两大途径：第一是主动检索。用户检索直播间的原因多种多样，可能是已关注的主播当前没有开播，也可能是对已关注的主播兴趣度下降，还可能是用户刚刚开始使用直播平台，但是无论如何，主动检索行为都意味着用户对新鲜感的强烈诉求。一般来说，用户会优先关注直播间的人气值[①]排名，遵从个人兴趣进行选择。第二是平台引流。直播平台会根据用户的浏览、搜索和观看数据，给用户打上多个兴趣标签，基于用户的喜好进行智能推荐。如果用户看到感兴趣的推荐，就会选择点击进入直播间一探究竟，而不会在意人气值的高低。因此，直播间在直播平台的分类频道和在搜索页面上的呈现，就成为吸引用户注意力的重中之重。

直播间在直播平台上的呈现由三个部分组成，分别是封面、标题和人气值。作为直播间的"门面"，封面主要展现主播的个人形象，使用户能够直观地感受到主播的个人气质。封面照片的设置既要抓人眼球，又要传情达意，以虎牙直播为例，直播间封面的风格

---

① 人气值是直播平台对直播间进行排序的主要依据，也是评估直播间热度的重要指标。不同平台的人气值计算方法不一，主要根据直播间的收看数据、互动数据、营收数据和外部传播数据等多方面的数据进行加权处理后生成。

类型分为以下三类：一是真人艺术照封面，娱乐类主播多采用这类风格，独特、清晰、精致是其主要特点；二是场景展示型的封面，这是生活类主播常用的风格，充分地展示直播环境，能使用户更容易产生贴近感，如图 9-1 所示；三是真像与拟像混合型的封面，这种风格多见于游戏类主播，主播的现实形象与所操作角色的虚拟形象相结合，可以一目了然地表明主播的游戏风格和个人实力，如图 9-2 所示。

图 9-1　场景展示型封面

图 9-2　真像与拟像混合型封面

标题与封面相辅相成，主要告知用户直播间的播出内容和类别，有时候还起到表明直播目的的作用。纵观人气值靠前的直播间，封面都具有明显的标签化色彩，好的封面和标题能让用户一眼看出主播的特色所在。主播在开播前要从个人风格出发，构建明确的人设，精心设计适配自身气质的封面和标题。一旦用户被直播间的封面和标题所吸引，就会产生浓厚的点击兴趣。

人气值是影响用户进入直播间的另一个重要因素。人气值的高低决定了直播间的排名先后，排名越低就越难获得用户的关注。由于新人主播的粉丝量较低，在频道排名上天然就处于弱势地位，因此需要主动进行人气值的管理。一个方法是叫上自己的好友来捧场，朋友的捧场会给直播间带来热度以及和谐的氛围，也容易挖掘出更多的话题。如果有熟识的大主播愿意连麦互动或刷刷礼物，帮忙提携一下就更好。对于新人主播来说，最重要的是让自己尽快适应直播的氛围，减少冷场的可能，保证自身状态是积极的、互动交流是活跃的，才能维持好直播间的热度。当然，频道排名的先后并不完全依照人气值，很多直播平台会根据实时的热度变化，随机将一些低人气值的直播间推荐到相对靠前的位置，给予新人主播和小主播更多的曝光机会。

总结来说，主播要在精心设计直播间封面和标题的基础上，利用好各种机会，提高直播间的人气值，让更多的用户看到自己。

（二）争取用户关注直播间：在乎每个用户，维持良好状态

用户进入直播间后，其停留的时间是不确定的，主播需要在短时间内争取让用户能关注和订阅。直播在刚开播以及直播间涌入较多新观众的时候，主播应该作一番自我介绍以争取观众们的支持，比如“我是某个地方的人，目前是一个新主播，很多东西还不懂，请大家多多指教”“觉得有趣的话就点个关注，关注主播不迷路”“有免费礼物的话，可以刷一点”。要使用户产生兴趣并关注，主播除了技能和才艺等表演能力之外，还需要真诚的态度，具体而言，就是在乎每一个用户，并在整个直播过程中维持良好的状态。

1. 直播时要保持直播礼仪，在乎进入直播间的每一个用户

用户在进入没有关注的直播间时，都抱有浓重的游客心态，如果不喜欢及时退出即可，耗费的时间成本很低。处于粉丝积累阶段的新人主播就要设法改变用户的这种态度，只要看到用户进入直播间，无论等级高低，都应该道一声欢迎。尽管直播平台提供了自动欢迎用户的功能，不过相比于眼花缭乱的弹幕特效和冷冰冰的文字，主播口头上的欢迎，更能让用户感受到温暖。当遇到大量用户集中进入直播间时，主播如果没法做到对他们表示一一欢迎，可以把用户统一称呼为亲们、宝贝们或家人们，每隔一段时间再去打招呼，比如“欢迎新入直播间的各位家人们，有兴趣可以点个关注，主播每天都会开播”，在表演间隙或者找不到话题的时候，穿插一下问候不失为过渡时间和化解尴尬的好方法。将心比心地真诚对待每个用户，用户才会更容易对主播产生好感。

2. 直播时要全程维持良好的状态，展现自己最好的一面

由于无法预估用户在直播间中会停留多长时间，主播在直播过程中需要排除杂念，调整到精神松弛、心情放松的状态，一直保持专注力，关键要做到以下三点：

第一，直播中重视与用户互动，不要刻意关注个人形象。在直播时，主播固然要保持良好的精神面貌，但除了不时留意仪容是否整洁以外，关注的重点应该放在与用户的互动上，而不是镜头中的自己是什么样子。尤其是做好服装、妆面和机位设置后，如果没有特殊的原因，就不要频繁地进行调整和改动，否则不仅会影响主播对直播进程的把控，也容易暴露出主播的不安情绪和焦虑感，还会给观众带来不佳的观看体验。帅气的颜值和美丽的容貌固然是主播的加分项，但不是决定项，比如在游戏类和生活类直播中，大多数观众不会过于在意主播的容貌，反而会更关注主播的声音和聊天技巧。

第二，把注意力集中在屏幕上，留意观众的动态。主播要时刻留意用户刷的弹幕，如果有提问要及时回答，千万不要冷落了热情的用户。只要不是涉及个人隐私、人身攻击等恶意问题，主播都不应该刻意回避，积极的回应更容易获取用户的信任和支持。如果一时不知道该如何回答或者问题超出了自己的知识范围，主播可以直接重复一下用户的原话，顺便自我调侃“是我孤陋寡闻了”，然后向其他观众“求援”，这一技巧在主播无话可说的情况下，不仅能争取思考时间，还能调动起直播间的互动气氛。当用户刷礼物时，主播要第一时间去道谢，并及时将其拉进粉丝群。“滴水之恩，当涌泉相报”，从直播初期就开始关注和支持的用户是每一个主播宝贵的资源，主播要给予这类用户充分的回馈以提升他们的满足感，比如请上“贵宾席”、为其设置高阶的粉丝称号、邀请其成为“房管”或粉丝群管理员等。

第三，掌握直播间的控制权，持续制造话题。很多新人主播在直播初期，或许都经历过这样的尴尬场面：由于缺乏直播经验，观众稀少，直播全程经常出现冷场的情况，与观众的互动停留在一问一答的程度，回答最多的问题不是“主播今年多大”，就是“主播是哪里人”，一旦观众不给予反馈，互动就进行不下去了。这种沉闷的直播间气氛不仅会令观众扫兴，也会打压主播的积极情绪。如何避免这种情况出现呢？主播需要掌握直播间的控制权。除了与观众的问答之外，主播要主动地抛出话题引导直播间的互动。无论基于什么诉求，消遣和放松都是用户来到直播间的一大目的，如果主播只会被动地等待用户制造话题，用户自然会失去兴趣。主播在直播之余需要不断学习充电，了解各种新奇有趣的热点话题，并能清晰地表达出自己的观点和想法，这样在直播时才能做到有话可说，不至于冷场。

只有拥有一定的用户关注基数，才能实现比较可观的粉丝转化率。用户关注了直播间就有可能来观看下一次直播，发展为粉丝的概率也会提高。用户从游客到围观群众，再到粉丝的身份转化，往往是先被主播的某一特质所吸引，再进一步了解、认识和欣赏到主播的其他优秀品质，最终发展为对主播的认可。正所谓“始于颜值，陷于才华，忠于人品”，第一印象不能长久地将粉丝留住，主播要想获得粉丝的长期青睐，就要有端正的态度，在不断提升个人技能的同时，培育自身的正能量和亲和力。

（三）认识用户的直播消费：激活用户潜在的打赏心理

在直播间获取用户的关注和订阅之后，主播要持续跟踪用户的后续动向，一旦用户做出刷礼物、带货购买等消费行为，就完成了粉丝身份的转化。需要明确一点，直播是一项不需要付费就能观看和参与的互动视听活动，用户主动选择消费的背后，必有其缘由所在。主播要正确认识用户在直播中的消费行为，摸清用户产生消费行为背后的心理机制。

如何定性网络直播中的消费行为？公开和免费是网络直播的两大基本属性，用户观看直播不像电影院和游乐场要买票入场，而且主播也不能强制用户消费。在这个意义上，主播与用户之间没有事先达成“观看直播需要付费”的共识，两者之间也不存在强制支付对价的关系基础。用户在直播中的消费行为可以视为基于对主播的欣赏和认可所产生的自发性赠予行为。用户完成的赠送虚拟礼物、续费贵族、带货购买等一系列消费行为，在经过直播平台抽成后，主播能以分红、提成等方式收获实际收益，这就是支撑网络直播行业存在的基石之一——打赏文化。然而，随着直播平台的规范化和主播的职业化发展，直播的表演服务氛围愈发浓厚，不少用户的消费行为出现了明显的“协商”痕迹，比如通过打赏使主播作特定的表演，即唱歌、跳舞和说一些安慰鼓励人的话等；以打赏换取与主播的聊天机会或联系方式，这些情形应当认定为对主播服务的购买。本质上看，用户在直播中的消费行为更接近于赠予行为，其行为产生和金额总数均取决于用户本人的意愿，主播没有强迫消费的权力，而有些消费行为又存在服务购买的属性，可以看作是一种附条件的赠予行为。①

网络直播中的消费行为如何产生？在直播平台上，用户看到了赏心悦目的美女主播和帅哥主播，观赏到了精彩的表演，听到了有趣的话语，在获得精神愉悦的同时，会有进一步向主播表达认可和支持的欲望，换句话说，直播用户都有着潜在的打赏心理。这好比出门逛街一样，购物未必是最初目的和主要目的，但一定是一个潜在目的。直播亦是如此，用户既然选择观看直播，就或多或少地存在着打赏的欲望。要激活用户的打赏心理，可以从以下七个方面入手②：

1. 构建主播与用户的契约关系

从直播的属性上看，主播与用户之间不存在天然的契约关系，用户作为观众来去自由，主播既不能将其拦下，也不能命令其消费。那么，主播与用户之间真的没有契约关系吗？显然不是，双方之间的契约关系是隐形的，需要主播通过主动告知和认识强化进行

① 胡天琦.网络直播打赏机制相关法律问题研究[J].法制博览，2018(26)：164－165.

② 李叫兽.被打赏最多的网红，他们都用了这九种方法.[EB/OL].(2016－04－21)[2021－03－21].https://www.huxiu.com/article/146054.html.

构建。举个例子，在人流密集的街道上，人们经常会见到在表演的街头艺人，尽管街头艺人们看上去都精神振奋和气势高昂，但他们实际上可能唱歌挤嗓破音，乐器演奏跑调，杂耍失误连连，不过就算如此，依然有人不时上前给点零钱或扫支付码打赏一下。为什么这种水平不尽如人意的街头表演依然能获得打赏？是因为人们会觉得打赏是街头艺人谋生的重要方式，街头艺人在卖艺的时候，人们一旦驻足停留观看，就应当遵守一个隐形契约——“你卖艺，我给钱”。这种隐形契约是一种社会潜规则，它直接引导了打赏行为的出现。用户打赏心理的激活，需要从构建这种隐形契约关系开始。因此，职业主播应当在直播中向用户强调，主播是自己的职业，是自己的社会谋生方式，而不是业余时间的消遣，如果用户喜欢自己的表演，或者在直播间里聊得开心，可以打赏一下。当用户明白主播是以直播为生，他的消费是主播的重要收入来源，就有可能产生主动的消费行为。

2. 激发用户的帮助心理

帮助弱者的心理是引发打赏行为的又一重要因素。弱者需要被保护和被扶持是一项社会共识，人们之所以会打赏街头艺人，正是因为认为他们需要帮助和支持，哪怕是一点小钱也能让他们过得更好一点，而且帮助和支持陌生人的行为还会获取正向的心理反馈。如果能激发用户的帮助心理，就能刺激消费行为的产生。这种帮助心理该如何激发呢？关键是要用户感受到，主播不过就是一个主播，用户的打赏给主播带来了实在的收益，大大助力了主播的事业发展。具体来说有以下三点：

(1) 主播要放低姿态

主播要向用户传递一个理念，即主播是服务者，用户是被服务者，直播间里的所有用户都是尊贵的观众。新人主播的直播间一开始不需要华丽的装潢，使用温馨简洁的背景布置，走低姿态的亲民路线，直播反而效果更好，如图 9-3 与图 9-4 知名娱乐类主播冯提莫早期的直播间背景。有些主播哪怕收入已经很高，依然不会将直播背景布置得过于华丽，就正是基于这种考虑。当用户感知到主播的社会地位和金钱地位显著低于他的时候，就更容易激活帮助心理，主动发起打赏行为。有些主播还会向用户告知自己的身世，以及自己走上直播道路的原因，也有着营造弱势形象并争取用户的关心和支持的意图。

图 9-3 与图 9-4　知名娱乐类主播冯提莫早期的直播间背景

（2）主播要主动向用户展示你的收益和进步，让所有关注你的用户看到你的改变

主播为了实现更好的声效而换了新的声卡和音响设备，为了展现更好的表演效果买了新衣服，为了保证游戏的顺畅进行换了新电脑或新手机；主播把直播间重新装点了一番，背景多了几个小物件；主播的现实生活发生了什么积极的变化等。主播把这些改变告知直播间里的观众，不只是分享生活那么简单，更是向用户表明他们的打赏为自己带来了实实在在的收益，自己心存感激，这一定程度上也会继续刺激消费行为的产生。

（3）让用户感觉自己的帮助是重要的，这种心理感受在主播的新人期最易实现

当用户与主播的关系越来越亲密时，用户的心态会发生微妙的变化，用户只要给予一点力所能及的支持，就可以令关注的主播变得更好，假如他日后成长为百万粉丝的大主播，自己作为一路陪伴他的第一批关注者，必定是不可替代的存在。从这个角度想，自己的消费行为是不是非常有意义呢？当产生"自己很重要"的心理感知后，用户实际上就完成了粉丝心态的建构，认为在直播间里不仅能收获欢乐，还能助力主播的成长，值得去持续投入。主播的粉丝们会真心地疼爱主播，比如关心直播时长是否太久，主播的身体状态和精神面貌是否良好，礼物收得够不够多，关注数是不是涨得太慢等。简而言之，就是当用户发现自己对主播的价值时，会自然地激发出帮助心理。

3. 利用用户的从众心理

人是有从众心理的，在群体压力下，个人会跟随他人而做出行动或信念的改变，努力使自己与其他人保持一致。① 互动踊跃的直播间恰恰是具备了群体压力的舆论场，主播可以让用户感知到"不打赏"是与其他用户不一致的行为，从而刺激消费行为的出现，比如主播说，"各位家人们来看直播都喜欢刷礼物，我很感谢大家"，随后开始一一感谢送了礼物的用户。这就是借用群体力量产生"大家都在打赏"的群体压力，多少能使那些经常来到直播间却从未消费过的用户感到一丝愧疚。不过，群体压力本质上是负面情绪的传导，即便短期内有效果，也不能经常以此刺激用户，否则会持续给直播间带来低压，造成用户离去。

4. 维护用户的优越心理

在社会群体中，人不仅有因群体压力而产生的从众心理，也有对强者和上位者的仰慕心理，获得他人的仰慕是渗透到每个人潜意识里的愿望。通过高额的消费获取他人的仰慕，保持自己在群体社交中的优越感，是用户进行消费的关键心理效用之一。尽管很多主播的实际收入并不低于打赏的用户们，但主播公开的感谢和尊敬的称谓，能让打赏的用户觉得自己的钱是花得有意义的，而且越是一掷千金的用户，把他们捧得越高，

---

① 戴维·迈尔斯.社会心理学(第11版)[M].侯玉波，乐国安，张智勇，等，译.北京：人民邮电出版社，2016：186.

越能鼓动起直播间里的其他用户。在直播间里,越是价值贵重的礼物,其特效相比便宜的礼物往往更加炫彩夺目,可以充分满足用户的优越感。

5. 提升用户的互惠心理

大部分人都存在不愿亏欠他人的感情倾向,一旦受惠于人,如果不能及时回报对方等值或超值的恩惠,就会心生亏欠感。主播可以通过提升用户的互惠心理感知,增强用户主动消费的情感动机。如何提升用户的互惠心理呢?一个方法是让用户认识到主播的付出成本。在直播的时候,主播除了感谢观众们的陪伴,偶尔也要强调一下自己的付出,比如"为了在直播间陪伴大家,陪家里人的时间都少了""每天和大家在一起,好久没出去旅游了""宅在家里不出门,外卖都吃腻了""天天在网上陪你们,连朋友都没有,更别说谈恋爱了"等。主播适当地"卖惨"就是让用户知道光鲜亮丽的背后充满了辛劳、无奈和心酸,主播的付出不仅包括时间和努力,还包括身体机能的下降、感情生活的空缺、平台和主播经纪公司的压榨。当一些用户感知到主播有巨大的付出后,他们就会"投桃报李",用消费去弥补所产生的亏欠感。

6. 创造用户的预期心理

相比起自己行为的直接结果,很多时候人们反而会预期这个行为对未来所产生的影响,以决定是否做出某个行为。利用人们的预期心理持续吸引关注的方法已经相当普遍,例如很多公众号和视频号作者会在作品中许诺,转发、点赞、收藏过一定的数量就更新下一期或者继续创作相关的话题内容,如果用户觉得创作者提供的内容是有价值的,就会对后续创作产生正向预期,选择支持当前的作品,并进行持续的追踪和关注。直播也可以学习这种方法,毕竟主播对用户打赏心理的引导就是一个不断说服的过程,让用户对主播产生积极的看法,建立积极的心理预期,就能为消费行为的产生做好铺垫。"有这么多人支持我,我一定会坚持下去,不断贡献更好的内容/带来更好的表演/带来更多的优惠折扣",当用户觉得他们的消费行为能够不断提升主播的直播质量,或者消费下降会使直播质量降低时,用户就有动力持续地增加消费。给用户积极预期的同时,主播要持续地提升自己,比如保养皮肤、改善身材、强化才艺技能和学习更多知识等,不断满足所承诺的预期,维持粉丝的黏性。

7. 改变用户的默认心理

在直播间的热烈气氛下,用户很多的消费行为是在刹那间作出的决定,而非深思熟虑的结果。人们在短时间内做出的决定,由于来不及仔细思考,大多数情况下会根据默认选项来决定自己的选择。从网络直播的属性上看,用户的潜意识里对直播消费带有抵触的情绪,消费显然不是观看直播的默认选项。只要主播能使消费打赏取代围观群众成为用户的默认选项,消费就有机会产生。例如,主播之间的连麦 PK 就非常容易改变用户的默认选项。在平时，用户面临的选择是“打赏还是不打赏?”而主播在连麦 PK 时，主播就会开始请求直播间里的观众打赏礼物，“都来帮帮忙！喜欢主播就刷一点，多少都可以”;PK 过程中，主播会不时提醒礼物量的差距；到 PK 快结束时，如果竞争依然胶着，主播还会催促，“再来一个飞机或火箭就可以超过对面了”。在连麦 PK 的整个过程中，“打赏”变成了默认的行为，用户面临的选择转变为“我该刷多少的礼物?”，至于最终会投入多少就在于用户的个人意愿了。

尽管激活用户的打赏心理有很多套路，但不是所有用户都会认可主播主动请求打赏的行为，主播在粉丝转化的过程中要注意循序渐进。用户在进行消费后就能领取到主播的粉丝徽章，只要用户佩戴上粉丝徽章，用户的粉丝身份转化即宣告完成，剩下的问题就是如何长久地留住粉丝了。主播可以尝试多关注一些没有粉丝徽章的新用户，多下功夫与他们沟通，会更容易争取他们成为自己的粉丝，甚至打造为铁杆粉丝。而已经拥有其他主播粉丝徽章的老用户，大多有固定观看的主播，除非有足够的魅力吸引他们，否则留住他们的难度非常大。

二、粉丝维护的路径与方法

（一）维护粉丝的前提：搞清粉丝离开的原因

用户观看直播的直接目的是满足自身的某些需求，而且用户永远在不断寻找更能满足自身需求的主播。用户成为某个主播的粉丝，只代表他对该主播现阶段表现的认可，不代表会是永久的粉丝，双方的关系维持需要主播付出大量的时间、精力和真情实感，提供优质直播以不断地满足粉丝的需求。聚焦于不同类型粉丝的核心诉求，可以预设他们脱粉离开的可能原因。

寻求陪伴型的粉丝如果感受到自己不被重视，就会慢慢失去对主播的好感和支持热情。主播在直播过程中不能冷落这一类型的粉丝，如果实在无法顾及，应当在下播后及时给予回应，让他们知道主播是记得他们的。消磨时间型的粉丝观看时间很不固定，主播倘若直播时间不规律，可能很难遇上这类粉丝。主播可以在固定直播时间的同时，尽可能地增加直播的时长，就更有机会在这类粉丝上线时，让他们留意到“这个主播永远都在”。娱乐放松型的粉丝追求的是直播内容的个性、趣味性和新鲜感，主播要了解当下的社会时髦热门话题，才能更好地跟上这类粉丝的认知进度。信息获取型的粉丝和知识学习型的粉丝则是对直播内容质量敏感度很高的群体，一旦他们判断主播给予不了有用的信息，或者是内容陈旧、策划用心程度下降，甚至是主播的技艺不如从前，他们就会脱粉离开，这要求主播拥有良好的上进心，保持持续学习的状态。而追星型的用户由于黏性很高，一般不会简单地脱粉，除非明星主播彻底停止直播，或明星主播因为人品欠佳、私生活混乱等道德问题导致人设崩塌，引起粉丝反感，追星型粉丝才会选择离去。

基于以上原因的粉丝脱粉，主播改善自身不足之处就有机会挽留粉丝，但还有部分粉丝的离开纯粹是个人的主观原因，有可能是发现与主播的三观不合，很难找到共同的话题，“话不投机半句多”；也有可能是单纯的喜新厌旧。面对更年轻、更有实力的新主播，老主播更需要做好自己，以一颗平常心去看待，不断提升自我，而不应该灰心丧气，向粉丝们传递负能量。

由于主播的粉丝群体里存在着不止一种类型的粉丝，为了满足粉丝们的各种需求，主播需要在直播前、直播时和直播后的三个不同阶段，采取多方面举措维护粉丝群体的向心力，尽可能减少粉丝的流失，稳固住自己的粉丝基本盘。

（二）直播前的准备：根据反馈做好直播策划

机会永远留给准备好的人，直播亦是如此。粉丝的积累和巩固是一个漫长的过程，主播只有做好充分的准备，才能与粉丝有更顺畅的沟通。对于主播来说，直播策划是每次开播前的重要准备工作，粉丝的反馈则是主播进行直播策划的重要参考，从粉丝处获取的反馈和建议越多，主播就能越了解粉丝的需求，可及时做出相应的调整。直播前根据粉丝的反馈对已有的直播策划进行审视，是很有必要的事情，主播可以从以下三个方面入手：

1. 根据反馈进行内容设置

优秀的主播要具备持续、稳定输出内容的能力，主播一开始应该从自己最熟悉、最擅长的领域入手，使直播内容与自己掌握的知识和积累的经验相符，才能最大限度地发挥自己的长处。毕竟只有在自己熟知的领域，主播才会拥有良好的输出能力和掌握话语权的能力，面对粉丝的时候才能侃侃而谈。与此同时，主播需要调研自己的粉丝群体，思考输出的内容是否符合粉丝的需求，如果不符合，要结合粉丝的反馈和自己的长处进一步寻找合适的内容定位，最终形成一个能被大多数粉丝所接受的、相对稳定的内容设置。

案例 9-1

知名娱乐类主播冯提莫最早是一名游戏类主播，其艺名就来源于 MOBA 竞技网游《英雄联盟》中的英雄角色——提莫。由于不是技术流主播，冯提莫一开始直播游戏的时候没有获得太多的人气；相反，因为歌唱得好，她偶尔在直播间中献唱时，人气反而比直播游戏时更多。后来，冯提莫逐渐减少游戏直播时间，转向主攻唱歌。由于冯提莫歌声优美，高音能力突出，加上得到当时斗鱼当红主播小漠的提携，她渐渐被大家所熟知。2018年，冯提莫的人气达到巅峰，登顶斗鱼女主播第一人。在斗鱼的培养和支持下，冯提莫登上了多个综艺节目和卫视晚会，还推出了个人单曲，成功从网红转型成为歌手，如图9-5所示。

图9-5 冯提莫参加江苏卫视2020年跨年晚会

在调整内容设置的动态过程中，主播自身的底蕴越深厚，内容的选择就越丰富，因此，主播提升持续输出内容的能力是非常必要的。首先，主播要保持一颗好奇心，对新近发生的热点资讯有一定了解，不至于对粉丝抛出的话题一问三不知；广泛涉猎一些冷门但富有趣味的知识或技能领域，这有助于提高直播的趣味性，拉近主播和各种类型粉丝之间的距离；积极顺应平台的助力，愿意接纳新玩法，使用新技术。其次，主播要积极向其他优秀主播学习，新人主播在下播之后可以去观摩同行主播，学习别人怎么吸引用户的关注、怎么与用户聊天、怎么应付一些突发情况，以谦虚的心态取长补短。最后，主播要做好自我规划，在日常的点滴积累中不断地充实自己，保持每天都有进步。这里的进步不单指收入的增加，更重要的是知识、阅历和经验是否有了提高，比如是否了解到一些以前不懂的知识；在直播间受到黑粉辱骂和攻击时，能否平静地看待和冷静地处理；与粉丝之间的沟通能力是否有了提高；自己的才艺水平是否有了提升；新尝试的形象是否有好的成效等。

2. 根据反馈确定直播风格

直播内容明确的是直播的大方向，主播还需要形成自己独有的直播风格，即主播给粉丝们的整体认知，粉丝想起主播时所留下的最深刻印象。直播风格是主播的重要标签，哪怕是同一类型的主播，由于主播自身条件的差异，直播风格往往大相径庭。以游戏类女主播为例，既有呆萌可爱风格的“火线妹”，如图9-6所示；也有搞笑风格的“呆妹儿小霸王”，如图9-7所示；还有女神御姐风格的“小苍”，如图9-8所示；以及技术流风格的

“Miss”，如图 9-9 所示。尽管直播风格相差甚远，但她们都是曾火爆一时并拥有大量粉丝的女主播，这充分说明直播风格没有好坏之说，关键在于风格的呈现是否与主播的能力和气质相适应，是否与粉丝的需求相匹配。

图 9-6　火线妹的绝地求生直播

图 9-7　呆妹儿小霸王的绝地求生直播

图 9-8　小苍的英雄联盟直播

图 9-9　Miss 的英雄联盟直播

从角色属性上看，主播可以视作直播间中的“演员”，其角色塑造除了主播的自我认知外，更重要的是粉丝们看到了什么和喜欢看什么。主播一开始都会塑造一个人设，根据人设打造直播风格，以便能够精准地找到欣赏自己的粉丝，但是主播初始的人设都难以长久地得到维持。当拥有一定的粉丝基数后，主播为了留住粉丝，开始倾听粉丝意见时，就会或多或少地受到粉丝意见的裹挟，进行持续的风格调整和形象改变。直到形成一个主播和粉丝双方都能接受且相对稳定的风格定位后，主播在直播程序和文案上继续进行挖掘，就能确定当前最适合自己的直播展现方式。所以，直播风格的塑造不仅仅由主播的个人条件所决定，还会受到粉丝的影响。主播在遇到瓶颈期时，不如尝试听取粉丝的意见进行适当的风格转换，或许会收获奇效。

3. 根据反馈调整直播时间

主播的开播时间和直播时长是直播策划中需要重点考量的部分。不同的开播时间对粉丝群体的属性构成有直接的影响，而粉丝群体需求的变化也会使主播的开播时间和直播时长随之发生变更。

一天的时间可以分为上午、中午、下午、晚上和深夜五个直播时段。从用户画像的角度看，不同的直播时段由于主体用户群不尽相同，所能吸引到的粉丝就存在差异。6时到12时属于上午时段，这个时段有大量早起的上班族和赖床的学生党，平台上开播的主播数量相对较少。12时到14时属于中午时段，这个时段里有较多处于午休的上班族，娱乐放松是他们主要的观看目的。14时到19时属于下午时段，这个时段以一些闲暇时间较多的用户为主，观看直播是为了消磨无聊的时间。19时到24时属于晚上时段，这是一天里直播平台流量最大的“黄金时段”，不但在线用户数高，而且用户的消费行为活跃，大部分平台的头部主播和明星主播都会选择在晚上时段开播。0时到6时属于深夜时段，以晚归的加班族和游戏用户为主，还有一部分身处国外、有时差的用户，在这个时段看直播的大多是生活孤寂或焦虑失眠的人，陪伴的需求往往会比较强烈，这个时段用户数量较少但普遍消费能力较高。

在这五个直播时段中，8时到9时、12时到13时和20时到23时都会出现观看直播的流量峰值，尤其在晚上20时之后，不仅是大多数用户的空闲时间，同时也是头部主播扎堆的时段。[①] 因为头部主播的虹吸效应严重，会分走平台上绝大多数的流量，新人主播在晚上的“黄金时段”要吸引新粉丝、巩固老粉丝的难度相对较大。因此，新人主播在直播生涯初始，从维护粉丝基本盘的角度考虑，合理避开高峰时段，选择深夜或上午的时段直播，不失为理性的选择。直到主播的实力允许，如果粉丝呼声很高，就可以考虑向晚上时段进军。

案例 9-2

和平精英主播“鲨鱼哟”2016年刚开始入驻虎牙平台时，因为酷似动画人物“吉吉国王”的外貌常常被诟病，但他以强大的亲和力和诙谐幽默的性格，配合对游戏的独特理解，逐渐将自己的外貌劣势扭转。经过几年的努力直播，“鲨鱼哟”已经成为关注量超400万的主播，也是游戏圈中极少数获得和平精英官方认可、拥有赤羽金樽皮肤的主播。在和平精英SS12赛季末，“鲨鱼哟”将自己的直播时间从原来的每天12时到18时改为每天18时到24时，成为一名夜间档主播，并在2021年4月5日首次晚间直播中收获近5000的贵宾数量和超过350万的人气，得到了诸多学生党粉丝的认可。

---

① 魏艳.零基础学短视频直播营销与运营:实战案例版[M].北京:化学工业出版社,2019:116.

确定了开播时间后，直播时长要如何设置呢？很短的直播时长显然是无法满足用户的，但也不代表直播时长越长越好。毕竟人的精力有限，主播长时间直播会导致过于疲惫，游客用户进了直播间看了一眼就想离开，再长时间的直播也是无效直播。总的来看，4 小时至 6 小时是比较常见的直播时长，其能完整地覆盖上午、下午、晚上三个长时段中的一个，这对于有团队的主播来说，会更契合团体化的工作节奏。事实上，随着主播层级的提升，越来越多的主播会选择适当降低直播时长，在直播以外做其他的努力，比如扩展与粉丝的日常交流、加强个人学习和进行身体锻炼等，会更有助于提升实际的直播效果。

一旦确定好直播时间，主播应该努力坚持，不要“三天打鱼，两天晒网”，固定时段直播有助于培养粉丝的观看习惯，使粉丝一到某个时间点就会想起所关注的主播。粉丝群规模得到一定扩张后，就可以根据核心粉丝群的观看习惯和需求进行直播时间的调整，使直播时长尽可能多地覆盖核心粉丝群的观看时间。

（三）直播中的沟通：灵活运用各种聊天技巧

1. 站在粉丝的角度思考问题

时刻站在粉丝的角度思考问题是主播在直播中与粉丝互动交流的最基本要求。某种意义上，直播间犹如主播的“家”，当粉丝作为主播的“家人”“朋友”来到直播间时，主播作为家里的主人，就要承担起相应的责任，做好招待和引导粉丝的工作。大量粉丝聚集在直播间里，氛围不可能总是融洽友好的，总会出现一些不和谐的声音，可能是因为部分粉丝当时的情绪不好，也可能是因为要宣泄现实生活中遇到的压力，但无论粉丝们抱着怎样的心态和目的而来，都会希望在轻松的氛围中观看直播，借以舒缓日常紧绷的精神。主播要将心比心，多站在粉丝的角度思考，使直播间保持令人愉悦的良好氛围，有意识地消解粉丝们的消极情绪，调动起他们的积极情绪，哪怕是在主播和观众双方都存在消极情绪的情况下，也要尽量避免产生强烈的冲突。

2. 引导粉丝继续话题

直播策划一般不会填满所有的直播时间，都会给主播留下发挥的空间，制造话题和引导话题是主播必备的重要能力。对于粉丝主动发起的话题，主播要善于利用，积极引导粉丝将话题进行下去。主播愿意接下并展开粉丝所发起的话题，能直接表明对粉丝的重视和尊重，这正是大多数粉丝所希望看到的。

不过有些主播存在着一个误区，认为接下粉丝发起的话题就是把直播间交给粉丝，主播只作为话题的旁观者，并时不时给予“嗯”“好”“喔”“真的假的”的简单回馈即可。毕竟主播才是直播间的主角，这种单调的回馈一方面会削弱主播的参与感，另一方面会令粉丝觉得自己的话语是无关紧要的，反而会急于结束话题。正确的方法是，主播根据对话发起一系列追问，而不是简单地去附和。主播可以使用“谁”“什么”“什么时候”“哪里”“为什么”和“如何”进行提问，能有效地激励粉丝继续进行讲述，比如“是谁这样建议你的?”“他那时候说了些什么?”“你什么时候做了那件事?”“你去了哪里旅游?”“为什么你会这样认为?”“你是如何解决那个问题的?”当主播流露出想要进一步了解的意愿时，自然会激发粉丝们的表达欲，一旦粉丝选择继续讲述，主播的话题引导就成功了。

3. 尽可能与粉丝产生长时间对话

与利用追问引导粉丝同理，主播在讨论话题时，不应该三言两语地就把一个话题简单地结束。只有足够时长的话题交流才具备互动的有效性，哪怕有些话题比较枯燥乏味，主播都要适当延长话题的持续时间，与粉丝产生长时间对话。

如何在互动中产生长时间对话呢？主播可以使用话题延伸的方法，即以当前的话题为跳板，不断挖掘可供扩展和延伸的内容。具体有四种方法：

第一，跟随式延伸，指提取对话中的关键词进行话题延伸。电商类主播根据粉丝提出的问题，反复强调商品卖点和优惠信息，就属于跟随式的话题延伸。

第二，开放式延伸，指把话题延伸到与原话题具有相关性的话题上。生活类和娱乐类主播在无话可说的时候，经常会将话题引到自己的日常生活上，比如聊聊今天的天气，最近的个人活动，甚至家里的宠物等，以便勾起粉丝的好奇心，创造新的话题。

第三，纵向延伸，指由浅入深地扩展到更深层次的话题。科教类主播大多会使用这一技巧，即通过一个话题的讨论，一步步推导到下一个更深层次话题的讨论。

第四，横向延伸，指触类旁通地延伸到类似的话题。一个典型例子是，游戏类主播直播打游戏时，会根据遇到的实际游戏场景同步地介绍对应的游戏技巧，并通过游戏技巧的其他“适应场景”来扩展技巧教学的话题。

主播不停地说话不代表要东拉西扯，而是应该思考如何延伸话题，表现出互动的积极意向。在直播间没产生新话题之前，主播有义务去延续当前的话题，直到产生新话题，再将讨论的重点转向新话题。

4. 灵活运用各种非语言符号

在直播间里，主播除了话语之外，如果能够灵活运用眼神、表情和肢体动作等非语言符号进行情感表达，同样可以有效提升与粉丝的互动质量和沟通效果。

眼睛作为心灵的窗户，天然地具备表达情感的属性。在面对面聊天时，双方的眼神接触是形成互动的基础，利用眼神传情达意尤为重要，这既是维持良好互动关系的重要纽带，也是双方互相尊重的体现。网络直播可以视作特殊的“面对面”场景，尽管主播与粉丝间隔于屏幕，实际空间距离可能相距千里，但是主播通过设置合理的摄像角度，并配合恰到好处的眼神表达，能使粉丝获得类似于真实见面的视听沉浸体验。一般来说，与人交谈时，视线接触对方脸部的时间应占全部谈话时间的30%～60%，低于这个比例会让对方觉得谈话者既不关注谈话内容，也不关心对方的感受。① 在整个直播过程中，主播要保证有足够比例的时间面向摄像头说话，只有当主播的眼睛正向看着摄像头的时候，粉丝才会产生一种主播正在与其对视的错觉。另外，不妥当的眼神会直接影响到直播的效果，眼神过于锐利凶狠，会令粉丝感受到压迫感；眼神闪烁不定，会让粉丝认为主播的情绪不稳定；眼神怯懦涣散，则会削弱主播在镜头前的自信感。因此，主播在平时需要进行一定的眼神训练，方法是正视摄像头，将摄像头虚拟成一个现实存在于眼前的人，训练出平和且自信的眼神。

面部表情指的是脸部对情感体验的反应动作。相比眼神，表情是更具表象化的情感表达渠道，适度的表情变化能使粉丝一目了然地知道主播的实时情感态度和情感倾向。在直播过程中，主播要对直播间的气氛变化有正常的反应，不能总是一副木讷或事不关己的表情，这会让粉丝觉得主播心不在焉、没有全身心地投入直播之中。主播一些夸张且有趣的表情如果能被制作成表情包进行传播，不仅能提高主播与粉丝之间的互动趣味性，还能极好地宣传主播本身，不少主播正是依靠其粉丝制作的“魔性”表情包而成功“出圈”，被大众所熟知。

肢体动作也是情感表达的一大手段。由于网络直播的画面视角不会太广，表达情感的肢体动作很容易形成视觉上的冲击力，但如果动作幅度过大，没把握好“度”，就会有“用力过猛”之嫌。肢体动作最重要的是要“自然”表达，主播不必刻意为之，一般人到情深处，身体自然会产生相应的动作反应。主播还要避免做出一些无意义的动作，包括不要在胸前交叉双臂，否则会使主播呈现出拘谨和紧张的状态；不要用手去玩弄头发或衣服，否则容易显示出笨拙感；不要一直重复同一个肢体动作，否则会令观众感到乏味；不要做出带有暴力或歧视倾向等违背社会公序良俗的肢体动作等。

（四）直播后的互动：多渠道多方式保持交流

除了直播过程中的沟通以外，主播需要充分利用直播后的时间，多渠道、多方式地与粉丝保持互动交流。直播后的互动对主播而言，可以使用更丰富的交流手段接触粉丝，便利地获取粉丝的反馈；对粉丝而言，可以了解到主播真实的一面，有利于增进互相之间的感情，进一步加强亲密关系。

1. 建立粉丝群进行交流

微信群、QQ群、抖音群聊、快手群聊、微博粉丝群均是能用于承载粉丝群的空间。头部主播都非常重视利用粉丝群聚合粉丝和沉淀核心粉丝，比如罗永浩的抖音号聚集

① 唐树芝. 态势语言略论[J]. 湖南师范大学社会科学学报，1990(01)：88－90.

了超过50个有加入门槛的粉丝群。粉丝群作为主播自主创建的私域流量池，不仅能加强主播与粉丝之间的联系，促进产生更多消费，还能帮助主播处理一些直播间里不方便处理的事务，带来更好的直播氛围和直播效果。

主播的粉丝群主要具备四大功能：

第一，互动功能。粉丝群使共同喜欢主播的粉丝有了空间意义上的归宿，原本在主播下播后便散落各方的粉丝通过粉丝群聚合为一个整体，粉丝在直播间外可以持续地进行交流，逐渐产生群体凝聚力。当粉丝群内形成良好的互动氛围后，主播无需刻意引导，粉丝群也能自行地运作。

第二，筛选功能。通过自定义粉丝入群的条件，可以对入群的粉丝进行筛选。入群门槛越高，粉丝群的规模就会受限；入群门槛越低意味着管理的难度和风险越大。重"量"还是重"质"，需要主播做出相应的取舍。

第三，通知功能。粉丝群里基本是主播的真实用户，利用粉丝群进行信息推送有较高的精准度，尤其开播通知等重要信息通过群公告等方式进行强通知，能一键激活新老粉丝，使粉丝在第一时间了解主播的动向，减少粉丝漏掉重要活动的可能。

第四，拓展功能。粉丝群能实现一些直播间所没有的玩法，比如表情包、链接分享等。粉丝群的名称、群内等级称号等细节设置也有助于深化主播和粉丝的情感关系。

粉丝群是一种私密性和公开性兼具的交流渠道，主播要挖掘粉丝群集中式社交的推广优势，构建起"私域＋直播"的流量引导模式。

2. 利用社交媒体平台分享个人动态

社交媒体平台作为信息自我选择、个性自我发展、形象自我呈现的网络虚拟社区，是展现个性的绝佳舞台。常见的社交媒体平台分为两大类：一类是独立平台，比如微博、小红书等；另一类是内嵌平台，比如斗鱼鱼吧、哔哩哔哩动态等。主播利用社交媒体平台主动分享个人动态，能创造更多与粉丝互动的机会。

好奇心和窥探欲，人皆有之。维护个人动态的核心是乐于分享的态度，即积极主动地向粉丝分享他们想知道或想要他们知道的事情。个人动态包括工作动态和生活动态两方面：

工作动态方面，包括主播直播前后的实时状态更新，比如妆造变化、服装风格改变、直播间布景升级等；重要事件的通知，比如开播预告、直播间邀请的嘉宾、直播概要等；主播参与直播平台的活动，比如线上冲榜、线下见面会等。

生活动态方面，主要是呈现主播的日常生活，比如个人心情、自拍、街拍、新购置的物品和自己对某些热点事件的看法等。这两方面有机结合才能构建起主播真实且鲜明的个人形象，让粉丝在直播之外深入了解主播的个性特征和兴趣爱好。主播的个人形象越鲜活，越能拉近与粉丝之间的距离。

除了工作动态和生活动态外，利用社交媒体平台做直播内容的总结和扩展，也不失为一种选择，比如游戏类主播做技巧总结，电商类主播做优惠券汇总，生活类主播做探店分享等。社交媒体平台作为公开的信息发布渠道，如果主播分享的内容足够优质，同样有机会吸引到一些感兴趣的游客用户加以关注。

3. 与粉丝开展点对点式交流

粉丝群和社交媒体平台是面向整个粉丝群体的“点对面”式交流渠道，主播需要保留一定数量的“点对点”式交流渠道。毕竟“点对点”式交流是对接最精准、见效最显著的互动方式，能使主播的存在感延伸到粉丝的生活之中。当然，由于时间和精力所限，“点对点”式交流不可能覆盖到所有的粉丝，“抽选幸运粉丝，抓住核心粉丝”是开展“点对点”式交流一项可行的方法。

“抽选幸运粉丝”的关键在于随机性和不确定性，要让粉丝知道自己有概率会被主播注意到。常见的方式有以下两种：

第一，不定期地“翻牌”部分粉丝。粉丝对主播个人动态的评论留言、主播所眼熟的粉丝发布的动态、粉丝在其他地方提及了主播，主播可以选择其中有趣且具有宣传作用的内容进行点赞、转发或者评论。在公开的社交媒体平台上，人人都有获取关注的渴望，如果粉丝借主播增加了曝光度，会产生莫名的幸福感，甚至心生感激。

第二，不定期给予粉丝回馈。利用抽奖回馈粉丝是增进主播与粉丝情感的低成本方式，抽奖物品可以是零食、奶茶、游戏皮肤等，也可以是签名照、日常爱用物等带有主播个人色彩印记的物品。经常给予粉丝一些恩惠不仅能表达主播对粉丝的挂念和感谢，还能及时笼络住粉丝的心。

“抓住核心粉丝”的关键在于给予经常打赏主播以及每天都来观看直播的核心粉丝特别的关注，以对待朋友的态度坦诚相待。在获得核心粉丝的打赏时，主播要习惯性地截图保存，在下播后私聊说一声谢谢，感谢他们的支持。有些主播还会选择给打赏礼物很多的粉丝返还一定比例的金额，以刺激持续的消费。主播每天努力直播，希望得到打赏；同理，打赏的粉丝也希望能有所回报，很多时候主播说一句感谢的话其实已经足够，这种感恩的态度就是对粉丝最大的尊重。对于核心粉丝，主播可以选择添加微信或 QQ 进行交流，日常聊天时尽量少提及直播的话题，应该着重分享有趣和开心的事情，设身处地为他们排解负面情绪。在核心粉丝的生日和重大节庆等重要日子里，主播及时送上问候和祝福，可以让粉丝充分感受到主播的真诚和关心。

第三节 粉丝管理原则与策略

通过经营和维护粉丝，赢得粉丝的追逐和持续关注后，如何实现对粉丝群体的长期有效管理成为核心问题。主播和粉丝是互相影响、互相满足、互相成就的关系，主播的价值观对粉丝有显著的导向作用，主播若是带了坏头，就会败坏其粉丝群体的风气；若不有效地管理粉丝群体，一旦出现负面的群体极化现象，粉丝的行为会变得盲目且不受控制，难免会给主播甚至社会带来不良的影响。主播既要坚守原则，也要执行相应的策略，才能引导粉丝群体一直处在健康良性的发展道路上，使之与主播共同成长。

一、粉丝管理的五项原则

粉丝管理的关键在于塑造主播与粉丝之间正确且合理的相处方式，任何畸形的、不恰当的相处方式，对主播而言都是危险的信号。主播进行粉丝管理需要遵循一定的原则，最重要的是坚持自我，只有自己站得住，才有管理粉丝的资本；与粉丝互动交流的时候，要坚持正向引导和保持适当的距离；面对粉丝打赏的时候，要积极倡导粉丝理性消费，量力而行；在粉丝脱粉离开的时候，也道一声祝福，好聚好散。

（一）坚持自我的原则

与传统意义上基于血缘、地缘和业缘建构而成的组织化群体不同，粉丝群体本质上属于自组织群体，成员独立性强、情绪容易被煽动，不存在绝对意义上的权力中心。由于缺乏必要的现实约束，粉丝群体所制定的群体行为规范难以保证所有成员时时刻刻遵守。在绝大多数情况下，主播对粉丝群体的管理是通过自身行为的言传身教和互动交流中的价值观传递，以潜移默化的方式去改变粉丝的观念。从管理方式上看，主播可以视作粉丝群体的精神领袖。主播对粉丝管理产生效力的基本前提是主播自身的形象立得住，有足够的权威去领导粉丝，这就要求主播坚持做真实的自己。

粉丝对主播是带有想象心理的，一方面粉丝喜欢主播所展现出来的形象，会有向其形象靠拢的欲望；另一方面，之所以粉丝向其形象靠拢，是因为主播的形象与粉丝所幻想的形象相契合，他们会希望主播一直保持他们心目中所预设的形象。这种想象心理很多时候会使粉丝由最初的喜爱和向往，转化为后续对主播的“绑架”。因此，主播要保持清醒的头脑，不能因为得到粉丝的追捧就飘飘然，而丧失了对自己的正确判断和认识，远离了真实的自己，去做粉丝幻想中的那个“人”，一旦粉丝的幻想破灭，主播就会跌进无尽的深渊。

（二）正向引导的原则

随着网络直播平台成为网络信息交流的重要场所，知名头部主播的用户规模已经高达百万甚至千万人，称得上是名副其实的"网络意见领袖"，其在直播间里的一言一行能带来巨大的舆论影响。北京青少年法律援助与研究中心于2019年发布的《中国未成年人网络保护法律政策研究报告》指出，青少年观看直播的比例达到45.2%，近一半的青少年在观看网络直播。[①] 青少年用户由于"三观"还未完全形成，经过直播的耳濡目染，主播的"三观"会对其思想认识和价值观点产生深远的影响。青少年粉丝观看直播的目的大多单纯，可能是主播的直播氛围轻松，是他们的减压神器；也可能是主播的直播诙谐幽默，是他们的快乐源泉。主播需要树立好的榜样，将双方赖以信任的美好关系维持下去。

"能力越大，责任越大"，主播通过直播获得报酬和影响力的同时，理应承担相应的社会责任，即树立正确的价值观，传播正能量。随着各类法律法规的逐步完善，拼颜值、秀下限和打法律"擦边球"等做法纵使一时喧哗，终究还是会被时代所抛弃。主播要光明正大地做人做事，坚决不触碰法律底线，不违背社会良俗和道德规范，引导自己的粉丝做高素养的好公民。

（三）保持距离的原则

与基于现实关系所形成的线下情感关系不同，主播与粉丝基于直播间和粉丝群的互动交流所形成的线上情感关系有其特殊性，即始终是一种有限度的联结，双方看似很接近，实质上又很疏远；前一秒可能还亲密无间，后一秒可能就形同陌路。更重要的是，主播和粉丝对这种多变且若即若离的关系是心照不宣的，就好像主播获得粉丝的打赏，用"大哥"或"姐姐"等称谓称呼并感谢粉丝时，所有人都清楚地知道，粉丝不会成为真正的"大哥"或"姐姐"，这不过是回应粉丝"暧昧"情感需求的一种话语表达策略。[②]

粉丝与粉丝之间亦是如此。虽然粉丝们在粉丝群中会以"姐妹"和"兄弟"相称，但并不代表无所顾忌、无所不谈。互动内容可以是闲谈八卦，可以是天气心情，也可以是好物推荐，但大家都会默契地不涉及任何关于个人身份、工作情况、现实家庭等话题。实际情况是，粉丝们尽管每天都在闲聊，聊了很多话题，但互相之间依然不知道他是谁，长什么样子，人在哪里，做什么工作。

网络粉丝群体的信息匿名性、时空跨越性、交往扁平性等特点促进了主播与粉丝之

---

① 新京报社论.未成年人做主播，应有明确年龄限制.[EB/OL].(2019－08－25)[2021－02－22].https://mp.weixin.qq.com/s/oB7fMOuMg3Psgv25WLgzFg.

② 董金权，罗鑫宇."情感"视角下的网络直播——基于30名青年主播和粉丝的深度访谈[J].中国青年研究，2021(02):90－96.

间情感的快速联结。在信息碎片化和社会个体化进程中，人们急需情感的陪伴，但面对素未谋面、不知底细的情感对象，心存防备是很正常的心理。因此，主播与粉丝之间的情感推进是有限度的，毕竟各有各的现实生活，双方都无需刻意强求。在直播以外，主播与粉丝应当保持“点到为止”的适当距离。

（四）理性消费的原则

直播行业发展至今，能经历大浪淘沙留下的主播皆不是等闲之辈。娱乐类主播的一曲高歌和曼妙舞姿，游戏类主播一波精妙绝伦的操作，生活类主播一段朗朗上口的搞笑段子，都能轻易地引爆直播间的气氛。面对自己喜爱的主播，众多粉丝竞相争宠，各种昂贵道具刷得不亦乐乎，直播间的气氛在满屏闪烁的道具特效中达到高潮。在争风吃醋、你来我往的火热气氛下，一些性格较软或者社会经验不足的人往往会被这种疯狂的气氛所感染，陷入非理性的状态，进而参与到这场特效“盛宴”之中，最终在主播惊喜的神色和一声声的道谢中，感到心满意足，却忽视了实际花费的多少，这就是俗称的“上头”①了。

不少主播非常向往自己的直播间充斥着“上头”的氛围，其实不然，这种情况反而最应当警惕。在集体“上头”的氛围中，主播大多会失去对直播间的控制权，直播间内“斗富炫富”的局面一旦发酵，后续的社会影响会给主播的声誉带来不可逆的伤害。“上头”的直播氛围就如同美丽的罂粟花，尽管主播能在短期内获得不菲的收益，但其中的风险和后遗症很可能是“不可承受的痛”。主播有责任劝导粉丝在观看直播时，量入为出，适度消费；避免盲从，理性消费。

（五）好聚好散的原则

作为公开的网络虚拟空间，直播间具有充分的开放性和自由性，粉丝想来就来，想走就走。直播用户一般不会只关注一个主播，而是会以多个主播的粉丝身份在不同的直播间中来回穿梭，途中作短暂地停留以观察直播内容，直到选定此时此刻想要观看的主播。在寻找直播间的过程中，用户不停地转换观看的需求，说明用户对不同主播的关注既是有差异的，也是在不断变化中的。

由于粉丝的流动性很大，主播每一场直播都会伴随着新粉丝的加入与老粉丝的离去，主播的正确态度应该是粉丝来了，热情地欢迎；粉丝走了，不刻意挽留。主播自身的情感需要合理地进行分配，以便周旋于新老粉丝之间，既不因为宠爱新粉，使老粉心寒离去；也不因为偏爱老粉，使新粉感到无趣。至于粉丝会在直播间停留多久，就不是主播能够顾及的事情了。主播要明白“老人不走，新人不来”的道理，抱有“好聚好散”的平和

---

① “上头”是一个网络词语，指一时冲动、失去理智。

心态，珍惜与每个粉丝在一起的时光，粉丝离去时不觉得惋惜，持续努力推进自己的直播事业。

二、粉丝管理的五个策略

粉丝因主播而聚集，主播对粉丝的行为负有引导责任和约束义务。主播在坚守原则的同时，需要辅以相应的策略，从多方面开展粉丝管理，包括建立与真实自己一致的人设，正向引导粉丝群体的风气，规避安全与利益风险，倡导粉丝合理适度地消费，理智对待粉丝的脱粉离去。实现主播与粉丝的和谐相处与共同成长是主播进行粉丝管理的最终目标。

（一）建立与真我一致的人设

建立人设是主播经常采用的宣传方式，人设没有好坏优劣之分，但是主播需要谨慎考虑建立怎样的人设。不少主播会以粉丝的喜好为基础，建立与真实的自己相差甚远的人设，这实际上是相当危险的举动。虚幻的人设由于缺乏现实的根基，一旦人设崩塌就会带来诚信危机，严重破坏主播的口碑和名誉。只有真实的自己才是最好的人设，主播要“以我为主”地寻找适合自己的定位。

主播的粉丝群体就如同一个小社会，里面聚集了不同性格和不同爱好的人。主播与不同的粉丝沟通，会收到不一样的观点和评价，主播要理性地鉴别和选择性地吸纳粉丝的反馈，不能完全被粉丝牵着鼻子走。如果主播只会投其所好，对粉丝的要求一味地妥协，不断远离真实的自己，迟早会被粉丝所反噬。粉丝不会喜欢一个毫无主见和想法的主播，主播坚持自我也不意味着固执和偏激，而是应该通过话语表达和形象展示把自身的独特魅力呈现出来。主播与粉丝的相互了解、相互适应和相互接纳本就是一个长期的过程，只有主播坚持自我、不随波逐流，才能更好地引领粉丝。

（二）正向引导粉丝群体风气

作为粉丝群体的精神领袖，主播对粉丝群体的风气净化有举足轻重的作用，主播可以从不传播负能量、不造谣引战和积极回馈社会三方面入手，对自己的粉丝群体施加正向的引导。

首先，主播不要传播负能量。如果主播的戾气很重，总是在直播间里自怨自艾，散播悲观消极的言论，会使直播间长期处于低压状态。丧气话说多了，不仅主播的情绪低落，粉丝的情绪同样会大受影响。如果主播某天的心情实在糟糕，宁可选择请假不播，都不应该公开地散播负能量。此外，坚决不做违背法律法规和社会道德良俗的事情，不少主播就是因为突破了底线而遭到全网封禁，比如调侃南京大屠杀和东三省沦陷等民族惨痛记忆的主播“陈一发儿”；公然篡改国歌曲谱，以嬉皮笑脸的方式表现国歌内容的主播

"莉哥 OvO"等，都是前车之鉴。

其次，主播不要造谣引战。粉丝群体的情绪极其容易被煽动，有时候主播的一两句调侃就能引起粉丝的护主心理，造谣攻击和拉踩引战的副作用就更甚了。因主播煽动而形成的网络舆论风暴，除了带来多方的粉丝混战和当事人的反目以外，只会留下"一地鸡毛"，引发路人用户对主播及其粉丝群体的反感。互撕、拉踩和人肉搜索等行为在严重占用网络公共资源的同时，还会严重扰乱正常的网络传播秩序，给涉及其中的人带来深远的伤害。

最后，主播要积极回馈社会，参与社会公益活动，树立正面的形象。秉持什么样的态度为社会做出什么样的贡献，是衡量一个人社会价值的重要标准。主播得到粉丝的追捧，就有责任和义务给粉丝树立好的榜样。主播"牛哥追梦"用两年时间以直播的方式，帮助了 50 名流浪汉回到家乡与家人团聚；主播"PDD"花费百万在内蒙古多伦县捐建希望小学；主播"大锤哥"连续三年给家乡四川的贫困山区儿童捐赠物资等；无不是积极回馈社会，向粉丝传递正确价值观的体现。

（三）规避安全与利益的风险

主播与粉丝保持合适的距离，不意味着断绝与粉丝的互动交流。主播与粉丝的正常互动是直播工作的要求，最终目的是实现更好的直播效果，而超越这个目的的互动就隐藏着巨大的风险，保持一定的距离恰恰是对主播的一种保护。

在直播之外，主播应该避免过分介入粉丝的日常生活，谨慎对待粉丝的线下邀约。一方面，不少主播并非先天丽质，在直播间里需要依靠服装、妆造、打光和摄像头美颜效果，才能在直播时达到较好的出镜效果，而脱离了这些道具和滤镜后，如果主播的真实相貌与粉丝预想的形象有较大的差距，难免会令粉丝感到失望。另一方面，仅通过线上的交流，主播很难完全了解粉丝的底细，哪怕线上相聊甚欢，在现实生活中屏幕对面是一个怎样的人，谁都无法确定，而且主播私下相约后，被骗财骗色的新闻屡见不鲜，主播多留一些心眼是没有坏处的。

主播与粉丝的利益关系应该只存在于直播平台之内，在平台之外不要与粉丝产生利益纠葛。直播平台以中间人的身份为主播和粉丝提供服务，平台对粉丝的打赏进行抽成，是直播行业的游戏规则。如果主播在平台之外与粉丝形成利益关系，比如允许粉丝绕开平台私下进行打赏，就会面临多重风险：

第一，粉丝不通过平台打赏会直接影响直播间的人气值，一旦直播间变得冷清，就很难持续吸引到新粉丝，久而久之直播间的人气值很可能将一蹶不振，属于杀鸡取卵的行为。

第二，主播会面临法律上的风险，粉丝通过平台进行打赏是以接受平台规则为前提的，如果绕开直播平台，主播接受粉丝打赏的行为有可能会遭到非议，粉丝私下打赏后，又反悔起诉主播诈骗的案例已经出现。

第三，主播会面临道德上的两难，所谓“拿人手短，吃人嘴软”，主播私下收取粉丝的礼物或者现金后，如果粉丝提出一些越界的要求，主播在道义上往往难以拒绝。

（四）倡导粉丝合理适度消费

粉丝的消费固然是主播重要的收入来源，但主播如果“吃相太难看”，依旧会遭到粉丝的抵制。粉丝的消费以自愿为原则，细水长流才是粉丝经营的正道，把粉丝的价值一下子榨干显然是竭泽而渔的做法。主播在直播中应当倡导粉丝合理和适度地消费，“大家不用老刷礼物，这太破费了”“如果有心，刷一点小礼物，领个粉丝徽章”“大家经常来看我，每天刷点亲密值就行了”。只要主播维持住双方的情感关系，培育粉丝正确的消费观，粉丝的消费自然会出现，反倒是通过“卖惨”等方式逼迫粉丝消费的做法，只会让粉丝感到寒心而选择离去。例如，在2018年的斗鱼粉丝节上，有主播在直播间里不停地“卖惨”求粉丝刷礼物，但斗鱼一哥“指法芬芳张大仙”，选择停播以避开粉丝节活动，由于他的粉丝以学生居多，他还特意强调不要刷礼物，表示这种荣誉对自己毫无作用，粉丝留着钱吃吃喝喝都比刷礼物要实在，这番表态收获了大量粉丝的好感。①

（五）理智对待粉丝脱粉离去

主播直播事业的推进、个人条件的变化和社会风气的转变，都会不同程度地影响主播的直播风格和直播内容，根据实际情况进行风格和内容的转型是每个主播在直播生涯中绕不开的话题。有些主播的转型是主动的，比如发现了更适合自己的领域发展。但大多数情况下，很多主播的转型是被动的，比如游戏类主播随着技术水平的下滑，就需要从技术流向娱乐流转型，同时商业因素也是导致主播转型的一大原因。生存的压力是每个主播都不得不去面对的，转型必然是权衡诸多利弊后做出的决定。因此，在转型的过程中，面对老粉丝的流失，主播需要理智地对待，以加快与新粉丝的磨合和适应新角色为重，踏实地推进直播事业。

本章小结

本章从粉丝的类型与特点、粉丝的经营与维护、粉丝管理原则与策略三个方面，对主播进行粉丝经营与管理的方法进行了全面的梳理和阐释。随着主播与粉丝之间情感关系的不断加深，相互依存和相互需要成为双方关系中的主题词，没有粉丝，主播很难

---

① 搜狐网.斗鱼粉丝节：有主播哭着求礼物，良心张大仙却停播让粉丝别花钱！[EB/OL].(2018－06－29)[2021－01－21].https://www.sohu.com/a/238421334_156412.

继续进行直播事业；没有主播，粉丝获取不到直播的乐趣，粉丝群体也无法聚集而成。主播需要正确认识和妥当处理与粉丝之间的关系，对粉丝的类型及其特点有确切的理解，有步骤、有章法、有目的地进行粉丝经营和维护，有计划、有条理、有策略地进行粉丝管理。在经历了野蛮生长到规范发展的转变后，粉丝群体的组织化程度越来越高，社会影响力越来越强。主播经营和管理好粉丝群体，不仅是道义上的责任，更是法律上的要求。主播在以身作则的同时，需要主动引导和应对粉丝的不理性行为，敢于发声，不能视而不见。

思考与练习

1. 如何确定直播用户的粉丝身份？
2. 不同类型的粉丝观看直播的目的有哪些区别？
3. 结合具体案例，分析直播用户的打赏心理有哪些表现形式？
4. 主播如何提升与粉丝的沟通效果以更好地获取粉丝反馈？
5. 结合具体案例，列举主播进行粉丝管理需要遵循的原则及其对应的策略。

第十章　网络直播伦理与法规

学习目标

1. 理解网络直播伦理的含义和功能。
2. 熟知网络直播伦理的类型与要点。
3. 掌握网络直播相关法规及其主要内容。
4. 理解网络主播与网络直播平台的义务。
5. 熟悉网络直播问题的表现、原因与治理举措。

随着网络直播的日益普及，直播平台成为网络用户学习教育、休闲娱乐、消费购物、营销推广、传播文化与获取信息的重要渠道，但同时存在直播内容低俗、泄露隐私、数据造假、侵犯版权、营销诈骗等问题，亟需监管与治理。作为调节网络直播中人与人之间、人与直播平台之间关系的一种行为规范，网络直播伦理能够通过“软法”的作用从内在层面约束相关主体行为。而法律法规则从外部层面明确网络直播相关主体的义务、权利和责任，对网络直播中出现的违法违规行为加以惩治与规范。实施网络直播伦理与法规，有利于打造清朗的网络直播空间，推动网络直播行业健康持续地发展，本章就网络直播伦理与法规进行探讨。

第一节　网络直播伦理

伦理是指人与人之间相互对待的普遍性的道理或“应该”的状态，表征的是人类生活的秩序以及秩序之间的关系，含有人们在处理人伦关系时所应该遵循的准则、规范等意思。[①] 在网络直播中，伦理问题时常出现，由此要有相应的伦理规范。网络直播伦理是指通过互联网平台开展直播活动时行为主体所应遵循的行为准则和道德规范。本节就网络直播伦理的功能、类型及其要点加阐述。

① 王泽应. 伦理学[M]. 北京：北京师范大学出版社，2012：02.

一、网络直播伦理功能

网络直播伦理主要涉及直播内容、知识产权、隐私安全、网络营销等方面的行为规范，目的在于避免网络直播中伦理问题的发生，从而规范网络直播行为，确保文明直播。网络直播伦理功能主要表现在以下三个方面。

（一）抑制网络直播问题

根据第49次《中国互联网络发展状况统计报告》，截至2021年12月，我国网络直播用户规模为7.03亿，占网民整体规模的68.2%。[①] 网络直播的普及，使得网络伦理问题已经从简单的个人行为升华为群体行为，乃至成为超现实行为。[②] 网络直播本身没有善恶之分，但是网络直播服务的使用者却可以按照个人对信息的理解充当信息内容的传播者，有些直播主体动机不纯，观念不正，往往导致错误的思想与价值观得以传播，影响恶劣。而且，网络直播的兴起模糊了信息生产者和传递者之间的界限，使得信息生产和传播大众化、草根化，不可避免导致信息质量良莠不齐、不良信息泛滥等问题。因此，为了维护网络直播秩序，营造清朗健康的网络直播空间，网络直播行为主体需要共同遵守网络直播伦理，使直播内容符合社会主义核心价值观和伦理规范。网络直播伦理内化为个人行为规范，有利于规避网络直播问题的发生。

（二）规范网络直播主体行为

网络直播主体是指从事网络直播的工作人员，主要包括网络直播服务的提供者、运营者与使用者，在网络直播中工作人员哪些行为该做，哪些不能做；提倡什么，禁止什么等内容在网络直播伦理中一般都有明确的行为准则。从事网络直播的人员要学习理解并自觉遵守这些伦理公约，在日常直播实践中规范自己的行为，确保直播内容不走歪，直播行为不走偏。网络直播伦理倡导正确的价值取向与行为规范，实现对直播者行为的引导功能；对不符合伦理道德和规范准则的行为进行批判，促使行为主体建立起正确的伦理观念；从心理层面激发网络直播者对行为准则的认同，鼓励其摒弃违背伦理道德的行为，最终使得直播行为符合网络直播伦理所期望的结果。总之，网络直播伦理能够在潜移默化中发挥对直播主体的教化功能，对其言语表达、行为方式、价值观念产生重要影响，从而规范网络直播主体行为。

（三）提升网络直播主体伦理素养

直播平台的管理与运营人员，要增强自身的责任意识与服务意识，自觉执行直播行

---

① 中国互联网络信息中心．第49次《中国互联网络发展状况统计报告》[EB/OL]．(2022－02－25)[2022－04－20]．http://www.cnnic.cn/hlwfzyj/hlwxzbg/hlwtjbg/202202/t20220225_71727.htm.

② 宋吉鑫．网络伦理学研究[M]．北京：科学出版社，2012:53.

业伦理公约，为主播提供便捷的网络服务，为用户提供更好地用网体验。网络主播通过学习网络直播伦理知识，客观认识网络直播伦理问题，主动把直播伦理内化为自己的道德行为准则，并在网络直播中践行，不断提升自己的伦理素养，规避网络直播问题。网络直播交流主要是非熟人之间的交流，传统的伦理道德手段在网络直播间里缺少约束力量。因此，要强化对网络直播行为主体道德认同的约束。网络直播伦理能够进一步使得网络用户抵制各种低俗内容和诱惑，具备识别真伪、理性判断的能力，坚持理性表达和参与，提升网络用户的基本道德和素养；能够增强网络直播主体的职业道德和操守，提供更加优质的信息内容，传递社会正能量。如此，从内在层面提高网络直播主体和网络用户的自觉意识，创造网络直播主体与网络用户之间和谐亲近的关系，营造网络直播间良好氛围和环境。

二、网络直播伦理类型

现有网络直播伦理大多以自律公约的形式出现，从网络直播自律公约发布的机构来看，网络直播伦理可分为全国性互联网行业协会发布的自律公约、互联网企业单独或联合发布的自律公约和地方性行业协会发布的自律公约三种类型，下面分别加以阐述。

（一）全国性行业协会发布的与网络直播相关的自律公约

全国互联网行业协会是互联网企业连接政府与网民的重要桥梁，在规范网络直播平台和从业者行为，以及推动直播行业健康有序发展方面发挥重要作用。与网络直播相关的全国互联网行业协会主要有中国互联网协会、中国网络社会组织联合会、中国演出行业协会、中国网络视听节目服务协会、中国音像与数字出版协会、中国广告协会等。其所制定颁布的与网络直播相关的自律公约，是网络直播平台及其直播人员要遵守的行为准则，规范直播从业者行为。

具体而言，全国互联网行业协会发布的与网络直播相关的自律公约内容主要涉及两个方面。

一是强化直播平台的监管责任。例如，中国音像与数字出版协会游戏出版工作委员会与会员单位以及相关游戏企业共同发起的《网络游戏行业防沉迷自律公约》，要求平台落实实名认证，精准识别用户；筑牢安全防线，抵制不良内容；遵守市场秩序，杜绝违规行为。中国网络视听节目服务协会发布的《网络短视频平台管理规范》，提出平台要对标题、简介、弹幕、评论等内容进行审核，落实账户实名制管理制度；《网络短视频内容审核标准细则》针对网络视听领域存在的不足和薄弱环节，分别对短视频服务的网络平台以及网络短视频内容审核的标准进行规范。中国演出行业协会发布的《构建清朗网络文化生态自律公约》提出要完善网络平台公众投诉举报机制，加强行业自律协同等。

二是重视规范直播行为。例如，中国广告协会颁布的《网络直播营销行为规范》，规定了商家、主播、平台以及其他参与者等各方在直播电商活动中的权利、义务与责任。其中明确禁止刷单、炒信等流量造假以及篡改交易数据、用户评价等行为，商家不得发布产品、服务信息虚假宣传广告，欺骗、误导消费者。中国互联网协会发布的《用户个人信息收集使用自律公约》引导和督促互联网企业规范收集和使用用户个人信息行为，努力营造健康、诚信、安全的网络生态环境。

（二）互联网企业单独或联合发布的与网络直播相关的自律公约

互联网企业既推动了网络直播行业的发展，又负有直播平台管理的主体责任，对规范直播行业市场秩序、构建健康直播生态环境具有重要作用。与网络直播相关的互联网企业主要是一些大型互联网公司，例如阿里巴巴、京东、腾讯、网易、拼多多、字节跳动、快手科技等。互联网企业发布的一些自律公约，主要是遵从国家相关法律规范的要求，制定相关的行为规范，履行其主体责任。

互联网企业发布的与网络直播相关的自律公约一般包括企业单独发布与联合发布两种类型。

一般来说，开展网络直播的互联网平台均有相应的自律公约，主要围绕本直播平台/网络社区制定一些行为规范。例如，《淘宝直播平台管理规范》对主播发布危害信息、淫秽色情信息，利用恶意手段干扰直播正常秩序的行为、发布不实信息等十三类违规内容，作出了对应的违规处理。抖音发布的《“抖音”用户服务协议》中对用户行为要求、信息内容使用规范、知识产权、未成年人使用条款、违约处理等方面均有详细的规定。

互联网企业联合发布的自律公约则针对直播平台存在的经营者责任落实不到位、平台恶性竞争、虚假宣传、违法广告发布、私下交易、网民或消费者权益受损等普遍问题，共同制定或签署发布的自律公约，例如，《互联网平台经营者反垄断自律公约》主要以维护市场公平竞争秩序、重视消费者福利保护、加强自主创新为原则，倡议各互联网企业积极推进行业自律，共同创造良好行业竞争环境。阿里巴巴、腾讯、字节跳动、华为、百度、京东、科大讯飞等 33 家互联网企业，成为首批签署该公约的企业。抖音、快手、京东 3 家企业共同发布《网络直播和短视频营销平台自律公约》，近百家互联网信息服务平台签署公布《互联网企业切实履行主体责任 建设文明网络生态承诺书》，等。这些自律公约的内容主要涉及完善平台内部管理规定、弘扬健康网络文化、倡导公平竞争、保障网民合法权益、加强未成年人保护、共同维护网络传播秩序等方面。

（三）地方行业协会发布的与网络直播相关的自律公约

地方互联网行业协会是全国互联网行业协会在不同地方的分支，一方面接受本级政府民政部门、网信办的指导和监督，另一方面履行行业协会的基本职责。在网络直播方面，地方互联网行业协会的功能主要是督促本地互联网企业履行主体责任，维护网络直播生态环境和推动网络直播行业健康发展。

地方行业协会发布的与网络直播相关的自律公约不多，目前代表性的有三个：

一是北京网络文化协会于 2016 年 4 月发布《北京网络直播行业自律公约》，这是最早发布的关于网络直播行业的自律公约。该公约是与百度、新浪、搜狐、爱奇艺、乐视、优酷、酷我、映客、花椒等 20 余家从事网络表演(直播)的主要企业共同发布的，针对网络直播平台管理、违规直播内容处置、实名认证等内容进行了具体的规定。

二是浙江省网络视听节目建设和管理协会网络直播专业委员会于 2017 年 1 月发布《浙江省网络直播自律公约》，根据公约，所有网络主播必须进行实名认证，所有直播房间内添加水印，所有直播进行内容存储以备查，要完善网络信息内容安全审核等各项管理制度。

三是广东省网络表演(直播)委员会于 2022 年 1 月发布《广州地区网络直播生态治理公约》，该公约分别对网络直播平台、网络直播经纪机构、网络主播及文艺工作者提出了相应的要求，强调网络直播平台应健全内容审核机制，加强未成年人保护，引导用户理性消费等。总体来看，全国地方性行业协会还需进一步完善网络直播领域的相关自律公约。

综上所述，我国现有网络直播伦理公约的名称、发布机构及发布时间如表 10-1 所示。

表 10-1　网络直播自律公约一览表

类型	自律公约名称	发布机构	发布时间
全国互联网行业协会类	《中国互联网行业自律公约》	中国互联网协会	2004 年
	《网络短视频平台管理规范》	中国网络视听节目服务协会	2019 年
	《用户个人信息收集使用自律公约》	中国互联网协会	2019 年
	《网络直播营销行为规范》	中国广告协会	2020 年
	《网络游戏行业防沉迷自律公约》	中国音像与数字出版协会	2021 年
	《网络短视频内容审核标准细则》	中国网络视听节目服务协会	2021 年
	《构建清朗网络文化生态自律公约》	中国演出行业协会	2021 年
	《直播行业自律倡议》 《公会自律倡议》	中国网络社会组织联合会、中国网络视听节目服务协会及中国演出行业协会联合抖音直播共同发起	2022 年

续表

类型	自律公约名称	发布机构	发布时间
互联网企业类（部分）	《淘宝直播平台管理规范》	淘宝网	2017年
	《“抖音”用户服务协议》	抖音（北京微播视界科技有限公司）	2020年
	《网络直播和短视频营销平台自律公约》	抖音（北京微播视界科技有限公司）、快手（北京快手科技有限公司）、京东（北京京东世纪信息技术有限公司）	2020年
	《互联网平台经营者反垄断自律公约》	阿里巴巴、腾讯、字节跳动、华为、百度、京东、科大讯飞等33家互联网企业	2021年
	《互联网企业切实履行主体责任 建设文明网络生态承诺书》	近百家互联网信息服务平台	2021年
地方行业协会类	《北京网络直播行业自律公约》	北京网络文化协会	2016年
	《浙江省网络直播自律公约》	浙江省网络视听节目建设和管理协会网络直播专业委员会	2017年
	《广州地区网络直播生态治理公约》	广东省网络表演（直播）委员会	2022年

三、网络直播伦理要点

网络直播伦理涉及内容很多，这里选择几种主要的直播伦理加以介绍，主要包括直播内容伦理、知识产权伦理、弹幕评论伦理、隐私安全伦理、信息数据伦理和网络营销伦理。下面逐一阐述其要点。

（一）直播内容伦理规范

直播内容伦理是指网络直播的内容要符合社会主义核心价值观，传播正能量，为网络用户提供真实准确、健康有益、积极向上的内容的行为规范。网络直播平台或主播应当围绕弘扬社会主义核心价值观，加强正向议题设置和发布正能量内容。针对网络直播间中有时出现一些色情、暴力等不良内容，污染社会风气的问题，网络直播平台要肩负起维护直播空间公序良俗的责任，进行24小时实时监管，对发布含有违法违规内容的账号予以限流、禁言、清理，将涉及违规的主播拉入黑名单；网络主播要贯彻网络伦理道德行为准则，尊崇社会道德风尚，规范自身行为，提供优质的直播内容，不能以吸流量为目的而直播不健康的内容。例如，一口气吃掉10屉包子、20个汉堡、10斤牛肉、100斤小龙虾的“大胃王吃播”，因弄虚作假、糟蹋粮食而被推上了风口浪尖。以畸形的饮食方式吸引眼球，既有害个人健康，也造成食物浪费。[①] 这种为博眼球、赚流量的“吃播”乱象，违背社会伦理，主播失职，平台失责。

（二）知识产权伦理规范

知识产权是智力创造成果的拥有者依法享有对其成果的专用权利。[②] 知识产权伦理是指保护知识产权所应遵循的行为准则。在网络直播中，有些为了谋取不当利益的网络主播或直播机构未经著作人许可就转发、引用、剪辑他人成果，转化为自己的网络产品，获取流量和经济利益，侵犯著作人的合法权益。网络直播带货过程中，网络主播未经许可，在其制造或者销售的产品上标注他人的专利号，或将他人商标直播标注在自己所营销产品上与其他宣传材料中。未经授权删改视听作品及片段等。这些网络直播中发生的知识产权侵权现象，对产权所有者造成利益损失和负面影响。因此，网络直播平台和网络主播应当履行知识产权保护的责任，严格遵守保护知识产权的伦理准则，在获得许可的情况下合法使用他人知识产品。

（三）弹幕评论伦理规范

网络直播平台一般都具有弹幕评论功能，即为用户提供发表文字、符号、表情、图片、音视频等信息的服务。[③]

首先，作为弹幕评论服务提供者的直播平台，要加强对直播过程中弹幕评论的管理，履行核实用户真实身份信息、建立健全用户信息保护制度、加强弹幕评论审核管理、开发评论信息安全保护和管理技术等义务。完善技术手段加强弹幕内容审核，提高对违规者的惩戒力度。

其次，作为弹幕评论服务使用者的网络用户，应当严格自律，文明互动、理性表达，不得发布法律法规和有关规定禁止的信息内容，干扰网络直播正常秩序。如果发现带有攻击侮辱性词汇的弹幕出现，可以及时向房间管理员举报或关掉弹幕主动屏蔽。

最后，主播在面对不文明的弹幕评论时，要学会克制，真诚沟通、机智应对，不可情绪化地与观众发生争执。发现弹幕中存在语言暴力，应及时发挥其作为偶像的影响力，号召粉丝文明评论，将网络暴力扼杀于萌芽阶段。[④]

---

① 新华网.难看的“吃播”乱象该整治了[EB/OL].(2020－08－21)[2021－02－01].http://www.xinhuanet.com/2020－08/21/c_1126395070.htm.

② 郑洁等.网络社会的伦理问题研究[M].北京：中国社会科学出版社，2011：50.

③ 网信网.互联网跟帖评论服务管理规定[EB/OL].(2018－08－25)[2021－04－21]http://www.cac.gov.cn/2017－08/25/c_1121541842.htm

④ 李君贤.网络直播中弹幕语言暴力机制的形成与消解[J].西部学刊(新闻与传播)，2016，(05)：59－60

（四）隐私安全伦理规范

在网络直播过程中，一些网络主播或用户在未征得他人同意的前提下，就将他人的信息公开在直播内容中，甚至公开直播群体日常生活的内容。这些直播很有可能会涉及身份不特定的他人，而且他人对直播过程可能并不知晓。在随处可直播的时代，当人们处于公共空间，如饭店、商场、宿舍等公共场所，他人将自身行为举止置身于镜头之下，并利用此来获得受众的打赏而获利，此种行为可能已经涉嫌侵犯公民的隐私权。[①] 在户外直播中，如果没有经过当事人同意，直播他人的工作与生活，就会涉嫌侵犯他人隐私权与肖像权。因此，网络直播平台和直播机构在收集、使用用户个人信息前应征得用户同意，在相关法律法规的规定下获得用户同意，并且要为用户个人信息删除提供相应服务，不得设置不合理的注销要求。

（五）信息数据伦理规范

网络直播信息数据伦理规范的主要目的是解决刷粉欺诈和数据造假问题。刷粉欺诈方面，一些网络直播平台为增强其平台影响力，增加网民用户规模，就使用机器人注册粉丝。由于刷粉手段具有技术隐蔽性，容易让人产生很多用户观看直播的错觉。与刷粉欺诈问题相关的是数据造假。数据造假是直播平台利用技术手段篡改后台数据，让用户看到的数据比真实数据高很多。数据造假表面上对用户的利益不会产生直接的影响，目的只是增加聊天室的人气。但是这种行为本质上是属于对用户的欺骗行为。[②] 例如，《抖音网络社区自律公约》就规定，用户不得使用任何非正常手段获取包括但不限于粉丝、播放量、评论、点赞等虚假数据。例如，2020 年双十一期间，李某受邀参与某产品直播带货，直播结束时显示观看人数达 311 万。后经工作人员揭秘，其中只有不到 11 万人是真实存在的，其余 300 万都是花钱购买的机器人，且互动的观众主要是机器人。[③] 网络直播中，信息数据伦理规范要求网络直播平台要坚持经济利益与社会责任并重，坚持行业操守，确保直播中所有数据真实可靠。

（六）网络营销伦理规范

网络直播营销是一种社会化的营销行为，对刺激居民消费具有积极作用，因此规范网络直播营销行为十分重要。对直播营销主体而言，要真实呈现商品信息，保障消费者知情权，不得利用虚假宣传、刷单造假等方式误导消费者，在法律规定的前提下收集和使用他人信息，不违反市场竞争秩序。对主播而言，要充分掌握直播营销的相关知识，不

---

① 闫斌.网络直播行业的法律风险与规制[J].社科纵横，2019，34(02)：75－79.

② 廖鼎乾.我国移动直播平台发展过程中的伦理问题研究[D].暨南大学，2017.

③ 艾媒网."李某经历直播带货造假"事件舆情监测报告[EB/OL].(2020－11－18)[2021－03－25]https：//www.iimedia.cn/c460/75316.html.

得在直播过程中发布违法和有害信息，要保证商品信息真实有效，既遵守与商家的约定又不欺骗消费者，不得从事非法营利行为。对直播营销平台而言，营销平台要依法经营，履行经营者管理义务，加强服务规范，采取有效措施防范主播违法营销行为。伴随着消费者维权意识日益增强，电商直播人员需要提升其网络营销伦理素养，要坚守公平与诚信伦理原则，欺诈、误导消费者的行为最终会损害自身利益。

第二节　网络直播法规

具有即时性、互动性及其内容多样性的网络直播，极大地满足了网络用户的需求，促进了直播产业的发展。然而，网络直播中违法行为时有出现，平台监管难以做到及时有效，由此出现了不容忽视的法律风险。网络直播不是法外之地，所有参与者要遵守网络法规，有关组织机构要加强对网络直播的内容监管与违法处置，明确各方主体的法律责任与义务，提高从业人员的法治素养，为维护网络直播参与者合法权益提供法制保障。下面对网络直播法规的功能、类型及其要点加以阐述。

一、网络直播法规功能

为了规范网络直播行为，打造良好的直播生态，我国近年来陆续出台了系列法规政策，抑制网络直播乱象，打击网络直播违法犯罪行为，取得较为明显的效果。具体来说，网络直播法规具有以下功能。

（一）维护网络直播空间秩序

网络法律法规的首要任务是维护网络秩序。[①] 当前，网络直播存在的问题主要表现在利用网络直播颠覆国家政权、煽动宗教极端主义、宣扬民族分裂思想、教唆暴力恐怖等违法犯罪活动；也存在利用网络直播传播淫秽色情、造谣诽谤、赌博诈骗、侵权盗版、侵犯公民个人信息等违法犯罪行为；还存在低俗庸俗、封建迷信、打“擦边球”等违法和不良内容。针对这些问题，近年来，全国人大常委会颁布的《中华人民共和国网络安全法》（以下简称《网络安全法》）、《中华人民共和国电子商务法》（以下简称《电子商务法》）、《中华人民共和国数据安全法》（以下简称《数据安全法》）、《中华人民共和国个人信息保护法》（以下简称《个人信息保护法》）等法律以及政府有关部委出台的《网络信息内容生态治理规定》《网络交易监督管理办法》《网络直播营销管理办法（试行）》等部门规章，为依法治理网络直播问题提供了法律依据。实施这些法律法规，可维护网络直播秩序，有利于打

① 夏燕.网络法律的法理学分析[J].社会科学家，2008(10)：81－83.

造风清气正的网络直播空间。

（二）保障网络直播中各方主体的权益

在网络直播中，涉及直播平台、主播团队、MCN机构以及用户等各方权益。如何保障各方权益不受侵犯，相关法律法规的制定与执行就显得尤其重要。对于网络主播来说，一方面要与经纪公司或网络平台签订协议，明确双方的权利、义务与利益分配方案，另一方面要确保直播的内容符合现行的法律法规，使自己的劳动付出与收益成正比。对于用户来说，无论是获取信息、学习知识还是休闲娱乐、购买产品，用户的知情权、选择权、消费权与表达权等均获得法规的保障。维护网络用户的权利，严厉打击网络直播平台上的诈骗活动，保障网络交易的安全性，守护用户财产安全。在电商直播中，如果用户购买的产品存在瑕疵或问题，则受《中华人民共和国消费者权益保护法》（以下简称《消费者权益保护法》）、《电子商务法》的保护。对直播平台和MCN机构来说，其所享有的权利也受到相关法规的保障。网络直播法规通过界定相关主体的行为规范和权益，确保各个主体依法开展或参与网络直播活动，从而获得相应的收益。

（三）明确网络直播中违规违法行为的法律责任

与网络直播相关的法律法规明确规范了直播主体的行为，对发布不良内容或存在违法犯罪的行为有明确的法律法规条款规定相应的处罚。例如国家网信办、公安部、国家税务总局等七家单位联合颁布的《网络直播营销管理办法（试行）》规定：直播间运营者、直播营销人员从事网络直播营销活动，不得发布虚假或者引人误解的信息，欺骗、误导用户；不得营销假冒伪劣、侵犯知识产权或不符合保障人身、财产安全要求的商品；不得虚构或者篡改数据流量造假；不得骚扰、诋毁、谩骂及恐吓他人，侵害他人合法权益；不得传销、诈骗、赌博、贩卖违禁品及管制物品等；若有违反，给他人造成损害的，依法承担民事责任；构成犯罪的，依法追究刑事责任；尚不构成犯罪的，由网信等有关主管部门依据各自职责依照有关法律法规予以处理。《电子商务法》《个人信息保护法》《网络信息内容生态治理规定》《网络交易监督管理办法》等法律法规对网络直播中的违法违规行为明确了相应的法律责任。实施这些法律法规，可规范网络直播行业人员与相关机构的行为，防范网络直播中违规违法行为的发生，从而构建良好的网络直播环境。

二、网络直播法规类型

为了规范网络直播行为，确保网络直播健康良性发展，全国人大、国务院及其有关部门等相继出台了诸多法律法规，涉及网络直播的法律法规共有40项（搜索截至日期2022年6月30日）。根据法规类型，整理出法律9项，行政法规2项，部门规章24项，司法解释5项，占比情况如图10-1所示。

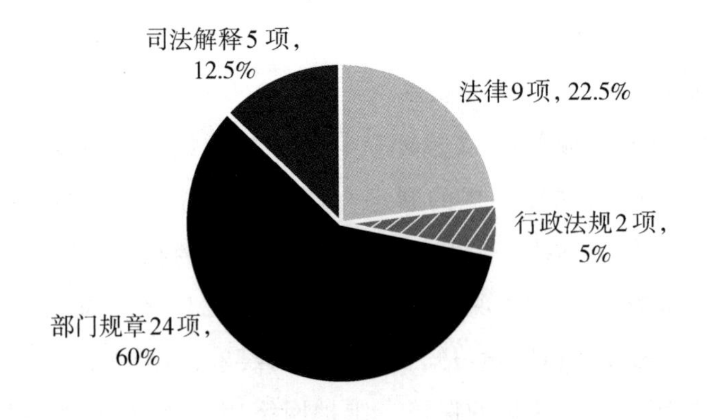

图 10-1　网络直播法规类型占比图

其中，与网络直播有关的法律主要有《网络安全法》《电子商务法》《个人信息保护法》等 9 项；行政法规主要有《互联网信息服务管理办法》《信息网络传播权保护条例》；部门规章主要有《互联网直播服务管理规定》《网络信息内容生态治理规定 》《网络交易监督管理办法》《关于加强网络直播规范管理工作的指导意见》《网络直播营销管理办法（试行）》等 23 项；司法解释主要有《关于审理利用信息网络侵害人身权益民事纠纷案件适用法律若干问题的规定（2020 修正）》《关于审理侵害信息网络传播权民事纠纷案件适用法律若干问题的规定（2020 修正）》等 5 项，具体情况如表 10-2 所示。

表 10-2　网络直播法规类型一览表

法规类型	法规名称	颁布机构	颁布时间
法律（9 项）	《关于维护互联网安全的决定》	全国人大常委会	2011 年修订
	《关于加强网络信息保护的决定》	全国人大常委会	2012 年
	《中华人民共和国消费者权益保护法》	全国人大常委会	2013 年修订
	《中华人民共和国网络安全法》	全国人大常委会	2016 年
	《中华人民共和国电子商务法》	全国人大常委会	2018 年
	《中华人民共和国广告法》	全国人大常委会	2018 年修订
	《中华人民共和国未成年人保护法》	全国人大常委会	2020 年修订
	《中华人民共和国数据安全法》	全国人大常委会	2021 年
	《中华人民共和国个人信息保护法》	全国人大常委会	2021 年
行政法规（2 项）	《互联网信息服务管理办法》	国务院	2011 年修订
	《信息网络传播权保护条例》	国务院	2013 年修订

续表

法规类型	法规名称	颁布机构	颁布时间
部门规章（24项）	《非经营性互联网信息服务备案管理办法》	信息产业部	2005年
	《规范互联网信息服务市场秩序若干规定》	工信部	2011年
	《互联网等信息网络传播视听节目管理办法》	国家广播电影电视总局	2015年修订
	《互联网视听节目服务管理规定》	国家新闻出版广电总局	2015年修订
	《关于印发〈网络表演经营活动管理办法〉的通知》	文化部	2016年
	《关于加强网络视听节目直播服务管理有关问题的通知》	国家新闻出版广电总局	2016年
	《互联网直播服务管理规定》	国家互联网信息办公室	2016年
	《国家网络空间安全战略》	国家互联网信息办公室	2016年
	《互联网文化管理暂行规定》	文化部	2017年修订
	《互联网新闻信息服务管理规定》	国家互联网信息办公室	2017年
	《互联网新闻信息服务许可管理实施细则》	国家互联网信息办公室	2017年
	《互联网信息内容管理行政执法程序规定》	国家互联网信息办公室	2017年
	《具有舆论属性或社会动员能力的互联网信息服务安全评估规定》	国家互联网信息办公室、公安部	2018年
	《关于开展打击网络侵权盗版“剑网2018”专项行动的通知》	国家版权局、工业和信息化部、公安部、国家互联网信息办公室	2018年
	《关于加强网络直播服务管理工作的通知》	全国“扫黄打非”工作小组办公室、工信部、公安部、文化部、新闻出版广电总局、国家互联网信息办公室	2018年
	《网络音视频信息服务管理规定》	国家互联网信息办公室、文化和旅游部、国家广播电视总局	2019年
	《网络信息内容生态治理规定 》	国家互联网信息办公室	2019年

续表

法规类型	法规名称	颁布机构	颁布时间
	《关于加强网络秀场直播和电商直播管理的通知》	国家广播电视总局	2020 年
	《关于加强网络直播规范管理工作的指导意见》	国家互联网信息办公室、全国“扫黄打非”工作小组办公室、工信部、公安部、文化和旅游部、国家市场监督管理总局、国家广播电视总局	2021 年
	《网络交易监督管理办法》	国家市场监督管理总局令	2021 年
	《网络直播营销管理办法(试行)》	国家互联网信息办公室、公安部、商务部、文化和旅游部、国家税务总局、国家市场监督管理总局、国家广播电视总局等	2021 年
	《关于进一步规范网络直播营利行为促进行业健康发展的意见》	国家互联网信息办公室 国家税务总局 国家市场监督管理总局	2022 提
	《关于规范网络直播打赏 加强未成年人保护的意见》	中央文明办、文化和旅游部、国家广播电视总局、国家互联网信息办公室	2022 年
	网络主播行为规范	国家广播电视总局、文化和旅游部	2022 年
司法解释(5 项)	《关于办理利用互联网、移动通信终端、声讯台制作、复制、出版、贩卖、传播淫秽电子信息刑事案件具体应用法律若干问题的解释(二)》	最高人民法院、最高人民检察院	2010 年
	《关于办理非法利用信息网络、帮助信息网络犯罪活动等刑事案件适用法律若干问题的解释》	最高人民法院、最高人民检察院	2019 年
	《关于审理利用信息网络侵害人身权益民事纠纷案件适用法律若干问题的规定(2020 修正)》	最高人民法院	2020 年
	《关于审理侵害信息网络传播权民事纠纷案件适用法律若干问题的规定(2020 修正)》	最高人民法院	2020 年
	《关于审理网络消费纠纷案件适用法律若干问题的规定(一)》	最高人民法院	2022 年

资料来源:根据搜集北大法宝网、中国政府网、中国网信网等网站相关资料汇总后整理。

三、网络直播法规要点

网络直播法规要点主要体现在直播平台资质许可和申请登记制度，以及网络主播、用户与直播平台的义务与法律责任四个方面，下面结合 2016 年以来国家层面颁布的相关法规内容，择其要点加以介绍。

（一）网络直播平台许可证的获取和申请要求

1. 网络直播平台需持有相应的许可证

开展经营性网络表演活动的直播平台须持有“网络文化经营许可证”并进行 ICP 备案；开展网络视听节目服务的直播平台须持有“信息网络传播视听节目许可证”（或在全国网络视听平台信息登记管理系统中完成登记）并进行 ICP 备案；开展互联网新闻信息服务的直播平台须持有“互联网新闻信息服务许可证”。网络直播平台应当及时向属地网信等主管部门履行企业备案手续，停止提供直播服务的平台应当及时注销备案。

2. 网络直播平台申请许可程序和要求

网络直播服务提供者应依法向电信主管部门履行网站 ICP 备案手续，涉及经营电信业务及互联网新闻信息、网络表演、网络视听节目直播等业务的网络直播服务提供者应当分别向相关部门申请取得电信业务经营、互联网新闻信息服务、网络文化经营、信息网络传播视听节目等许可，并于直播服务上线 30 日内按照有关规定到属地公安机关履行公安备案手续（《关于加强网络直播服务管理工作的通知》第一条）。

在网络直播平台申请要求方面，《互联网新闻信息服务管理规定（2017）》第六条强调了申请互联网新闻信息服务许可应当具备的条件；《互联网新闻信息服务许可管理实施细则（2017）》第五条、第六条分别列举了申请互联网新闻信息服务许可的条件和申请材料。

（二）网络主播的义务与法律责任

网络主播作为直播间网络信息内容的生产者之一，其一言一行都会影响网络用户。因此，网络主播应当遵守法律法规，坚持正确导向，大力弘扬社会主义核心价值观，培育积极健康、向上向善的网络文化，维护良好网络生态，维护国家利益和公共利益，营造风清气正的网络空间。同时，相关法律法规对网络主播的义务与法律责任有明确的规定。

1. 网络主播的义务

网络主播作为信息内容生产者之一，鼓励其制作与传播如下内容：宣传党的理论路线与方针政策，弘扬社会主义核心价值观，充分展现中华民族昂扬向上精神风貌的；有效回应社会关切，有助于引导群众形成共识的；讴歌真善美、促进团结稳定等的内容。不得制作、复制、发布、传播含有下列内容的信息：反对宪法所确定的基本原则的；危害国家安全，泄露国家秘密，破坏国家统一的；煽动民族仇恨、民族歧视，破坏民族团结的；破坏国家宗教政策，宣扬邪教和封建迷信的；散布谣言，扰乱社会秩序的；散布淫秽、色情、赌博、暴力、凶杀、恐怖或者教唆犯罪的；侮辱或者诽谤他人，侵害他人名誉、隐私和其他合法权益的内容等(《网络信息内容生态治理规定》第五条、第六条)。

如果主播从事电商直播，则其成为直播营销人员，即在网络直播营销中直接向社会公众开展营销的个人。直播营销人员或者直播间运营者为自然人的，应当年满十六周岁；十六周岁以上的未成年人申请成为直播营销人员或者直播间运营者的，应当经监护人同意。直播营销人员不得发布虚假或者引人误解的信息，欺骗、误导用户；不得营销假冒伪劣、侵犯知识产权或不符合保障人身、财产安全要求的商品；不得虚构或者篡改交易、关注度、浏览量、点赞量等数据流量造假；不得传销、诈骗、赌博、贩卖违禁品及管制物品等；不得在涉及国家安全、公共安全、影响他人及社会正常生产生活秩序的场所从事网络直播营销活动；不得以删除、屏蔽相关不利评价等方式欺骗、误导用户；不得故意拖延或者无正当理由拒绝消费者提出的合法合理要求等(《网络直播营销管理办法(试行)》第十七条、第十八条、第二十条、二十一条、二十五条)。电子商务经营者销售的商品或者提供的服务应当符合保障人身、财产安全的要求和环境保护要求，不得销售或者提供法律、行政法规禁止交易的商品或者服务(《电子商务法》第十三条)。网络直播营销人员不得违反法律、法规、国务院决定的规定，从事无证无照经营；收集、使用消费者个人信息，应当遵循合法、正当、必要的原则，明示收集、使用信息的目的、方式和范围，并经消费者同意；未经消费者同意或者请求，不得向其发送商业性信息；应当全面、真实、准确、及时地披露商品或者服务信息，保障消费者的知情权和选择权(《网络交易监督管理办法》第八条、十三条、十六条、十九条)。网络主播应当如实申报收入，依法履行纳税义务，并依法享受税收优惠(《网络主播行为规范》第十一条)。

2. 网络主播的法律责任

自然人和组织机构利用网络直播平台开展直播活动，应当严格按照《互联网用户账号信息管理规定》等有关要求，落实网络实名制注册账号并规范使用账号名称。网络主播依法依规开展网络直播活动，不得从事危害国家安全、破坏社会稳定、扰乱社会秩序、侵犯他人合法权益、传播淫秽色情信息等法律法规禁止的活动；不得超许可范围发布互联网新闻信息；不得接受未成年人充值打赏；不得从事平台内或跨平台违法违规交易；不得组织、煽动用户实施网络暴力；不得组织赌博或变相赌博等线上线下违法活动。如有从事法规禁止的内容，则要承担相应的法律责任。

(三) 网络用户的义务与法律责任

网络用户的义务体现在三个方面。

一是参与网络直播过程中应当遵守法律法规，文明互动，理性表达(《互联网直播服务管理规定》第十一条)。

二是任何个人和组织使用网络应当遵守公共秩序，尊重社会公德，不得危害网络安全，不得利用网络从事危害国家安全、荣誉和利益，破坏国家统一，宣扬民族仇恨、民族歧视，传播暴力、淫秽色情信息，编造、传播虚假信息扰乱经济秩序和社会秩序，以及侵害他人名誉、隐私、知识产权和其他合法权益等活动（《网络安全法》第十二条）。

三是鼓励网络信息内容服务使用者通过投诉、举报等方式对网上违法和不良信息进行监督，共同维护良好网络生态（《网络信息内容生态治理规定》第十八条、第二十条）。

网络直播用户参与直播互动时，应当严格遵守法律法规；不得在直播间发布、传播违法违规信息；不得组织、煽动对网络主播或用户的攻击和谩骂；不得利用机器软件或组织“水军”发表负面评论和恶意“灌水”；不得营造斗富炫富、博取眼球等不良互动氛围。

网络用户也应承担以下法律责任：网络信息内容服务使用者不得利用网络和相关信息技术实施侮辱、诽谤、威胁、散布谣言以及侵犯他人隐私等违法行为，损害他人合法权益。若有违反相关规定，给他人造成损害的，则依法承担民事责任；构成犯罪的，依法追究刑事责任；尚不构成犯罪的，由有关主管部门依照有关法律、行政法规的规定予以处罚（《网络信息内容生态治理规定》第二十一条、第四十条）。

（四）网络直播平台的义务与法律责任

网络直播平台提供互联网直播信息服务，应当严格遵守法律法规和国家有关规定；严格履行网络直播平台法定职责义务，落实网络直播平台主体责任清单，对照网络直播行业主要问题清单建立健全和严格落实总编辑负责、内容审核、用户注册、跟帖评论、应急响应、技术安全、主播管理、培训考核、举报受理等内部管理制度。相对于网络主播和网络用户，网络直播平台所承担的法律责任较多。

1. 网络直播平台的义务

网络直播平台的义务主要表现在对用户个人信息的保护、知识产权保护、消费者权益保护、未成年人保护、对网络主播与内容的监管、平台制度建设等诸多方面。

（1）网络用户个人信息保护方面

网络直播服务提供者要对网络直播服务使用者进行实名认证，应当保护互联网直播服务使用者身份信息和隐私，不得泄露、篡改、毁损，不得出售或者非法向他人提供（《互联网直播服务管理规定》第十二条）。

电子商务经营者收集、使用其用户的个人信息，应当遵守法律、行政法规有关个人信息保护的规定；应当要求申请进入平台销售商品或者提供服务的经营者提交其身份、地址、联系方式、行政许可等真实信息，进行核验、登记，建立登记档案，并定期核验更新。《电子商务法》第二十三条、二十七条）。

网络运营者收集、使用个人信息，应当遵循合法、正当、必要的原则，公开收集、使用规则，明示收集、使用信息的目的、方式和范围，并经被收集者同意。网络运营者不得收集与其提供的服务无关的个人信息，不得违反法律、行政法规的规定和双方的约定收集、使用个人信息，并应当依照法律、行政法规的规定和与用户的约定，处理其保存的个人信息（《网络安全法》第四十一条）。

直播平台收集个人信息，应当限于实现处理目的的最小范围，不得过度收集个人信息。任何组织、个人不得非法收集、使用、加工、传输他人个人信息，不得非法买卖、提供或者公开他人个人信息；不得从事危害国家安全、公共利益的个人信息处理活动（《个人信息保护法》第六条、十条）。

（2）知识产权保护方面

电子商务平台经营者应当建立知识产权保护规则，与知识产权权利人加强合作，依法保护知识产权；电子商务平台经营者知道或者应当知道平台内经营者侵犯知识产权的，应当采取删除、屏蔽、断开链接、终止交易和服务等必要措施；未采取必要措施的，与侵权人承担连带责任（《电子商务法》第四十一条、四十五条）。

（3）消费者权益保护方面

电子商务平台经营者应当遵循公开、公平、公正的原则，制定平台服务协议和交易规则，明确进入和退出平台、商品和服务质量保障、消费者权益保护、个人信息保护等方面的权利和义务（《电子商务法》第三十二条）。直播营销平台应当制定直播营销商品和服务负面目录，列明法律法规规定的禁止生产销售、禁止网络交易、禁止商业推销宣传以及不适宜以直播形式营销的商品和服务类别（《网络直播营销管理办法（试行）》第七条）。

网络交易经营者不得销售或者提供法律、行政法规禁止交易，损害国家利益和社会公共利益，违背公序良俗的商品或者服务（《网络交易监督管理办法》第十一条）。

消费者通过网络交易平台购买商品或者接受服务，其合法权益受到损害的，可以向销售者或者服务者要求赔偿。网络交易平台提供者不能提供销售者或者服务者的真实名称、地址和有效联系方式的，消费者也可以向网络交易平台提供者要求赔偿；网络交易平台提供者作出更有利于消费者的承诺的，应当履行承诺。网络交易平台提供者赔偿后，有权向销售者或者服务者追偿。（《消费者权益保护法》第四十四条）。

（4）未成年人保护方面

网络表演经营单位应当加强对未成年人的保护，不得损害未成年人身心健康。有未成年人参与的网络表演，不得侵犯未成年人权益（《文化部关于印发〈网络表演经营活动管理办法〉的通知》第七条）。

鼓励网络信息内容服务平台开发适合未成年人使用的模式，提供适合未成年人使用的网络产品和服务，便利未成年人获取有益身心健康的信息（《网络信息内容生态治理规定》第十三条）。

直播营销平台应当建立健全未成年人保护机制，注重保护未成年人身心健康。网络直播平台应当向未成年人用户提供“青少年模式”，防范未成年人沉迷网络直播，屏蔽不利于未成年人健康成长的网络直播内容，不得向未成年人提供充值打赏服务；建立未成年人专属客服团队，优先受理、及时处置涉未成年人的相关投诉和纠纷，对未成年人冒用成年人账号打赏的，核查属实后须按规定办理退款（《关于规范网络直播打赏 加强未成年人保护的意见》《关于加强网络直播规范管理工作的指导意见》第六条）。

网络游戏、网络直播、网络音视频、网络社交等网络服务提供者应当针对未成年人使用其服务设置相应的时间管理、权限管理、消费管理等功能。网络游戏服务提供者不得在每日二十二时至次日八时向未成年人提供网络游戏服务。网络服务提供者发现用户发布、传播含有危害未成年人身心健康内容的信息的，应当立即停止传输相关信息，采取删除、屏蔽、断开链接等处置措施，保存有关记录，并向网信、公安等部门报告（《未成年人保护法》第七十四条、七十五条、八十条　2020修订）。

(5) 网络主播监管方面

直播营销平台应当与直播营销人员服务机构、直播间运营者签订协议，要求其规范直播营销人员招募、培训、管理流程，履行对直播营销内容、商品和服务的真实性、合法性审核义务；直播营销平台应当建立直播营销人员真实身份动态核验机制，在直播前核验所有直播营销人员身份信息，对与真实身份信息不符或按照国家有关规定不得从事网络直播发布的，不得为其提供直播发布服务（《网络直播营销管理办法〈试行〉第七条、第八条）。

网络直播平台、网络直播服务机构应当明确区分和界定网络主播各类收入来源及性质，并依法履行个人所得税代扣代缴义务，不得策划、帮助网络主播实施逃避税（《关于进一步规范网络直播营利行为促进行业健康发展的意见》）。

(6) 直播内容监管方面

互联网直播服务提供者应当建立直播内容审核平台，对互联网新闻信息直播及其互动内容实施先审后发管理；对违反法律法规和服务协议的互联网直播服务使用者，视情采取警示、暂停发布、关闭账号等处置措施，及时消除违法违规直播信息内容，保存记录并向有关主管部门报告（《互联网直播服务管理规定》第七条、第十四条，《网络直播营销管理办法（试行）》第九条、第十四条）。

网络表演经营单位对本单位开展的网络表演经营活动承担主体责任，应当按照有关要求，建立健全内容审核管理制度，建立适应内容管理需要的技术监管措施（《文化部关于印发〈网络表演经营活动管理办法〉的通知》第五条）。

互联网文化单位应当建立自审制度，明确专门部门，配备专业人员负责互联网文化产品内容和活动的自查与管理，保障互联网文化产品内容和活动的合法性（《互联网文化管理暂行规定》第十八条）。

(7) 网络直播平台制度建设方面

直播营销平台应当建立健全风险识别模型，对涉嫌违法违规的高风险营销行为采取弹窗提示、违规警示、限制流量、暂停直播等措施，以显著方式警示用户平台外私下交易等行为的风险；应当建立健全投诉、举报机制，明确处理流程和反馈期限，及时处理公众对于违法违规信息内容、营销行为投诉举报。此外,直播营销平台应当提示直播间运营者依法办理市场主体登记或税务登记,如实申报收入,依法纳税。直播营销平台及直播营销人员服务机构应当依法履行代扣代缴义务(《网络直播营销管理办法(试行)》第十条、十五条、十六条)。

网络交易平台经营者应当要求申请进入平台销售商品或者提供服务的经营者提交其身份、地址、联系方式、行政许可等真实信息,进行核验、登记,建立登记档案;网络交易平台经营者应当依照法律、行政法规的规定,向市场监督管理部门报送有关信息;网络交易平台经营者应当对平台内经营者及其发布的商品或者服务信息建立检查监控制度(《网络交易监督管理办法》第二十四条、二十五条、二十九条)。

2. 网络直播平台的法律责任

网络服务提供者在提供网络服务时教唆或者帮助网络用户实施侵害信息网络传播权行为的,人民法院应当判令其承担侵权责任。网络服务提供者以言语、推介技术支持、奖励积分等方式诱导、鼓励网络用户实施侵害信息网络传播权行为的,人民法院应当认定其构成教唆侵权行为。网络服务提供者明知或者应知网络用户利用网络服务侵害信息网络传播权,未采取删除、屏蔽、断开链接等必要措施,或者提供技术支持等帮助行为的,人民法院应当认定其构成帮助侵权行为(《最高人民法院关于审理侵害信息网络传播权民事纠纷案件适用法律若干问题的规定(2020修正)》第七条)。

电商直播经营者应当全面、真实、准确、及时地披露商品或者服务信息,保障消费者的知情权和选择权;电子商务经营者不得以虚构交易、编造用户评价等方式进行虚假或者引人误解的商业宣传,欺骗、误导消费者;电商直播平台因其技术优势、用户数量、对相关行业的控制能力以及其他经营者对该电子商务经营者在交易上的依赖程度等因素而具有市场支配地位的,不得滥用市场支配地位,排除、限制竞争;平台经营者知道或者应当知道平台内经营者销售的商品或者提供的服务不符合保障人身、财产安全的要求,或者有其他侵害消费者合法权益行为,未采取必要措施的,依法与该平台内经营者承担连带责任(《电子商务法》第十七条、二十二条、三十八条》)。

网络运营者应当加强对其用户发布信息的管理,对法律、行政法规禁止发布或者传输的信息未停止传输、采取消除等处置措施、保存有关记录的,由有关主管部门责令改正,给予警告,没收违法所得;拒不改正或者情节严重的,处十万元以上五十万元以下罚款,并可以责令暂停相关业务、停业整顿、关闭网站、吊销相关业务许可证或者吊销营业执照,对直接负责的主管人员和其他直接责任人员处一万元以上十万元以下罚款(《网络安全法》第六十八条)。

网络交易平台经营者不得违反《电子商务法》第三十五条的规定,对平台内经营者在平台内的交易、交易价格以及与其他经营者的交易等进行不合理限制或者附加不合理条件,干涉平台内经营者的自主经营;网络交易平台经营者拒不为入驻的平台内经营者出具网络经营场所相关材料的，由市场监督管理部门责令限期改正；逾期不改正的，处一万元以上三万元以下罚款。网络交易平台经营者不履行法定核验、登记义务，有关信息报送义务，商品和服务信息、交易信息保存义务的，依照《电子商务法》第八十条的规定进行处罚(《网络交易监督管理办法》第三十二条、四十条、四十七条)。承担民事责任的方式主要有停止侵害、排除妨碍、消除危险、恢复原状、赔偿损失、消除影响、恢复名誉、赔礼道歉等。[①]

如果网络直播平台违反《网络信息内容生态治理规定》相关规定，则由设区的市级以上网信部门依据职责进行约谈，给予警告，责令限期改正；拒不改正或者情节严重的，责令暂停信息更新，按照有关法律、行政法规的规定予以处理(《网络信息内容生态治理规定》第三十六条)。行政处罚的形式主要包括：取缔、责令限期改正、责令停止互联网文化活动、罚款、没收违法所得、责令停业整顿、吊销许可证等。[②]

第三节　网络直播问题及其治理

随着5G的普及以及新技术新应用的迭代升级，网络直播行业进入了快速发展期，其媒体属性、社交属性、商业属性、娱乐属性日益凸显，深刻影响网络生态。与此同时，网络直播存在的问题也日益严重，需要加强治理。本节在分析网络直播问题与原因的基础上，提出治理这些问题的举措。

一、网络直播问题的表现

网络直播问题多种多样，这里重点分析几个常见的问题：直播内容低俗、直播内容失实、直播内容侵权、直播中诈骗、直播数据造假、平台恶性竞争等。

（一）直播内容低俗

网络直播，尤其是依托手机APP的移动视频直播，通过手机下载、注册后就可以随时随地进行直播，极低的准入门槛虽然提升了用户参与度，但也容易造成低俗内容的泛滥。许多素质低下的主播为取悦粉丝或衣着暴露或以挑逗性的言辞等打“擦边球”的方式以提高人气和流量，有些主播为博取眼球做出各种匪夷所思的低俗行为。有些主播文化水平不高，知识欠缺，在直播中口无遮拦，甚至发表破坏社会稳定、影响民族团结、有损国家尊严的言论。或者公然直播暴力、吸毒、色情等不良内容。直播睡觉、直播吞电灯泡、直播盗墓、直播色情、直播暴力等直播内容除了满足用户的猎奇心理与窥视欲外没有任何正向价值。这些直播内容违背了伦理道德和相关法规，污染网络环境，影响恶劣。

---

① 杨小军，陈建科. 网络直播面临哪些法律风险[J]. 人民论坛，2016(22)：80－82.

② 同上.

2020年初，四川广安警方接群众举报杨某自2019年12月起从事色情直播。经核查，发现涉案APP绝大部分主播穿着暴露，直播时使用言语挑逗、露点、艳舞等方式吸引大量游客付费观看。进一步侦查发现该APP集网络色情直播、网络赌博于一体，随即，广安警方对涉案人员、资金链、技术链等全力追查。而后，捣毁“X彩”直播平台，63名涉案女主播及平台运营、推广、维护等110余名相关犯罪嫌疑人悉数落网，涉案金额超3亿元。[①]

（二）直播内容失实

直播内容失实主要表现在以下方面：一是捏造事实。主播为了达到某种非法目的，完全虚构事实，误导用户；二是夸大事实或有意隐瞒对己不利的内容，以获得用户的支持；三是夸大产品功效，以促销更多产品；四是通过断章取义或拼凑剪接方式改造事实，对传播的事实按照自己的意图随意加工，以引起用户的重视；五是观点失实，主播所传播的观点并非来自事实，而是主观臆造，以致观点片面或错误；六是用煽情的语言与夸张的标题，吸引用户眼球等。

直播内容失实，危害甚多。其一，引发主播与用户之间的信任危机，不利于直播可持续发展；其二，有损主播与平台形象，不利于直播机构做大做强；其三，误导社会舆论，影响社会稳定；其四，涉及民族内容与时政内容的失实，不利于民族团结与国家政权稳定。因此，要加强网络直播内容的管理。

（三）直播内容侵权

网络直播内容侵权主要包括侵犯他人隐私权、肖像权、名誉权、著作权等。

网络直播侵犯隐私权主要表现为以下几种情况：一是网络直播者携带直播设备进入私人空间进行偷拍式直播；二是在一定的公共空间内，在未取得被直播者许可或同意的情况下，直播了相关权利人的头像、声音等，如在出租车内利用直播设备对乘客进行直播；三是在未取得被直播者许可或同意的情况下，诱导被直播者泄露或呈现个人带有隐私性的信息或观点，如在餐馆包房内进行特定行为人的声音或观点的直播；四是直播特定行为人与他人的面对面谈话信息或与他人的基于电子或网络设备的通信信息。[②]

网络直播中侵犯肖像权主要表现在以下几方面：一是网络直播者在未经被直播者许可或同意的情况下，在直播画面中使用了或涉及了特定行为人的肖像，并传播到不特定的多数人；二是网络直播者已经对特定行为人的肖像进行了损害、玷污，并将被损害或被玷污的特定行为人的肖像进行直播，以扩大侵害的范围和加大侵害的影响；三是网

① 新浪网.四川广安警方打掉一网络色情直播团伙 涉案金额超3亿元.[EB/OL].(2020－10－23)[2021－09－08].http://sc.sina.com.cn/news/m/2020－10－23/detail-iiznezxr7512036.shtml.

② 孟德楷.网络直播侵权问题:争议焦点与法治趋向[J].现代传播(中国传媒大学学报),2019(07):28－32.

络直播者在进行赛事或游戏直播时，直播画面中涉及了特定人物的肖像。[①]

此外，在网络直播时，主播对他人进行丑化、侮辱和诽谤或揭他人伤疤，使他人社会评价受损，涉及侵犯他人名誉权；在直播中直接使用未经版权人同意或许可的作品，涉及侵犯他人著作权，在直播带货中，盗用他人商标或专利号进行营销，涉及侵犯他人商标权。

（四）直播中实施诈骗

网络直播中的诈骗类型主要有交友婚恋类诈骗、投资理财类诈骗、赌博类诈骗、购物类诈骗等。目前，网络直播诈骗形式存在较多的是聊天交友婚恋类诈骗与购物类诈骗。有些网络主播利用网络直播平台与受害者以交友或恋爱的名义联系，交往一段时间后以各种理由要求受害者充值、汇款、打赏等。有的通过各类平台直播投资理财，投资邮币卡、炒期货原油为由进行诈骗，此类直播针对有投资需求的中青年为主。[②] 网络直播诈骗行为一旦发生就会构成诈骗罪，触犯刑法，将会受到法律的惩处。例如，南京市民小李在浏览新闻网页时看到弹出美女聊天窗口，就注册进入了视频直播间，一名衣着暴露的女孩正在进行直播，1 分钟后就突然黑屏了。随后网页跳出了一条信息显示：如想观看更加“精彩”视频，需要充值会员账号，随着账号的升级，女主播甚至会与会员一对一单独“视频聊天”。为了达到与女主播一对一视频聊天，小李在女主播的诱导下，不断地充值升级成为高级会员，以享受高级别待遇，但在骗取 1 万多元后，女主播失踪了，小李最终向派出所报案。此类网络直播平台一般会有几个真实的女主播，先用低价吸引用户充值成为会员，再宣称交纳费用后能享受到高级别的服务，还承诺可以随时退款。在此过程中，骗子一步步诱惑用户升级终极权限，达到诈骗的目的。[③] 在一些相亲网站上，有些男女主播虚构身份，伪装成成功人士或高层管理者，向对方传送别人的靓照，冒充说是自己，以赢得对方的好感，从而达到骗财骗色的目的。直播带货中，有些主播为了追求经济利益最大化，向用户推销假冒伪劣产品，欺骗用户，满足个人私利。

（五）直播数据造假

直播数据造假主要表现在三个方面：一是平台运用技术手段增加直播间的用户量，刷分控评、刷单炒信、刷量增粉、刷榜拉票等流量造假问题；二是为增加某位主播关注度肆意刷粉，批量购买粉丝、增加“僵尸粉”“达人粉”，组织水军制造虚假转发量、点赞量、曝光量等问题；三是电商直播中销售数据人为变大，甚至组织集体先购买后退货。

这种通过数据造假建构的虚假繁荣不仅会给用户带来困扰，而且有损直播平台形象。首先，缺乏真实数据会给企业营销造成误导。直播间动辄数十万、数百万、上千万的

---

① 孟德楷.网络直播侵权问题：争议焦点与法治趋向[J].现代传播（中国传媒大学学报），2019(07)：28－32.

② 互联网络直播诈骗的类型及常用犯罪手段[J].中国防伪报道，2020(10)：55－58.

③ 徐宁：《小伙欲享受视频女主播“特殊服务”被骗万多》，中国网，https://news.china.com/social/1007/20160923/23627990.html

粉丝量让很多企业盲目迷信网络直播营销,但建立在虚假繁荣之上的数据其真实影响力大打折扣。

其次,平台数据造假不利于真正优质内容的传播。为扩大某位主播的影响力而肆意刷粉,这同淘宝刷单一样是以劣币驱逐良币的行为,会湮没真正有价值的信息,不利于平台的持续发展。

再次,数据造假往往使得直播平台忽视用户体验。数据造假可能让直播平台在资本市场上收获更高的估值或更多的融资,但也容易导致平台一味倾注成本进行造假,而没有想方设法改善服务内容,提升用户体验。

最后,数据造假会驱使更多资本涌入早已"饱和"的直播平台。数据造假营造的繁荣传递出市场前景一片叫好的信号,让很多人对直播平台的前景做出误判。当前直播间的繁荣景象,很大程度上是虚假流量在支撑。打开某电商平台,可看到各类直播平台的涨粉、刷在线人数、刷播放量、刷直播点赞、刷各种礼物等服务,甚至有的商家承诺,付费后可直接将该场直播刷上当日热门榜单。这类服务的价格十分低廉,甚至1元钱就能买到一两万的播放量数据,如此优惠的价格,显然大幅降低了数据流量造假的门槛。①

(六)直播平台恶性竞争

一般而言,网络直播平台恶性竞争主要表现在四个方面:

一是高薪争挖知名主播。知名主播是直播平台的支柱,既能给平台带来巨大流量,也能给平台创造可观利润,各平台为吸引用户"互挖墙脚"的恶意竞争事件屡见不鲜。有些平台通过不正当手段高薪挖走知名主播,知名主播签约费随之上涨,合同纠纷不断,不仅损害了原平台对主播的投资收益,也妨碍了直播行业公平竞争,破坏了直播行业秩序。

二是平台内容同质化严重。直播间随处可见唱歌、聊天的美女,甚至游戏直播也请到不会游戏的美女加盟,这种模式或许可以在短期内为用户带来一定的感官刺激,但近乎"雷同"的直播内容无法形成用户黏性,也难以为平台带来持续发展的"养分"。

三是内容的同质化也造成了直播平台的乱象。内容同质化造成主播之间的竞争加剧,某些主播以古怪的言行、暴露的衣着博取粉丝关注、打赏,产生恶劣的影响。

四是数据计算方式不公开不透明。直播平台大多公开对自己有利的数据,而不公开数据的获取途径与计算方法,有些平台用"人气值"来衡量主播价值与地位,而"人气值"是如何计算的,却不公开,尤其是有些平台通过网络水军或机器人来提升流量,平台之间的恶性竞争可见一斑。

---

① 光明网.直播带货泡沫越吹越大 1块钱能买上万播放量数据[EB/OL].(2020-06-24)[2021-04-12]. https://m.gmw.cn/baijia/2020-06/24/33936420.html.

二、网络直播问题的原因

网络直播存在的问题多种多样，探究原因，表现在诸多方面。从主体层面看，网络直播问题产生的原因在于政府监管主体单一与监管机制不完善、平台监管责任缺失、主播法律意识淡薄和责任意识不强、用户网络素养不高与自律性较差等方面，下面分别述之。

（一）政府监管主体单一与监管机制不完善

1. 网络直播监管主体单一

网络直播发展迅速，存在的问题复杂多样，目前，对其监管的主体主要是政府，互联网企业、社会组织和广大网民对其监管的主动性不强。政府监管涉及的部门主要有国家网信办、工信部、公安部、国家版权局、广电总局、国家市场监督管理总局、文旅部等10多个部委，实行的是“九龙治水”模式，这种模式在专项治理中可以集中发挥各自优势形成合力，但是也存在一些弊端，主要是多头管理、职能交叉、权责不清、效率不高。仅靠政府部门难以实现有效监管，应该发挥政府、互联网企业、社会组织、广大网民等多主体协同监管。

2. 网络直播监管机制不完善

目前，我国网络直播监管部门较多，网信部门负责网络直播行业管理的统筹协调和日常监管，制定出台支持和促进网络直播行业健康发展、生态治理和规范管理的政策措施；全国“扫黄打非”工作小组办公室负责牵头整治网络直播中传播淫秽色情和低俗问题，会同有关部门挂牌督办重特大案件；工业和信息化部门要严格落实网络接入实名制管理要求，强化ICP备案管理；公安部门要全面提升对网络直播犯罪行为实施全方位遏制打击力度；文化和旅游部门要加强网络表演行业管理和执法工作，指导相关行业组织加强网络表演行业自律；市场监管部门要加强网络直播营销领域的监督管理；广电部门要研究制定网络视听节目等的管理规范及准入标准。[①] 在监管实践中，这些政府职能部门之间没有建立良好的监管运行机制，尤其是在网络直播专项整治中，虽然有国家网信办牵头，但是由于参与的部门较多，各自负责的领域不同，信息共享机制不完善，导致在专项整治中不同部门协作不畅，效率不高。此外，监管机制不完善还表现在政府、互联网企业、社会组织、技术社群、广大网民等各方主体良性互动的监管机制没有形成，以致互联网企业、社会组织与网民在网络直播监管中没有发挥主体应有的作用。

（二）直播平台监管责任缺失

1. 网络直播平台过度追求经济利益

网络直播平台应当坚持把社会效益放在首位、社会效益和经济效益相统一。但是

---

① 中国网信网. 关于印发《关于加强网络直播规范管理工作的指导意见》的通知[EB/OL].（2021－02－09）[2021－08－29]. http://www.cac.gov.cn/2021－02/09/c_1614442843753738.htm.

在直播实践中，有些平台以追求经济利益为首，不惜通过造假，炒作等恶劣手段，博取网民眼球，迎合资本需求，甚至故意采取非法措施规避法律风险，忽视社会效益和社会责任。

2. 平台监管责任缺失或不到位

一些直播平台对于主播行为缺乏严格的规范和要求，直播内容审核机制不完善，以致直播内容良莠不齐。而且，网络直播规模大，加大了网络平台监管的难度，对直播中存在的问题无法进行预测，应急处置能力较低，相关的管理制度和手段滞后于网络直播的发展。此外，受制于信息时间差和技术手段的限制，网络平台的即时监管失灵。网络直播过程中直播内容和用户接收信息几乎是同步进行的，缺乏足够的时间留出来供内容审核使用，也无法介入直播过程进行干预，导致把关失效。[①] 平台监管责任没有落实到位，在监管中既当运动员又当裁判员，与直播方存在利益共享关系，没有足够意愿和动力严加监管，监管效果与社会期望存在较大差距。

(三) 主播法律意识淡薄与责任意识不强

1. 网络主播法律意识淡薄

网络主播行业的门槛较低，任何年满16周岁的网络用户均可申请成为网络主播(16周岁以上的未成年人申请主播需经监护人同意)，主播从业人员的学历、能力和素质参差不齐，如果主播未具备良好的职业素养，法律意识淡薄，就很容易触及直播伦理和法律的底线。有些主播以低俗、暴力、色情及其他违法内容吸引用户，进而产生一系列问题。

2. 网络主播社会责任意识不强

有些网络主播不讲社会责任，只重视个人名利，希望通过多种途径让自己一夜爆红，其追逐经济利益和社会关注度，以及一味迎合用户低级趣味的需求的做法反映出网络主播价值观念扭曲。而且，网络空间的虚拟性和匿名性为网络主播暂时逃避社会监管和约束提供了便利，容易让其在网络直播中轻视社会责任。

(四) 用户网络素养不高与自律性较差

1. 用户网络素养不高

用户网络素养是指用户使用网络知识与技能，辨识、理解并评价网络信息，使网络行为符合伦理法规的综合能力。当前，网络直播中低俗、暴力、色情等内容大有市场，反映出部分网络用户低级的审美情趣。此外，一些网络用户盲目崇拜网红，过度打赏、言语暴力、散播谣言等行为也反映出网络用户批评辨识能力较低。

2. 网络用户自律性较差

网络用户自律是指网络用户自我约束与管理，使之行为与网络伦理道德相符。由

---

① 刘海龙. 网络直播的监管困局及其长效机制构建[J]. 传媒，2018(21)：91－93.

于网络空间的虚拟性与匿名性特点，加上部分网络用户素养不高，在网络环境中，用户自律性减弱，责任感淡化，现实社会的伦理道德与法规无法有效约束网络直播中用户的行为，在一定程度上导致网络用户失范行为的发生。

三、网络直播问题的治理

面对复杂多样的网络直播问题，需要多方主体共同协作，从健全相关法规、加强政府监管、强化平台履责、提升主播和用户素养等方面进行治理。

（一）健全相关法规，推动网络直播法治化进程

1. 健全直播法规，推动依法直播与依法监管

目前，与网络直播相关的法律主要有《电子商务法》《广告法》《网络安全法》《消费者权益保护法》《数据安全法》《个人信息保护法》等仅有的几部法律，更多的是部门规章。网络直播快速发展，问题层出不穷，而相关法规不完善且严重滞后。近年来，有关部委依据本部门的职责单独发布或联合颁布了有关网络直播的规定，例如，2020 年发布的《关于加强网络秀场直播和电商直播管理的通知》与 2021 年颁布的《关于加强网络直播规范管理工作的指导意见》《网络交易监督管理办法》《网络直播营销管理办法（试行）》等，从这些意见或办法可以看出，政策出台的应急性与碎片化特点明显。目前，网络直播法律法规的法律位阶普遍偏低，且缺乏统一的行政法规。[①] 因此，针对网络直播的现状与问题，要加大网络直播法规的建设，使网络直播法规具有前瞻性、系统性与针对性，从而确保依法直播与依法监管。

2. 加强执法力度，打击网络直播违法违规行为

鉴于网络直播存在的问题，相关部委出台了一些规定以及全国人民代表大会常委会颁布的相关法律，政府职能部门应严格按照已有的法规来加强对网络直播的监管，对政府部门监管中发现的问题或群众举报的问题，要加大查处力度，打击网络直播中的宣扬民族分裂思想、教唆暴力恐怖、淫秽色情、造谣诽谤、赌博诈骗、侵权盗版、数据造假等违法违规行为，依法依规惩处。依据网络直播中存在的不同问题，施以相应的处罚，例如电商直播中，如果发现销售假冒伪劣产品，经查处核实，则要严格按照《中华人民共和国消费者权益保护法》第五十五条规定，增加赔偿的金额为消费者购买商品的价款的三倍。

（二）完善网络直播监管机制，构建多主体协同共治模式

1. 优化顶层设计，完善网络直播监管机制

网络直播行业的监管涉及网信办、文化和旅游、公安网监、广电局、新闻出版、市场监管等相关部门，各部门都有权力进行监管。但各自为政，监管权限较为分散，缺乏科学统

① 贺爱英. 监管与引导：网络直播平台火热背后的“冷思考”[J]. 人民论坛，2020(02)：56－57.

一的管理机制和联动机制,①不利于集中有效解决网络直播违规问题。为此,要优化顶层设计,可将国家网信办作为网络直播监管的重要主体,履行网络直播监管工作的领导职权。从国家网信办基本职能来看,指导和协调互联网信息内容管理工作是其固有职能,网信办可以借助这一职权统筹和协调各个监管部门之间的关系,逐步实现监管权限的集中,避免部门之间推诿扯皮和敷衍应付,如此形成以各级网信办为监管主体、各级相关部门辅助配合的制度模式。② 这种监管制度能够最大限度地集中监管职权,明确职权划分和职能分工,确保网络直播监管机制的有效运作。

2. 借助多方力量,构建网络直播多主体协同共治模式

多主体协同共治模式是指政府、互联网企业、社会组织与广大网民等多方主体协同合作,共同治理的一种范式。网络直播存在诸多问题,单靠政府力量无法将其有效治理,因此,还要发挥其他主体的作用,弥补以往由政府作为单一主体的监管模式的缺陷,降低监管成本,提升监管效率,充分发挥多主体优势互补的积极作用,最终达到善治目标。具体来说,政府部门在制定与执行直播行业法规政策方面要发挥主导作用,强化对网络平台运营与直播活动的执法监管;互联网企业尤其是直播平台企业要制定并执行平台对直播活动的管理制度,加强对直播间的巡查,发现问题及时上报或处置,同时,网络直播平台应当自觉接受社会监督,有效拓宽举报渠道,简化举报环节,及时受理、处置并反馈公众投诉举报;MCN 机构、主播经纪公司、互联网行业协会、网络直播协会等网络社会组织要充分利用行业自律公约,加强直播行业之间的内部联系和信息共享,形成行业监管和处罚联动机制;广大网民要积极监督直播平台与网络主播的活动,发现问题及时主动向有关部门举报或投诉,借助媒体形成强大的舆论压力。形成基于政府、直播平台、社会组织、网民的多主体协同共治模式,从而提升直播监管效能。

(三) 重视人工审核与技术监控,压实平台主体责任

1. 人工审核与技术监控有机结合,严查网络直播问题

《国家广播电视总局关于加强网络秀场直播和电商直播管理的通知》第三条规定:开办网络秀场直播或电商直播的平台要落实管建同步的原则,把平台管理力量与直播间开办能力相匹配的要求精准落实到人。现阶段,相关平台的一线审核人员与在线直播间数量总体配比不得少于 1∶50,要加大对审核人员的培训力度。加强对网络直播的人工审核,这是硬性规定。目前,大型直播平台的人工审核人员有的多达数千人甚至上万人,但还是无法做到逐一审核,因此,需要借助大数据、云计算、人工智能等监控技术对网络直播内容进行检测,提高检测效率。应用机器审核关键词、直播标题、封面、直播截图和视频关键帧等,从中发现是否存在异常情况,尤其是要重点监控流量异常、播放源

① 王江山.透视中国网络直播当前的问题与发展趋势[J].新闻研究导刊,2016,7(13):321.

② 王新鹏.论我国网络直播监管体制的完善[J].电子政务,2019(04):46—56.

异常的直播间,针对机器审核筛选出疑似违规的直播间,人工审核再逐个细致审核,根据违规情况采取相应的处置措施。

2. 强化平台管理者的责任意识,压实平台主体责任

增强网络直播平台管理者的责任意识,不仅能够加强企业自身自上而下的道德内涵,同时也从自身出发,尽己所能地维护网络直播环境。[①] 网络直播平台的管理者应明确自身监管职责,要以相关法律法规和伦理道德为依据,制定网络直播内容审核标准和规则。不仅要对网络主播进行实名认证,还要严格审查网络主播上岗程序和资质,从而形成网络主播常规审查制度。2021 年 12 月,中华人民共和国人力资源和社会保障部组织制定了互联网营销师等 35 个国家职业技能标准。日后电商直播从业人员有可能要持互联网营销师资格证上岗。网络直播平台作为责任主体,要压实平台主体责任。平台管理者把监督责任落实到位。《网络直播营销管理办法(试行)》第十四条规定:直播营销平台应当根据直播间运营者账号合规情况、关注和访问量、交易量和金额及其他指标维度,建立分级管理制度,根据级别确定服务范围及功能,对重点直播间运营者采取安排专人实时巡查、延长直播内容保存时间等措施,对违反法律法规和服务协议的直播间运营者账号,视情采取警示提醒、限制功能、暂停发布、注销账号、禁止重新注册等处置措施,保存记录并向有关主管部门报告。电商直播平台要严格执行这些规定,强化主体责任。各网络直播服务提供者应按照要求落实用户实名制度,加强网络主播管理,建立主播黑名单制度,健全完善直播内容监看、审查制度和违法有害内容处置措施。

(四) 恪守网络直播伦理与法规,提升主播和用户网络素养

1. 网络主播要恪守直播伦理与法规,传播健康内容

网络主播作为一个传播者,其言行备受粉丝的关注,会潜移默化地影响粉丝。因此,网络主播不仅需要有职业道德,有高尚的个人品德,还需要坚持伦理道德,规范自己的言行,对广大网民起到道德引领作用。[②] 网络主播不能过于关注个人的名利而忽视直播内容的质量和规范性,不可强制要求或怂恿用户打赏;要坚决禁止涉及低俗色情、血腥暴力等违背社会主义核心价值观的内容,要坚守法律法规和伦理底线,积极传播正能量,成为有社会责任感的网络信息传播者。

2. 提升主播和用户的网络素养,做网络文明的守护者

在网络直播中,主播和用户网络素养的提高对于建设网络文明尤显重要。主播要积极参加业务培训,学习相关法律和伦理知识,提高直播能力与法治意识。

在网络直播业快速发展中,用户的作用不可或缺,其对网络直播的规范化具有一定的引导作用,因此,要提升网络用户的素养,一是要教育用户正确使用网络;二是要让用

---

① 龙静云,李楠. 网络直播的伦理审视[J]. 道德与文明,2019(03):118—126.

② 李光岩. 网络直播中的伦理问题探析[J]. 现代交际,2019(13):49+48.

户在网络空间注重自己的言行，不得违反相关伦理与法规；三是要积极举报投诉网络直播中的问题。

总之，推进网络直播业健康发展，政府部门、直播平台、主播和用户等各方主体要发挥各自作用，文明办网、文明用网、文明上网、文明直播，做网络文明的守护者，共建良好的网络直播生态。

本章小结

网络直播伦理具有抑制网络直播伦理问题、规范网络主播行为和提升网络直播主体素养的功能。从网络直播自律公约发布的机构来看，网络直播伦理可分为全国性互联网行业协会发布的自律公约、互联网企业单独或联合发布的自律公约和地方性行业协会发布的自律公约三种类型。网络直播伦理要点包括直播内容伦理、知识产权伦理、弹幕评论伦理、隐私安全伦理、信息数据伦理和网络营销伦理。网络直播法规具有维护网络直播空间秩序、保障网络直播中各方主体的权益、明确网络直播中违规违法行为的法律责任等功能。网络直播法规要点主要体现在直播平台资质许可和申请登记制度，以及网络主播、用户与直播平台的义务与法律责任四个方面。网络直播问题复杂多样，主要表现在直播内容低俗、直播内容失实、直播内容侵权、直播中诈骗、直播数据造假、平台恶性竞争等方面。从主体层面看，网络直播问题产生的原因在于政府监管主体单一与监管机制不完善、平台监管责任缺失、主播法律意识淡薄和责任意识不强、用户网络素养不高与自律性较差等方面。可从“健全相关法规，推动网络直播法治化进程；完善网络直播监管机制，构建多主体协同共治模式；重视人工审核与技术监控，压实平台主体责任；恪守网络直播伦理与法规，提升主播和用户网络素养”等方面加以治理。

思考与练习

1. 简述网络直播伦理功能及其规范要点
2. 网络直播法规有哪些功能?
3. 2016 年以来我国颁布了与网络直播相关的法规有哪些? 简述其主要内容。
4. 简述网络主播的义务与法律责任。
5. 网络直播平台的义务主要体现在哪些方面?
6. 网络直播问题主要表现在哪些方面? 如何治理这些问题?

参考文献

一、图书部分

1. 周建青.当代视听节目编导与制作[M].北京:中国广播影视出版社,2014.
2. 周建青.新媒体视听节目制作[M].2版.北京:北京大学出版社,2019.
3. 周建青.新媒体影像传播的社会伦理问题及其治理[M].北京:中国社会科学出版社,2021.
4. 赵玉明,王福顺.广播电视辞典[M].北京:中国传媒大学出版社,1999.
5. 鲁道夫·阿恩海姆.视觉思维[M].滕守尧,译.北京:光明日报出版社,1986.
6. 黄匡宇.当代电视摄影制作教程[M].上海:复旦大学出版社,2006.
7. 李小平,等.多媒体技术[M].北京:北京理工大学出版社,2015.
8. 中国社会科学院语言研究所.新华字典[M].12版.北京:商务印书馆,2020.
9. 马克斯·韦伯.经济与社会(上卷)[M].林荣远,译.北京:商务印书馆,1997.
10. 戴维·迈尔斯.社会心理学[M].11版.侯玉波,乐国安,张智勇,等译.北京:人民邮电出版社,2016.
11. 魏艳.零基础学短视频直播营销与运营:实战案例版[M].北京:化学工业出版社,2019.
12. 王泽应.伦理学[M].北京:北京师范大学出版社,2012.
13. 宋吉鑫.网络伦理学研究[M].北京:科学出版社,2012.
14. 郑洁.网络社会的伦理问题研究[M].北京:中国社会科学出版社,2011.
15. 勾俊伟,张向南,刘勇.直播营销[M].北京:人民邮电出版社,2017.

二、期刊与学位论文部分

1. 曹开研.视频直播网站的兴起与发展前瞻[J].青年记者,2016(13).
2. 刘冰冰,张瑞林,尹梦.网络直播平台运营模式研究:以斗鱼TV为例[J].当代经济,2021(2).
3. 张雯,陈旭光.大学生观看网络直播的动机与行为研究[J].青年探索,2019(2).
4. 朱辛未.灾害类事件新媒体直播报道探究:以央视新闻客户端抗洪报道为例[J].青年记者,2021(9).
5. 鲁子奇.中央广播电视总台"新中国成立70周年"庆典直播研究[J].新闻传播,2019(21).
6. 杨雪,王天浩.媒体融合背景下重大公共事件报道的传播创新实践:以央视频《疫情24小时》慢直播为例[J].传媒,2021(6).
7. 陈亦帆,黄洁如.突发公共事件报道中跨媒体联动直播的实践与思考:以《援鄂医疗队圆满完成任务返乡》系列直播为例[J].新闻前哨,2020(7).
8. 张文慧.泛娱乐直播中大学生打赏行为影响因素的质性研究[D].呼和浩特:内蒙古师范大学,2021.
9. Timmers P. Business Models for Electronic Markets[J]. Electronic Markets,1998,8.

10. 宋亚辉.网络直播带货的商业模式与法律规制[J].中国市场监管研究,2020(8).
11. 刘涛,曾岑.直播带货的商业模式、配置要素和演进趋势[J].视听界,2020(4).
12. 张雪妍.网络直播的个性化研究[D].武汉:华中师范大学,2017.
13. 刘爽.泛娱乐网络直播商业模式研究[D].上海:上海师范大学,2018.
14. 付业勤,罗艳菊,张仙锋.我国网络直播的内涵特征、类型模式与规范发展[J].重庆邮电大学学报(社会科学版),2017,29(04).
15. 蔡凯莉.网络直播平台的生存现状与发展策略研究[D].南京:南京师范大学,2017.
16. 傅裕.网络直播平台盈利模式浅析[J].新闻研究导刊,2018,9(7).
17. 李妍.移动视频直播平台研究[D].兰州:兰州大学,2017.
18. 钟丹.场景理论视域下网络直播平台传播策略研究[D].武汉:湖北大学,2018.
19. 江芳.网络直播的四大商业模式选择[J].传媒,2019(4).
20. 贺丹.我国网络直播平台广告的价值研究[D].武汉:华中师范大学,2017.
21. 王成文.内容创业的十种商业模式[J].中国出版,2018(7).
22. 王秋茹,张雅璇.网络直播广告形态的演进与传播策略[J].西部广播电视,2019(17).
23. 李文立.网络直播的特点及发展[J].数字传媒研究,2016,33(08).
24. 张晓楠.网络直播平台广告受众的态度研究[D].长沙:湖南大学,2018.
25. 周盈.全民直播时代移动直播平台的广告价值研究[J].出版广角,2018(22).
26. 温静.我国游戏网络视频直播平台的运营研究[D].南昌:江西财经大学,2019.
27. 金聪昊.中国网络直播平台盈利模式分析[J].经贸实践,2017(15).
28. 陈昊.我国网络直播平台的运营发展研究:以斗鱼 TV 为例[D].江西财经大学,2019.
29. 李彦霖.网络直播公司盈利模式发展中的风险管理[D].南昌:江西财经大学,2019.
30. 喻洁.熊猫 TV 直播平台盈利模式优化研究[D].南昌:江西财经大学,2019.
31. 王星雨.中国游戏直播平台的发展研究[D].南京:南京理工大学,2017.
32. 胡文峰.我国网络直播平台法律监管研究[D].昆明:云南财经大学,2018.
33. 沈驰.浅析电子竞技及游戏直播平台的商业模式[J].新闻研究导刊,2017,8(18).
34. 纪昌龙.Y 公司网络直播业务竞争战略研究[D].北京:对外经济贸易大学,2017.
35. 邹旭.映客网络直播商业模式优化研究[D].南昌:江西财经大学,2018.
36. 王学涛.网络直播平台盈利模式形成机理研究[D].北京:京工业大学,2017.
37. 甘利.从"打赏分成"到"游戏分发":直播平台的赢利模式探讨[J].中国记者,2016(12).
38. 刘凤婷,李丹.YY 直播平台盈利能力分析[J].现代商业,2019(7).
39. 雷作声.从战旗 TV 看游戏直播类网站的运营之道[D].太原:山西大学,2015.
40. 吕玲.移动互联时代的 O2O 模式研究:以乐视网为例[D].哈尔滨:黑龙江大学,2016.
41. 谭畅,贾桦,杜港,蒋丹.浅析网络直播的定义、特点、发展历程及其商业模式[J].现代商业,2018(19).
42. 方艳丽.O2O 电子商务新模式的浅析[J].无线互联科技,2013(6).
43. 叶永豪,周钰林.网络直播平台盈利模式及问题研究[J].商业经济,2019(5).
44. 艾小雅.基于我国网络直播场域的用户打赏机制研究[D].广州:暨南大学,2018.
45. 董金权,罗鑫宇."情感"视角下的网络直播:基于 30 名青年主播和粉丝的深度访谈[J].中国青年研究,2021(2).

46. 胡天琦. 网络直播打赏机制相关法律问题研究[J]. 法制博览,2018(26).
47. 唐树芝. 态势语言略论[J]. 湖南师范大学社会科学学报,1990(1).
48. 曾一昕,何帆. 我国网络直播行业的特点分析与规范治理[J]. 图书馆学研究,2017(6).
49. 李君贤. 网络直播中弹幕语言暴力机制的形成与消解[J]. 西部学刊(新闻与传播),2016,(5).
50. 闫斌. 网络直播行业的法律风险与规制[J]. 社科纵横,2019,34(2).
51. 廖鼎乾. 我国移动直播平台发展过程中的伦理问题研究[D]. 广州:暨南大学,2017.
52. 夏燕. 网络法律的法理学分析[J]. 社会科学家,2008(10).
53. 张科. 网络直播的内容生产逻辑及优化策略[J]. 中国编辑,2020(10).
54. 贺爱英. 监管与引导:网络直播平台火热背后的"冷思考"[J]. 人民论坛,2020(2).
55. 杨小军,陈建科. 网络直播面临哪些法律风险[J]. 人民论坛,2016(22).
56. 孟德楷. 网络直播侵权问题:争议焦点与法治趋向[J]. 现代传播(中国传媒大学学报),2019(7).
57. 互联网络直播诈骗的类型及常用犯罪手段[J]. 中国防伪报道,2020(10).
58. 刘海龙. 网络直播的监管困局及其长效机制构建[J]. 传媒,2018(21).
59. 王江山. 透视中国网络直播当前的问题与发展趋势[J]. 新闻研究导刊,2016,7(13).
60. 王新鹏. 论我国网络直播监管体制的完善[J]. 电子政务,2019(4).
61. 李光岩. 网络直播中的伦理问题探析[J]. 现代交际,2019(13).

三、电子文献

1. 腾讯网. 2020年中国网络表演(直播)行业发展报告[EB/OL]. (2021-05-18)[2021-09-11]. https://new.qq.com/rain/a/20210518A0FL1J00.
2. 国家网信网. 国家互联网信息办公室发布《数字中国发展报告(2020年)》[EB/OL]. (2021-06-28)[2021-07-21]. http://www.cac.gov.cn/2021-06/28/c_1626464503226700.htm.
3. ZOL新闻中心. 抖音、快手、淘宝,究竟是谁在看直播? O'Ratings监测发布三大直播平台用户画像[EB/OL]. (2020-08-17)[2021-02-07]. https://news.zol.com.cn/750/7505181.html.
4. 每日经济新闻网. 尼尔森报告:网络直播用户渗透率达49%,仅次于电商零售[EB/OL]. (2020-11-04)[2021-06-19]. https://baijiahao.baidu.com/s? id=1682434816352974268&wfr=spider&for=pc.
5. 中国文明网. 第十次中国公民科学素质调查结果公布[EB/OL]. (2018-09-20)[2021-06-19]. http://www.wenming.cn/bwzx/dt/201809/t20180920_4838028.shtml.
6. 艾瑞咨询. GPC:2020年中国游戏产业报告[EB/OL]. (2021-02-18)[2021-03-13]. http://www.199it.com/archives/1208945.html.
7. 艾瑞咨询. 2020年中国游戏直播行业研究报告[EB/OL]. (2021-02-18)[2021-07-11]. https://pdf.dfcfw.com/pdf/H3_AP202008041396357706_1.pdf? 1596563736000.pdf.
8. 霍学文·零壹财经. 互联网的三个本质属性:关系、平台与市场[EB/OL]. (2015-07-14)[2021-08-31]. https://www.01caijing.com/article/982.htm.
9. 微信公众号:零点有数科技. 网络直播新兴青年群体画像及风控说明书[EB/OL]. (2019-07-18)[2021-08-31]. https://mp.weixin.qq.com/s/Mra9sJMatsIIeCQSFcx1rQ.
10. 克劳锐. 2020年中国MCN行业发展研究白皮书[EB/OL]. (2020-05-08)[2021-08-31]. https://img.topklout.com/website/report/5eb9043a258d5.pdf.

11. 克劳锐.2021中国内容机构(MCN)行业发展研究白皮书[EB/OL].(2021—05—20)[2021—08—31]. https://img.topklout.com/website/report/60aced0cbf555.pdf.

12. 艾媒网.2020年中国艺人经纪行业发展总结及趋势分析[EB/OL].(2020—12—25)[2021—08—31]. https://www.iimedia.cn/c1020/76030.html.

13. 易观分析.中国新型泛娱乐视频行业发展分析2020[EB/OL].(2021—03—30)[2021—08—31]. https://www.analysys.cn/article/detail/20019722.

14. 百家号:吴声造物.连接与解释,场景成为城市「新语言」|场景纪元关键词04[EB/OL].(2020—09—01)[2021—08—31]. https://baijiahao.baidu.com/s? id=1676592873240815147.

15. 南方财富网.2020李佳琦双十一销售额多少,排名第几?[EB/OL].(2020—10—22)[2021—04—12]. http://www.southmoney.com/redianxinwen/202010/7380012.html.

16. 中国互联网络信息中心.第49次《中国互联网络发展状况统计报告》[EB/OL].(2022—02—25)[2022—04—20]. http://www.cnnic.cn/hlwfzyj/hlwxzbg/hlwtjbg/202202/t20220225_71727.htm.

17. 刘博.辛某带货,一夜赔掉6200万[EB/OL].(2020—11—28)[2021—10—28]. https://news.pedaily.cn/202011/462814.shtml.

18. 艾瑞网.中国游戏直播行业研究报告[EB/OL].(2021—09—07)[2021—09—27]. https://www.djyanbao.com/report/detail? id=2689913&from=search_list.

19. 腾讯研究院.从收入到技术:4500多位主播大数据里的直播五大真相[EB/OL].(2017—05—21)[2021—08—26]. https://www.tisi.org/16024.

20. 大象新闻网.镜头|暴雨下的城市温度[EB/OL].(2021—07—27)[2021—08—21]. http://news.hnr.cn/djn/article/1/1419989245497577472.

21. 中娱网.陌陌直播成黄梅戏表演新舞台 曲艺传承者受网友追捧[EB/OL].(2017—05—24)[2021—03—24]. http://news.yule.com.cn/html/201705/241164.html.

22. 艾瑞网.淘宝直播火爆升级,年度用户超4亿,线下门店开电商直播或成趋势[EB/OL].(2020—04—14)[2021—12—30]. https://column.iresearch.cn/b/202004/886635.shtml.

23. 艾瑞网.2021年中国直播电商行业研究报告[EB/OL].(2021—09—10)[2021—12—30]. https://report.iresearch.cn/report/202109/3841.shtml.

24. 豆丁网.直播电商产业链研究报告[EB/OL].(2020—11—09)[2021—12—30]. https://www.docin.com/p-2493705018.html.

25. 道客巴巴.市场部必须了解的20个直播平台[EB/OL].(2020—05—05)[2021—01—05]. https://www.doc88.com/p—28247330614735.html.

26. 艾瑞网.2020年中国直播电商生态研究报告[EB/OL].(2020—06—30)[2021—03—30]. https://report.iresearch.cn/report_pdf.aspx? id=3606.

27. 豆丁网.直播电商专题报告:产业链、商业逻辑、他山之石[EB/OL].(2021—03—20)[2022—12—30]. https://www.sohu.com/a/324125263_649045.

28. 道客巴巴.直播电商底层逻辑和趋势思考:电商研究系列之一[EB/OL].(2021—07—08)[2022—12—30]. https://www.doc88.com/p-78673078060573.html.

29. 腾讯网.李佳琦薇娅一晚或收入6到8亿 科普网红主播是怎么收费抽成的[EB/OL].(2020—10—23)[2021—05—23]. https://new.qq.com/rain/a/20201023A02JNL00.

30. 央广网. 网络打赏的正确姿势是怎样的 打赏成收入来源[EB/OL]. (2016－07－19)[2021－12－30]. http://gongyi. cnr. cn/list/20160719/t20160719_522719116. shtml.

31. 中研网. 中国直播平台行业现状及发展前景分析[EB/OL]. (2021－11－08)[2021－12－30]. https://www. chinairn. com/hyzx/20211108/160406776. shtml.

32. 国家互联网信息办公室. 关于印发《关于加强网络直播规范管理工作的指导意见》的通知[EB/OL]. (2021－02－09)[2021－12－30]. https://www. cac. gov. cn/2021－02/09/c_1614442843753738. htm.

33. 搜狐网. 网络直播打赏的法律定性之探讨[EB/OL]. (2021－07－26)[2021－12－30]. https://www. chinairn. com/hyzx/20211108/160406776. shtml.

34. 搜狐网. 2016 年中国互联网内容产业全景数据解读[EB/OL]. (2017－01－03)[2021－11－03]. https://www. sohu. com/a/123298641_586041.

35. 艾媒网. 2018Q1 中国在线直播行业研究报告[EB/OL]. (2018－05－28)[2021－01－22]. https://www. iimedia. cn/c400/61402. html.

36. 中国广告网. 2017－2018 中国在线直播行业研究报告[EB/OL]. (2018－01－28)[2021－03－28]. http://www. cnad. com/show/1352/288507. html.

37. 人民网. 分成高达 70%花椒直播连续两周主播收入超千万[EB/OL]. (2017－05－09)[2021－01－01]. http://media. people. com. cn/n1/2017/0509/c14677－29263753. html.

38. 东方财富网. 映客上市！手握超 30 亿现金，直播行业进入整合深耕期[EB/OL]. (2018－07－12)[2021－02－22]. http://caifuhao. eastmoney. com/news/20180712101045104520450.

39. MBA 智库·文档. “papi 酱”话题微信公众号热点洞察报告[EB/OL]. (2016－04－04)[2021－06－01]. https://doc. mbalib. com/view/62a4ed53ca73cb16da31d8cd86fa16d1. html.

40. 搜狗百科. “网络广告模式”词条[EB/OL]. (2021－04－23). https://baike. sogou. com/v72501708. htm? fromTitle=%E7%BD%91%E7%BB%9C%E5%B9%BF%E5%91%8A%E6%A8%A1%E5%BC%8F.

41. 艾瑞网. 网络广告的分类[EB/OL]. (2008－04－01)[2021－02－03]. https://www. sogou. com/link? url=6YUuC6e6hWbC7AwFrvNQauvaygOUx_5UqwOknDqNs－Wm9R2FFiH326FhrhcFlAaM.

42. 搜狐网. 八大直播平台，自带流量的 papi 酱想做什么？[EB/OL]. (2016－07－14)[2021－02－14]. https://www. sohu. com/a/105789238_400331.

43. 网易订阅. 透视互联网的灵魂，详解广告新变局[EB/OL]. (2020－07－01)[2021－12－30]. https://www. 163. com/dy/article/FGESS5FD0519901L. html.

44. 搜狐网. 中国 22 大互联网公司广告收入榜 |2020 年 Q1[EB/OL]. (2020－06－08)[2021－01－03]. https://www. sohu. com/a/400391445_329837.

45. MBA 智库百科. 网络广告[EB/OL]. (2021－02－22)[2021－12－30]. https://wiki. mbalib. com/wiki/%E7%BD%91%E7%BB%9C%E5%B9%BF%E5%91%8A#. E7. BD. 91. E7. BB. 9C. E5. B9. BF. E5. 91. 8A. E8. AE. A1. E8. B4. B9. E6. 96. B9. E5. BC. 8F.

46. 艾瑞网. 2020 年中国游戏直播行业研究报告[EB/OL]. (2020－07－31)[2021－02－21]. http://report. iresearch. cn/report/202007/3625. shtml.

47. 中研网. 2019 年中国游戏产业报告[EB/OL]. (2019－12－27)[2021－02－11]. https://www. chinairn. com/news/20191227/110220465. shtml.

48. 光明网. 2019 虎牙年度大数据报告[EB/OL]. (2020—01—17)[2022—03—17]. https://tech. gmw. cn/2020—01/17/content_33490056. htm.
49. 斗鱼网. 斗鱼手游推广计划 开启直播第二收入[EB/OL]. (2018—03—27)[2021—01—17]. https://www. douyu. com/cms/huo/201803/27/7451. shtml.
50. 搜狗百科. "会员"词条[EB/OL]. (2021—03—22). https://baike. sogou. com/v181206568. htm?fromTitle=%E4%BC%9A%E5%91%98.
51. 东方财富网. 营收超预期、月活用户微增 陌陌探索多元化业务求变[EB/OL]. (2020—03—19)[2021—03—12]. http://finance. eastmoney. com/a/202003191425043460. html.
52. YY 直播. 娱乐商城[EB/OL]. (2022—01—09)[2022—01—12]. https://www. yy. com/web/entertain/mall—index. html#! /gz.
53. 虎牙直播. 虎牙直播贵族[EB/OL]. (2020—01—02)[2022—01—12]. https://hd. huya. com/web/nobility/.
54. 搜狐网. 迈入"黄金时代"的游戏直播江湖:从群雄混战到两强争霸[EB/OL]. (2019—07—14)[2021—05—24]. https://www. sohu. com/a/326811055_114984? scm=1002. 46005d. 16b016c016f. PC_ARTICLE_REC_OPT.
55. 艾瑞咨询. 2017 年中国泛娱乐直播用户白皮书[EB/OL]. (2017—02—28)[2021—01—11]. http://report. iresearch. cn/wx/report. aspx? id=2955.
56. 艾媒咨询. 2020—2021 中国在线直播行业年度研究报告[EB/OL]. (2021—03—15)[2021—04—17]. https://www. iimedia. cn/c400/77452. html.
57. 李叫兽. 被打赏最多的网红,他们都用了这九种方法[EB/OL]. (2016—04—21)[2021—03—21]. https://www. huxiu. com/article/146054. html.
58. 新京报社论. 未成年人做主播,应有明确年龄限制[EB/OL]. (2019—08—25)[2021—02—22]. https://mp. weixin. qq. com/s/oB7fMOuMg3Psgv25WLgzFg.
59. 搜狐网. 斗鱼粉丝节:有主播哭着求礼物,良心张大仙却停播让粉丝别花钱! [EB/OL]. (2018—06—29)[2021—01—21]. https://www. sohu. com/a/238421334_156412.
60. 新华网. 难看的"吃播"乱象该整治了[EB/OL]. (2020—08—21)[2021—02—01]. http://www. xinhuanet. com/2020—08/21/c_1126395070. htm.
61. 搜狐网. 网络直播想播就播? 央视:户外直播侵犯路人隐私权! 引发网友热议 [EB/OL]. (2019—05—12)[2021—02—24]. https://www. sohu. com/a/313417062_175648.
62. 艾媒网. "李雪琴经历直播带货造假"事件舆情监测报告[EB/OL]. (2020—11—18)[2021—03—25] https://www. iimedia. cn/c460/75316. html.
63. 新浪网. 四川广安警方打掉一网络色情直播团伙 涉案金额超 3 亿元[EB/OL]. (2020—10—23)[2021—09—08]. http://sc. sina. com. cn/news/m/2020—10—23/detail-iiznezxr7512036. shtml.
64. 中国网. 徐宁:小伙欲享受视频女主播"特殊服务" 被骗 1 万多[EB/OL]. (2016—09—23)[2021—02—11]. https://news. china. com/social/1007/20160923/23627990. html.
65. 光明网. 直播带货泡沫越吹越大 1 块钱能买上万播放量数据[EB/OL]. (2020—06—24)[2021—04—12]. https://m. gmw. cn/baijia/2020—06/24/33936420. html.

四、报纸

1. 赵琳琳."烧钱大战"拷问直播盈利模式　天价宽带挤压利润空间[N].中国产经新闻报,2016－06－30(5).

2. 周建青,曹文敏.地方政府领导直播带货风险规避刍议[N].南方日报,2021－5－31(A12 理论周刊版).

后 记

网络直播普及大众始于2016年移动直播时代的到来，以致业界认为2016年是中国网络直播元年。由于网络直播门槛极低以及法规制度不健全，彼时网络直播乱象丛生，问题层出不穷。针对这种状况，我当时写了一篇论文《网络视频直播问题及发展趋势》，论文入选参加2016年10月在山西太原举行的中国高等院校影视学会（国家一级学会）第十六届年会暨第九届中国影视高层论坛。那时我就产生了写本网络直播著作的想法，目的是普及网络直播知识、提升直播技能、规范直播行为与推动直播业持续健康发展。之后，我一直关注网络直播业的发展，在《南方日报》理论版发表过文章《地方政府领导直播带货风险规避刍议》。新型冠状病毒肺炎疫情发生后，进一步加速了网络直播业的发展，许多地方政府领导、企业营销人员、行业知名人士及网络素人等纷纷加入直播带货行列，本人也加入了教学直播行列，彼时一种使命感催促我撰写《网络直播基础》一书，希望本书能成为网络直播从业人员必读的专业书。

为了写好此书，我除了参加网络直播实践外，还带领我门下的博士生、硕士生去了广州大湾区直播人才交流中心等直播基地调研，积累了许多第一手材料，并查阅了大量有关网络直播的文献资料。在我完成书的框架与目录后，让部分博士研究生参与了书稿有关章节初稿的写作，具体分工如下：高士其撰写第八章初稿，李俊韬撰写第九章初稿，张世政参与第十章初稿写作，我对他们撰写的初稿进行了多次修改。此外，张世政、李俊韬还参与了书稿的统筹工作，我对全书进行了多次修改调整，蒋薇、刘佳文、叶滢怡承担了有关文献资料的收集与整理工作。经过近两年的写作，终于完成书稿。

纵观全书，有以下五个特点：

一是内容充实，观点新颖。虽然目前有少量关于网络营销、电商直播的著作出版，但是还没有一本关于网络直播基础方面的著作，因此，本书聚焦网络直播准备、直播策划、直播拍摄、实践技巧、商业模式、粉丝经营与管理、直播伦理与法规等诸多方面，内容充实。观点新主要表现在书中所提出的观点大多属于原创性观点，例如网络主播的素养，经纪公司的发展趋势，网络直播文案写作的六个要点，室内室外拍摄的要点，六大类型直播各自的十个技巧，网络直播的商业模式，粉丝经营与维护的路径与方法，粉丝管理的原则与策略，网络直播伦理与法规的功能，网络直播问题的表现、原因与治理举措等，新观点全书随处可见。

二是精简易学，实用性强。全书贯穿学以致用、现学现用原则，网络直播从业者通过学习本书能在短时间内熟悉直播业务，迅速把理论知识、方法技巧转化为直播能力，例如如何做好直播准备，如何选择经纪公司，如何策划网络直播，如何拍摄，如何盈利，如何经营粉丝，如何治理直播乱象等直播中遇到的常见问题，通过学习此书，均能找到答案。六大类型直播技巧，各具特色，这些技巧是从直播实践、直播观摩与调研访谈中反复提炼出来的，即学即用，操作性很强。

三是读者明确，针对性强。本书主要为正在从事或即将从事网络直播行业的人员而写，因此，书的结构体例与所写内容均站在直播人员需要角度来安排，针对性很强。

四是图文并茂，可读性强。书中用了近百张图片与图表，形象生动地阐述了网络直播的基础知识理论与方法技巧，同时，行文中注重了语言的简洁性与通俗性，力避深奥的学术语言，以此增强可读性。

五是体系完整，材料丰富。全书以直播基础知识、直播技巧、直播经营、直播法规为主线，紧扣网络直播流程来结构全书，使得全书体系完整。此外，书中大量采用第一手材料或最新材料，拓展阅读视野，让读者倍感新鲜。

本书在写作中所引用他人观点尽可能在页下注明，所参考书目，书尾均已列出；万一有所遗漏，还望著者海涵。在此，对书中所引用文献的作者表示感谢。书稿能顺利完成且按时出版，要感谢的人有许多。在写作中，得到了华南理工大学社科处领导、公共管理学院领导、资深品牌营销专家《美妆头条》新闻媒体董事长张兵武、广州播共体信息科技有限公司快手美妆电商 100 强谭志江、参与本书稿的研究生以及北京大学出版社责编的支持与帮助，在此一并表示感谢。

周建青

2022 年 10 月 1 日于广州

特殊儿童的游戏治疗 周念丽
特殊儿童的美术治疗 孙 霞
特殊儿童的音乐治疗 胡世红
特殊儿童的心理治疗（第三版） 杨广学
特殊教育的辅具与康复 蒋建荣
特殊儿童的感觉统合训练（第二版） 王和平
孤独症儿童课程与教学设计 王 梅

21世纪特殊教育创新教材·融合教育系列

融合教育本土化实践与发展 邓 猛等
融合教育理论反思与本土化探索 邓 猛
融合教育实践指南 邓 猛
融合教育理论指南 邓 猛
融合教育导论（第二版） 雷江华
学前融合教育（第二版） 雷江华 刘慧丽
小学融合教育概论 雷江华 袁 维

21世纪特殊教育创新教材（第二辑）

特殊儿童心理与教育（第二版） 杨广学 张巧明 王 芳
教育康复学导论 杜晓新 黄昭明
特殊儿童病理学 王和平 杨长江
特殊学校教师教育技能 昝 飞 马红英

自闭谱系障碍儿童早期干预丛书

如何发展自闭谱系障碍儿童的沟通能力 朱晓晨 苏雪云
如何理解自闭谱系障碍和早期干预 苏雪云
如何发展自闭谱系障碍儿童的社会交往能力 吕 梦 杨广学
如何发展自闭谱系障碍儿童的自我照料能力 倪萍萍 周 波
如何在游戏中干预自闭谱系障碍儿童 朱 瑞 周念丽
如何发展自闭谱系障碍儿童的感知和运动能力 韩文娟 徐 芳 王和平
如何发展自闭谱系障碍儿童的认知能力 潘前前 杨福义
自闭症谱系障碍儿童的发展与教育 周念丽
如何通过音乐干预自闭谱系障碍儿童 张正琴
如何通过画画干预自闭谱系障碍儿童 张正琴
如何运用ACC促进自闭谱系障碍儿童的发展 苏雪云
孤独症儿童的关键性技能训练法 李 丹
自闭症儿童家长辅导手册 雷江华
孤独症儿童课程与教学设计 王 梅
融合教育理论反思与本土化探索 邓 猛
自闭症谱系障碍儿童家庭支持系统 孙玉梅
自闭症谱系障碍儿童团体社交游戏干预 李 芳
孤独症儿童的教育与发展 王 梅 梁松梅

特殊学校教育·康复·职业训练丛书 （黄建行 雷江华 主编）

信息技术在特殊教育中的应用
智障学生职业教育模式
特殊教育学校学生康复与训练
特殊教育学校校本课程开发
特殊教育学校特奥运动项目建设

21世纪学前教育专业规划教材

学前教育概论 李生兰
学前教育管理学（第二版） 王 雯
幼儿园课程新论 李生兰
幼儿园歌曲钢琴伴奏教程 果旭伟
幼儿园舞蹈教学活动设计与指导（第二版） 董 丽
实用乐理与视唱（第二版） 代 苗
学前儿童美术教育 冯婉贞
学前儿童科学教育 洪秀敏
学前儿童游戏 范明丽
学前教育研究方法 郑福明
学前教育史 郭法奇
外国学前教育史 郭法奇
学前教育政策与法规 魏 真
学前心理学 涂艳国 蔡 艳
学前教育理论与实践教程 王 维 王维娅 孙 岩
学前儿童数学教育与活动设计 赵振国
学前融合教育（第二版） 雷江华 刘慧丽
幼儿园教育质量评价导论 吴 钢
幼儿园绘本教学活动设计 赵 娟
幼儿学习与教育心理学 张 莉
学前教育管理 虞永平
国外学前教育学本文献讲读 姜 勇

大学之道丛书精装版

美国高等教育通史 ［美］亚瑟·科恩
知识社会中的大学 ［英］杰勒德·德兰迪
大学之用（第五版） ［美］克拉克·克尔
营利性大学的崛起 ［美］理查德·鲁克
学术部落与学术领地：知识探索与学科文化 ［英］托尼·比彻 保罗·特罗勒尔
美国现代大学的崛起 ［美］劳伦斯·维赛
教育的终结——大学何以放弃了对人生意义的追求 ［美］安东尼·T.克龙曼
世界一流大学的管理之道——大学管理研究导论 程 星
后现代大学来临？ ［英］安东尼·史密斯 弗兰克·韦伯斯特

大学之道丛书

以学生为中心：当代本科教育改革之道 赵炬明
市场化的底限 ［美］大卫·科伯
大学的理念 ［英］亨利·纽曼
哈佛：谁说了算 ［美］理查德·布瑞德利
麻省理工学院如何追求卓越 ［美］查尔斯·维斯特

大学与市场的悖论 ［美］罗杰·盖格
高等教育公司：营利性大学的崛起 ［美］理查德·鲁克
公司文化中的大学：大学如何应对市场化压力
［美］埃里克·古尔德
美国高等教育质量认证与评估
［美］美国中部州高等教育委员会
现代大学及其图新 ［美］谢尔顿·罗斯布莱特
美国文理学院的兴衰——凯尼恩学院纪实 ［美］P. F.克鲁格
教育的终结：大学何以放弃了对人生意义的追求
［美］安东尼·T.克龙曼
大学的逻辑（第三版） 张维迎
我的科大十年（续集） 孔宪铎
高等教育理念 ［英］罗纳德·巴尼特
美国现代大学的崛起 ［美］劳伦斯·维赛
美国大学时代的学术自由 ［美］沃特·梅兹格
美国高等教育通史 ［美］亚瑟·科恩
美国高等教育史 ［美］约翰·塞林
哈佛通识教育红皮书 哈佛委员会
高等教育何以为"高"——牛津导师制教学反思
［英］大卫·帕尔菲曼
印度理工学院的精英们 ［印度］桑迪潘·德布
知识社会中的大学 ［英］杰勒德·德兰迪
高等教育的未来：浮言、现实与市场风险
［美］弗兰克·纽曼等
后现代大学来临？ ［英］安东尼·史密斯等
美国大学之魂 ［美］乔治·M.马斯登
大学理念重审：与纽曼对话 ［美］雅罗斯拉夫·帕利坎
学术部落及其领地——当代学术界生态揭秘（第二版）
［英］托尼·比彻 保罗·特罗勒尔
德国古典大学观及其对中国大学的影响（第二版） 陈洪捷
转变中的大学：传统、议题与前景 郭为藩
学术资本主义：政治、政策和创业型大学
［美］希拉·斯劳特 拉里·莱斯利
21世纪的大学 ［美］詹姆斯·杜德斯达
美国公立大学的未来
［美］詹姆斯·杜德斯达 弗瑞斯·沃马克
东西象牙塔 孔宪铎
理性捍卫大学 眭依凡

学术规范与研究方法系列

如何为学术刊物撰稿（第三版） ［英］罗薇娜·莫瑞
如何查找文献（第二版） ［英］萨莉·拉姆齐
给研究生的学术建议（第二版） ［英］玛丽安·彼得 等
社会科学研究的基本规则（第四版） ［英］朱迪斯·贝尔
做好社会研究的10个关键 ［英］马丁·丹斯考姆
如何写好科研项目申请书 ［美］安德鲁·弗里德兰德等
教育研究方法（第六版） ［美］梅瑞迪斯·高尔等
高等教育研究：进展与方法 ［英］马尔科姆·泰特
如何成为学术论文写作高手 ［美］华乐丝
参加国际学术会议必须要做的那些事 ［美］华乐丝
如何成为优秀的研究生 ［美］布卢姆
结构方程模型及其应用 易丹辉 李静萍
学位论文写作与学术规范（第二版） 李 武 毛远逸 肖东发
生命科学论文写作指南 ［加］白青云
法律实证研究方法（第二版） 白建军
传播学定性研究方法（第二版） 李 琨

21世纪高校教师职业发展读本

如何成为卓越的大学教师 ［美］肯·贝恩
给大学新教员的建议 ［美］罗伯特·博伊斯
如何提高学生学习质量 ［英］迈克尔·普洛瑟等
学术界的生存智慧 ［美］约翰·达利等
给研究生导师的建议（第2版） ［英］萨拉·德拉蒙特等
高校课程理论——大学教师必修课 黄福涛

21世纪教师教育系列教材·物理教育系列

中学物理教学设计 王 霞
中学物理微格教学教程（第三版） 张军朋 詹伟琴 王 恬
中学物理科学探究学习评价与案例 张军朋 许桂清
物理教学论 邢红军
中学物理教学法 邢红军
中学物理教学评价与案例分析 王建中 孟红娟
中学物理课程与教学论 张军朋 许桂清
物理学习心理学 张军朋
中学物理课程与教学设计 王 霞

21世纪教育科学系列教材·学科学习心理学系列

数学学习心理学（第三版） 孔凡哲
语文学习心理学 董蓓菲

21世纪教师教育系列教材

青少年心理发展与教育 林洪新 郑淑杰
教育心理学（第二版） 李晓东
教育学基础 庞守兴
教育学 余文森 王 晞
教育研究方法 刘淑杰
教育心理学 王晓明
心理学导论 杨凤云
教育心理学概论 连 榕 罗丽芳
课程与教学论 李 允
教师专业发展导论 于胜刚
学校教育概论 李清雁
现代教育评价教程（第二版） 吴 钢
教师礼仪实务 刘 霄
家庭教育新论 闫旭蕾 杨 萍
中学班级管理 张宝书
教育职业道德 刘亭亭
教师心理健康 张怀春